012 OUTDOOR

いますぐ使える

堤防釣り

図解手引

西野弘章 監修

堤防釣りをはじめよう！

「釣り」という趣味には、楽しみの要素がたくさんある。釣り場の新鮮な空気を吸うだけでもリフレッシュできるし、周辺の観光地を巡ったり、名物料理を味わうのも楽しい。

でも、やっぱり一番の目的は「魚と出会うこと」。とくに初心者にとって、なかなか釣れない魚を相手にすることほど趣味としてつまらないものはないだろう。最初の一匹目は、スムーズに釣ることが大切なのだ。

その意味で、とにかく何かの魚を釣りたければ、ぜひ、堤防や海釣り施設に出掛けることを

おすすめしたい。堤防釣りの最大の魅力は、四季折々に多彩な魚が釣れること。とくに、本書で紹介しているのは、初心者でも釣りやすい魚ばかりだ。しかも、そのほとんどすべてがおいしく食べられる。

釣り方についても、初心者が入門しやすい方法を中心に解説しているので、あとは釣り具店で必要なタックルをそろえれば、明日にでも釣りに挑戦できる。

堤防釣りは、けっして難しくない。家族やカップル、友人同士で、あるいはひとりで出掛けても、それぞれの楽しみ方ができることだろう。自分なりに選んだ釣り場で竿を出し、最初の一匹を釣り上げた瞬間、誰もが大きな感激を得られるはず。本書を読んだら、さっそく身近な堤防に出掛けてみよう!

監修・西野弘章

のんびりとした雰囲気に包まれた堤防は、
自然を満喫しながら釣りを楽しむのに最適のフィールド。

休みの日には釣りに行こう!
~堤防釣りの楽しみ~

はじめての釣りは堤防で決まり!

釣りが楽しめるフィールド(釣り場)は海、川、湖と多彩。魚が棲《す》む場所すべてが釣り場になりえる。

そのなかで、これから釣りをやってみよう!と思っているビギナーにおすすめなのは、海の堤防(波《は》止《と》)釣り。足場のよい堤防は安全が確保しやすく、ライフベストなどの安全装備を用意しておけば、子どもと一緒でも安心していられる。車が横付けできる堤防なら、老若男女を問わず、手軽に釣りが楽しめる。

もちろん、アジやシロギスをはじめとした、食べておいしい魚が狙えることも大きな魅力。釣りから帰って、自宅で料理して食べれば、充実した一日になるだろう。

釣りのために整備された施設。貸し道具があり、手ぶらで楽しめるところもある。

「エイっ！」と仕掛けを投げて、堤防の周囲に潜む魚を狙うチョイ投げ釣り（PART 3）。意外な大物が釣れることもある。

釣りの楽しみは準備からはじまる

釣り場や狙う魚を想像するところから、釣りははじまっている。釣り雑誌やインターネット情報で釣れ具合を調べたり、釣りに行く日の天気を確認したりすることは、釣りの楽しみの一部。

子どもや友人と釣りに行くなら、この準備段階からいっしょに楽しみたい。「どんなところへ行ってみたい？」にはじまって、何を釣ろうか、どうやって釣ろうかを相談する。こうしたプロセスが、期待感を高めてくれるはず。

道具の準備をするのも、釣りの楽しみ。釣りに行く前日に、釣りたい魚に合わせた道具や仕掛けを用意するのは、ベテランにとってもワクワクする作業といえる。

シンプルな道具だけで楽しめるノベ竿のウキ釣り（PART 2）は、ビギナーがまず体験してほしい釣り方。

ウキサビキ釣り（98ページ）で遠くの魚を狙う。
そのとき、その場所でもっとも釣りやすい方法を選ぶのがカギ。

奥の深さに気づくと もっとおもしろくなる

本書で解説している釣り方を知れば、魚を釣ることは難しくない。だが、相手は自然。魚の機嫌が悪ければ、エサに食ってこないこともある。

そんな状況を打破するためには、やはり知識と経験が必要。逆にいえば、知識を蓄え、経験を積むにしたがって、よく釣れるようになる。これも釣りのおもしろさだ。

ビギナーは、釣りたい魚や、釣り場の環境に合わせた釣り方を選ぶことが第一。それでもあまり釣れないときは、狙う場所（ポイント）や仕掛けなどを工夫してみよう。

たとえば、エサの種類や、ハリの大きさを変えてみるだけで釣れることはよくある。

そのことに気づくと、釣りがうまくなった気分になれるはず。釣りの知識の多くは、経験からえられるもの。経験を積めば積むほど、よく釣れるようになるのが、釣りの醍醐味といえるだろう。

釣り方によって必要な道具は変わる。最初は汎用性の高い道具をそろえよう。

釣った魚をおいしく食べる（PART 7）のも、釣りのひとつの技術。ぜひ身につけよう。

アジやイワシを釣る人気の釣り方がサビキ釣り（PART 4）。
ほかにルアー釣りや探り釣りなど、釣り方は多彩だ。

Contents

PART 3 チョイ投げ釣り入門

PART 4 サビキ釣り入門

PART 5 ルアー釣り入門

PART 6 探り釣り入門

PART 7 釣った魚を食べよう

PART 1

堤防釣りの基礎知識

堤防釣りはけっして難しくないが、より楽しむには、ある程度の知識が必要。場所の選び方や道具の使い方、そして魚の生態などを知れば知るほど、堤防釣りは楽しくなり、釣《ちょう》果《か》もアップする。ここでは、その基本をまとめてみよう。

1-1

堤防釣りの魅力とは

足場がよく安全性が高い。釣れる魚も多種多様!

堤防はおしなべて足場がよく、転倒などの危険性が低いため、ファミリーやカップルでも安心して釣りを楽しむことができる。地域・季節ごとに、さまざまな魚と出会えるのも大きな魅力となっている。

❶広い堤防や埠頭ではのびのびと釣りが楽しめる。❷マアジなど、食卓を飾るおいしい魚も狙える！ ❸メバルをはじめ、堤防にはさまざまな魚が寄ってくる。

釣り初心者におすすめのフィールド

海の岸釣りの主なフィールドとしては、砂浜や磯、そして堤防（漁港・埠《ふ》頭《とう》）があげられる。これらのなかで、コンクリートでつくられた堤防は、足場のよさが一番のメリット。車を横付けできる釣り場であれば、釣り具などの運搬に悩むこともない。

釣《ちょう》果《か》の面でも、砂浜や磯に決してひけを取るものではない。足元から水深がある堤防なら、魚が近くまで寄ってくることが多いので、仕掛けを遠投できない初心者でも、ベテランと変わらない釣果が期待できる。海釣り入門には最適のフィールドといえる。

代表的な堤防釣りの対象魚

地域によって違いはあるが、一年中、なんらかの魚が釣れるのが堤防釣りのおもしろさ。アジやイワシ、メバル、シロギスといった、食べておいしい魚が狙えるのも嬉しいかぎり。

バラエティ豊かな堤防釣り場

堤防のタイプが変われば釣れる魚も変わる!

ひと口に堤防といっても、こぢんまりとした漁港から、フェリーを係《けい》留《りゅう》するような大規模な埠頭、そして海釣り施設と、タイプはさまざま。また、周囲の環境によっても釣れる魚は変わってくる。

快適に釣りができる堤防

初心者、とくにファミリーやカップルにとっては、釣り場の快適性は重要なチェック事項のひとつ。「安心・安全」をキーワードに釣り場を選ぶことが大切だ。

❶狭い堤防では落水の危険性が高くなる。写真のような足場の広い堤防や埠頭がおすすめ。❷駐車場やトイレが近くにある堤防を選ぼう。近年はこれらが整備された堤防が増えている。❸地元の釣りに詳しい釣具店があれば、エサや仕掛けが入手しやすいことに加え、釣りの情報も得られる。

釣果も大事だが安全性を優先しよう

一見、同じように見える堤防でも、周囲が砂《すな》地《じ》底《ぞこ》と岩《がん》礁《しょう》帯《たい》(岩が点在している底)では、釣れる魚に違いがある。外《そと》海《うみ》と湾内、河口といった周囲の環境によっても棲《せい》息《そく》する魚種が異なり、釣りがもっとも楽しめる時期も変わる。

こうしたことを踏まえて「釣れる釣り場」を選ぶことが、釣りの最重要課題。だがそれ以前に、安全性と快適性を確保するべき。海釣り施設であれば危険性は低いが、それ以外では、まず安全性を確認したうえで、駐車場やトイレ、釣具店などが近くにある釣り場を選ぼう。

堤防のタイプと特徴

堤防は、その規模と立地条件によっておおまかに分類できる。また、同じ規模の堤防でも、外海に面しているのか、内湾なのかによっても、釣れる魚に違いがあることに注意しよう。

埠頭

フェリーなどが係留される大型埠頭は、足元から水深が深いため、堤防のきわにも魚が寄ってきやすい。大型の魚も周囲に寄ってくることがある。

漁港

小規模な漁港は、のんびりと魚を釣るのに最適な釣り場。ただし、漁船などがひんぱんに出入りするところでは、漁師の仕事の迷惑にならないよう、配慮しよう。

海釣り施設

安全性が高い海釣り施設は、釣りが初めての人でも安心して釣りが楽しめる。とくに有料の施設は、釣り具販売店や食堂などの設備が整っていることが多い。

河口の堤防

淡水と海水が入り交じる汽水域は、非常に魚種が豊富。小魚やカニ、エビなども多く、これらをエサとして食べるために、大小さまざまな魚がやってくる。

CHECK

堤防利用のルールに注目!

堤防は本来、漁業をはじめとした港湾作業の場。管理者が釣りを禁止している場所もある。また、釣り自体は可能でも、魚を寄せるまきエサの使用禁止といったルールが定められていることもある。事前に地元釣具店などで確認しておこう。

釣り人が起こすトラブルで釣り禁止になる例もある。堤防釣りを末永く楽しむために、ルールは必ず守ろう。

LINK 海釣り施設（➜ P.42）

1-3

堤防釣りの基本的なポイント

地形や水の流れに変化があるところが有望だ!

釣りのポイントは、魚が身を隠しやすく、エサを獲《と》りやすい場所。とくに潮の流れが堤防などにぶつかって変化するところは、エサとなる小動物が溜まりやすく、絶好のポイントとなることが多い。

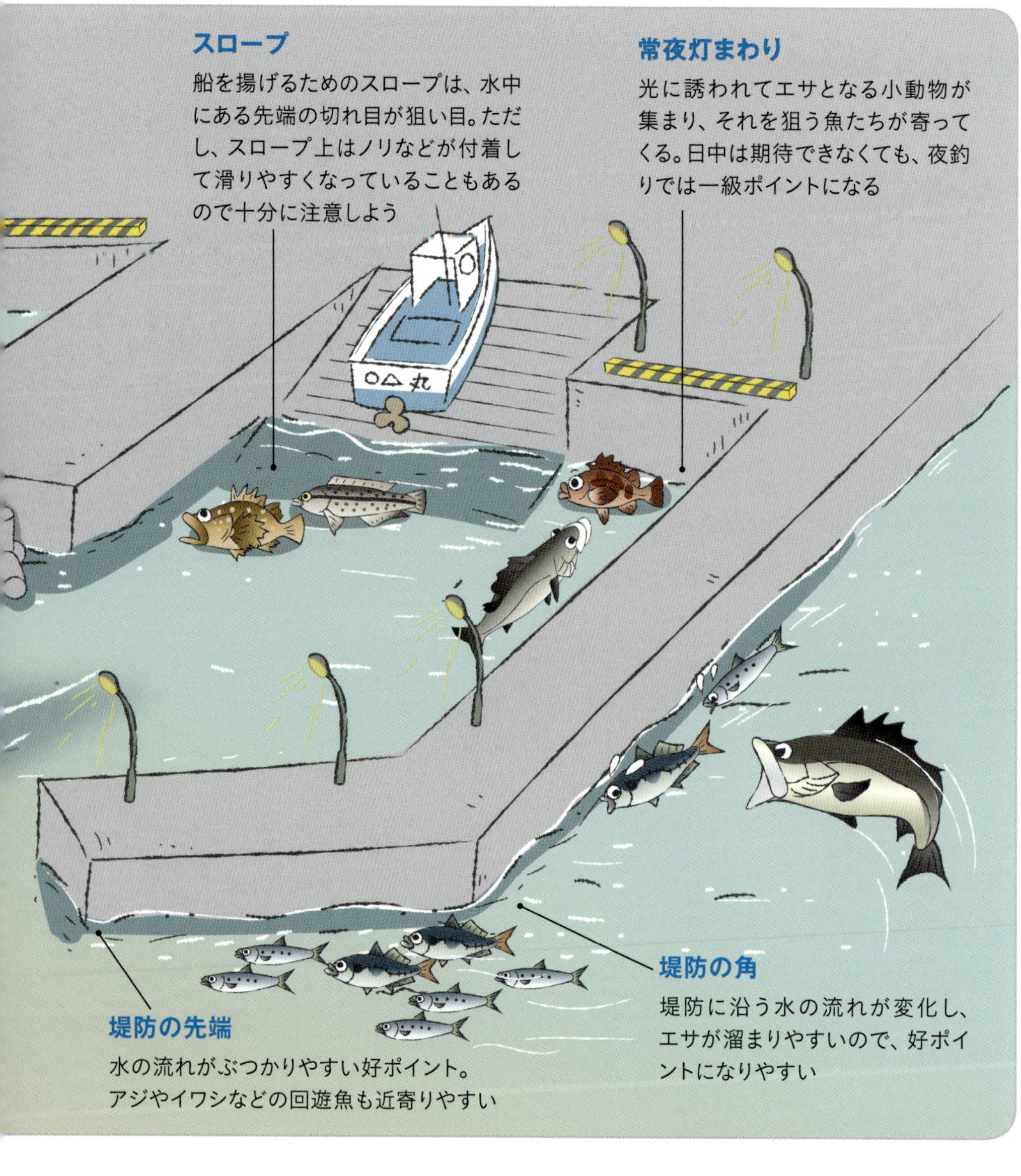
スロープ
船を揚げるためのスロープは、水中にある先端の切れ目が狙い目。ただし、スロープ上はノリなどが付着して滑りやすくなっていることもあるので十分に注意しよう
常夜灯まわり
光に誘われてエサとなる小動物が集まり、それを狙う魚たちが寄ってくる。日中は期待できなくても、夜釣りでは一級ポイントになる
○△丸
堤防の角
堤防に沿う水の流れが変化し、エサが溜まりやすいので、好ポイントになりやすい
堤防の先端
水の流れがぶつかりやすい好ポイント。アジやイワシなどの回遊魚も近寄りやすい

ちょっとした変化を見逃さないようにする

　ポイント（釣れる場所）は魚種やフィールドによって異なるが、基本的には「魚がエサを獲《と》るところ」と考えればよい。それを探すキーワードとなるのが「変化」。たとえば海底の傾斜が急に変化するところを「カケアガリ」と呼ぶが、これは海底付近を泳ぐ魚に共通するポイント。ほかに「根《ね》」と呼ばれる水中の岩礁《がんしょう》や海藻帯なども好ポイントになる。

　こうした海底の地形変化以外に注目したいのが、水の流れの変化。海中には強さや方向の異なる水流が発生していて、堤防に当たったり、あるいは水流同士がぶつかったりすることで水の流れに変化が生まれる。魚のエサとなる生物が溜まりやすくなり、釣りの好ポイントになる。

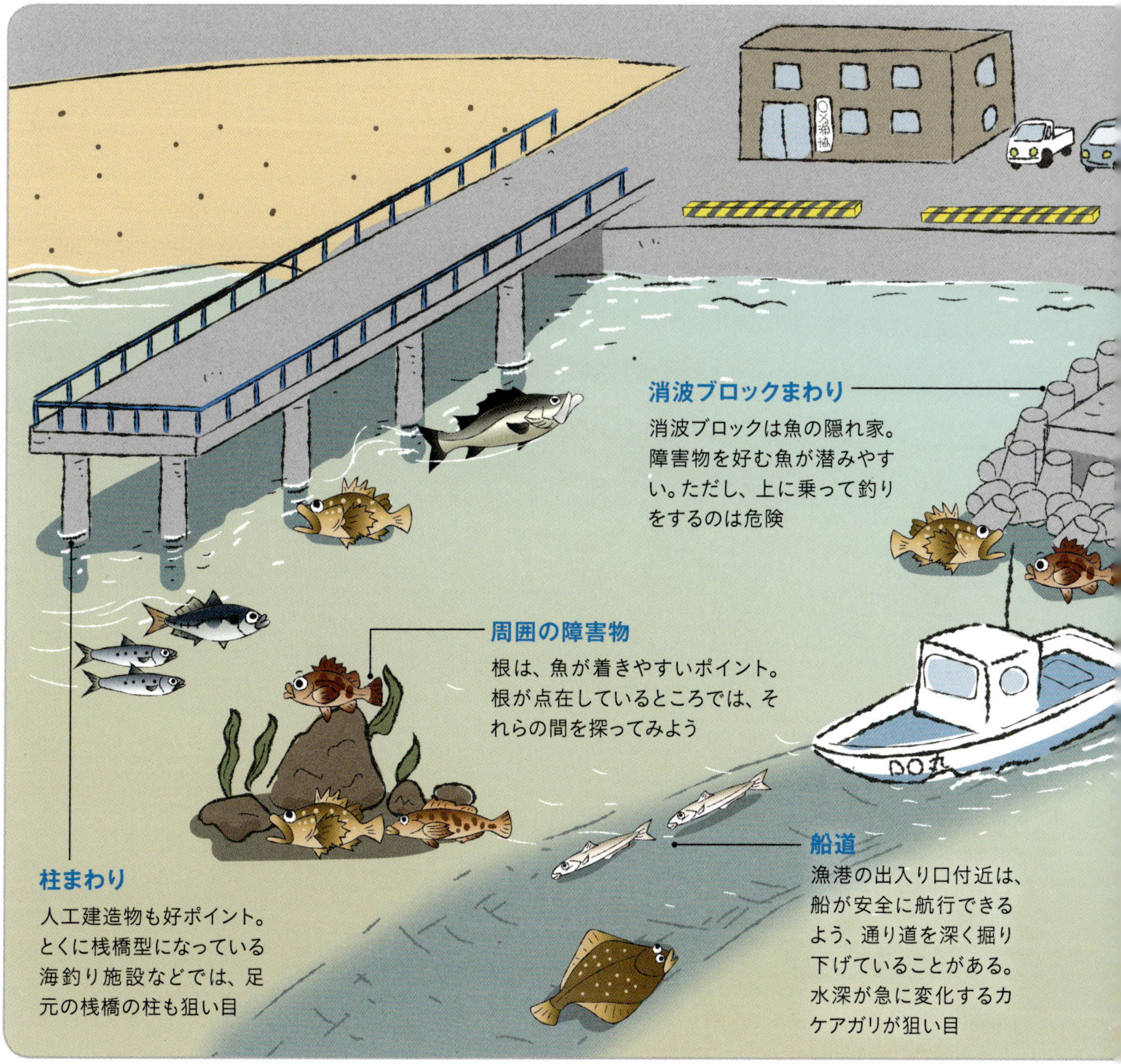
消波ブロックまわり
消波ブロックは魚の隠れ家。障害物を好む魚が潜みやすい。ただし、上に乗って釣りをするのは危険
周囲の障害物
根は、魚が着きやすいポイント。根が点在しているところでは、それらの間を探ってみよう
船道
漁港の出入り口付近は、船が安全に航行できるよう、通り道を深く掘り下げていることがある。水深が急に変化するカケアガリが狙い目
柱まわり
人工建造物も好ポイント。とくに桟橋型になっている海釣り施設などでは、足元の桟橋の柱も狙い目

堤防釣りの季節と釣りもの

一年中なんらかの魚が釣れるのが堤防のよさ!

堤防から釣れる魚のライフサイクル（一年を通した動き）はさまざま。ひとつの魚種を一年中狙える釣り場もあるが、魚種ごとのベストシーズンを知っておいたほうが、釣果《ちょうか》（釣れ具合）は格段にアップする。

魚のライフサイクルを知っておこう

沿岸に棲息《せいそく》する魚の多くは浅場《あさば》で産卵し、その前後にエサを積極的に獲る。下は初夏～秋に産卵するシロギスの例だが、産卵する時期は魚種によって異なる。

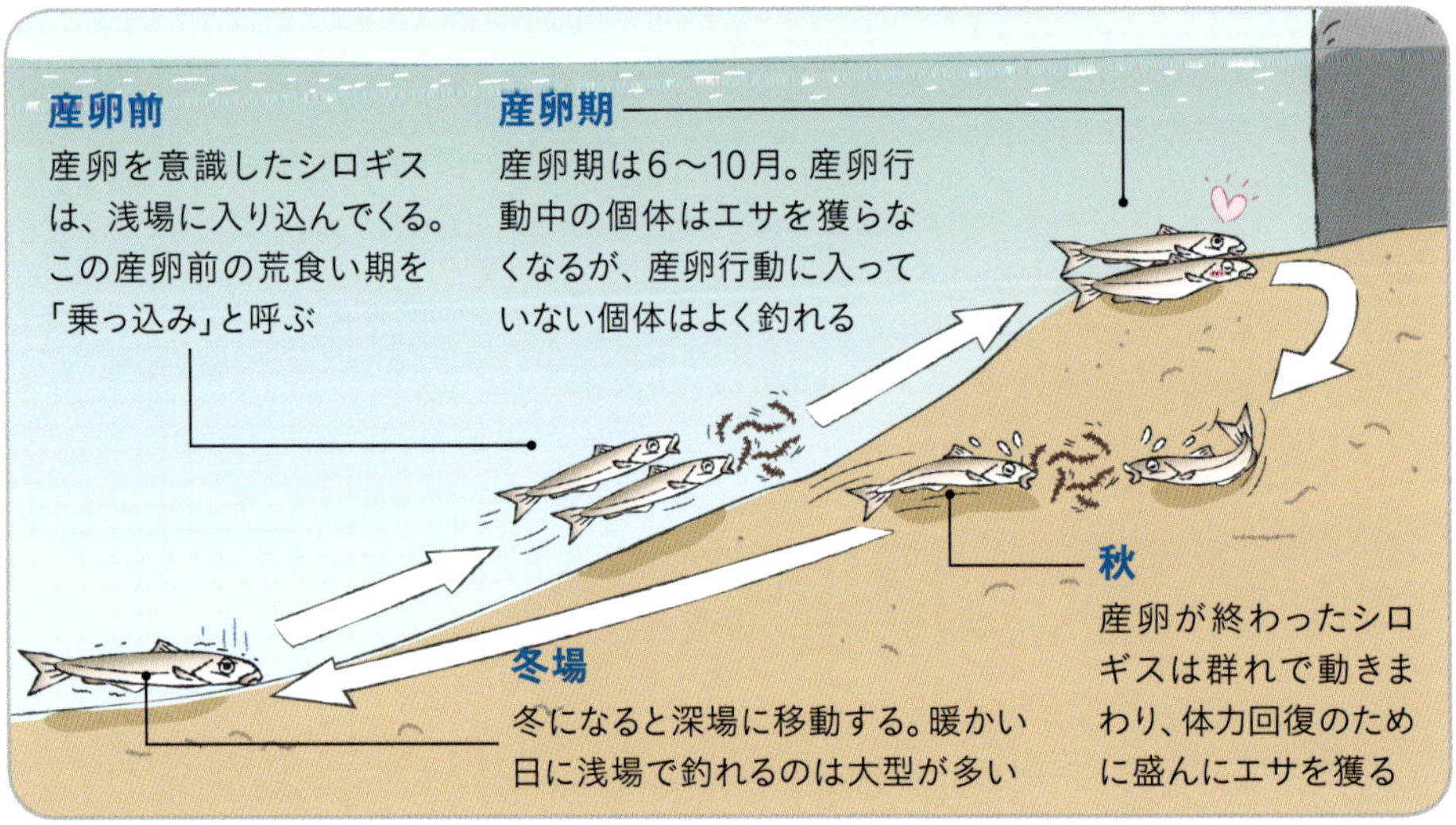

産卵前
産卵を意識したシロギスは、浅場に入り込んでくる。この産卵前の荒食い期を「乗っ込み」と呼ぶ
産卵期
産卵期は6～10月。産卵行動中の個体はエサを獲らなくなるが、産卵行動に入っていない個体はよく釣れる
秋
産卵が終わったシロギスは群れで動きまわり、体力回復のために盛んにエサを獲る
冬場
冬になると深場に移動する。暖かい日に浅場で釣れるのは大型が多い

人間の都合だけでなく魚の状態も考えよう

釣り人にとっては、春と秋の温暖な季節がベストシーズン。反面、冬の寒さ、夏の暑さは、ともに辛いものがある。

人間が気温に影響を受けるように、魚も海水が暖かすぎたり冷たすぎたりすると活発に行動しなくなる。海水は空気よりも暖まりにくいので、春の訪れは陸上より遅く、多くの魚種が梅雨明け前後から釣りやすくなる。

もちろん、なかには低水温を好む魚もいるので、海水がもっとも冷たくなる春先でも、なんらかの魚を釣ることは可能。ただし、事前に情報をしっかり集めておこう。

四季折々の代表的な釣り

ひとつの魚種を狙って釣り場に通うのも楽しみ方のひとつだが、やはり季節に応じた魚を釣るほうが、釣果を得られる可能性は高い。初心者でも釣りやすい季節の釣り方・対象魚を知っておこう。

夏～秋は回遊魚が狙い目!

水温が高くなってくると、アジやイワシなどにくわえ、それを狙ってワカシなどの小型回遊魚も堤防の近くに寄ってくる。サビキ釣りやウキサビキ、ルアー釣りがもっとも楽しめるシーズンといえる。

梅雨明け前後にベストシーズン開幕!

多くの人が釣りに出かけはじめるゴールデンウィーク頃は、まだ魚にとっては春先程度であることが多い。本格的なシーズンインは梅雨明け前後。シロギスや根魚などがよく釣れるようになる。

厳冬期は釣り場選びが大きなカギ!

釣れる魚が少なくなってくる季節だが、地域によってはサヨリが最盛期を迎えたり、秋口と変わらずアジやイワシが狙えたりする。ウミタナゴやメジナなどをじっくり狙うのもおもしろいだろう。

晩秋以降はじっくり大物狙いも!

秋が深まってくると、水温が徐々に低下し、多くの魚が沖や深場へと遠ざかってしまう。だが、アイナメやカレイなど、海底付近に棲息する魚を狙うにはベストシーズン。大型スズキも期待できる。

堤防での釣り方のいろいろ

釣り場の状況に合った
釣りやすい方法を選ぼう!

堤防釣りにはさまざまな釣り方がある。初心者にとっては、道具だてがシンプルな釣り方のほうがトライしやすいが、そのとき、その場所でもっともよく釣れる魚を狙ったほうが釣《ちょう》果《か》が得られやすい。

チョイ投げ釣り（PART3）

リール竿を使い、仕掛けを軽く投げて海底付近の魚を狙う釣り方。

ポイント

- アタリを待つ釣り方もでき、のんびりと釣りを楽しむことができる
- 仕掛けを遠くへ投げられるようになれば、より広い範囲を探れる

ノベ竿のウキ釣り（PART2）

シンプルなノベ竿を使い、ウキでアタリをとる釣り方。

ポイント

- 魚の引きを直接的に感じられるのが魅力
- 堤防は魚が身を寄せやすいので、釣果を十分に期待できる

簡単でよく釣れる釣り方を知ろう

堤防での釣り方（釣法《ちょうほう》）はじつに多彩。釣りの基本と醍醐味を味わえるノベ竿のウキ釣り、のんびりと楽しめるチョイ投げ釣り、数釣りが楽しめるサビキ釣りなど、それぞれの釣り方に魅力がある。本書の各章を読んで「こんな釣りをしてみたい！」と思ったら、その釣り方にトライしてみよう。

もっとも、自分がやりたいかどうかとは別に、対象魚・シーズン・釣り場に応じた、よく釣れる釣り方というものがある。アジやイワシが回遊してくるタイミングではサビキ釣り、シロギスが岸に寄ってくるときはチョイ投げ釣りといった具合に、そのとき、その場所での旬の釣りを楽しむのも賢い方法といえる。

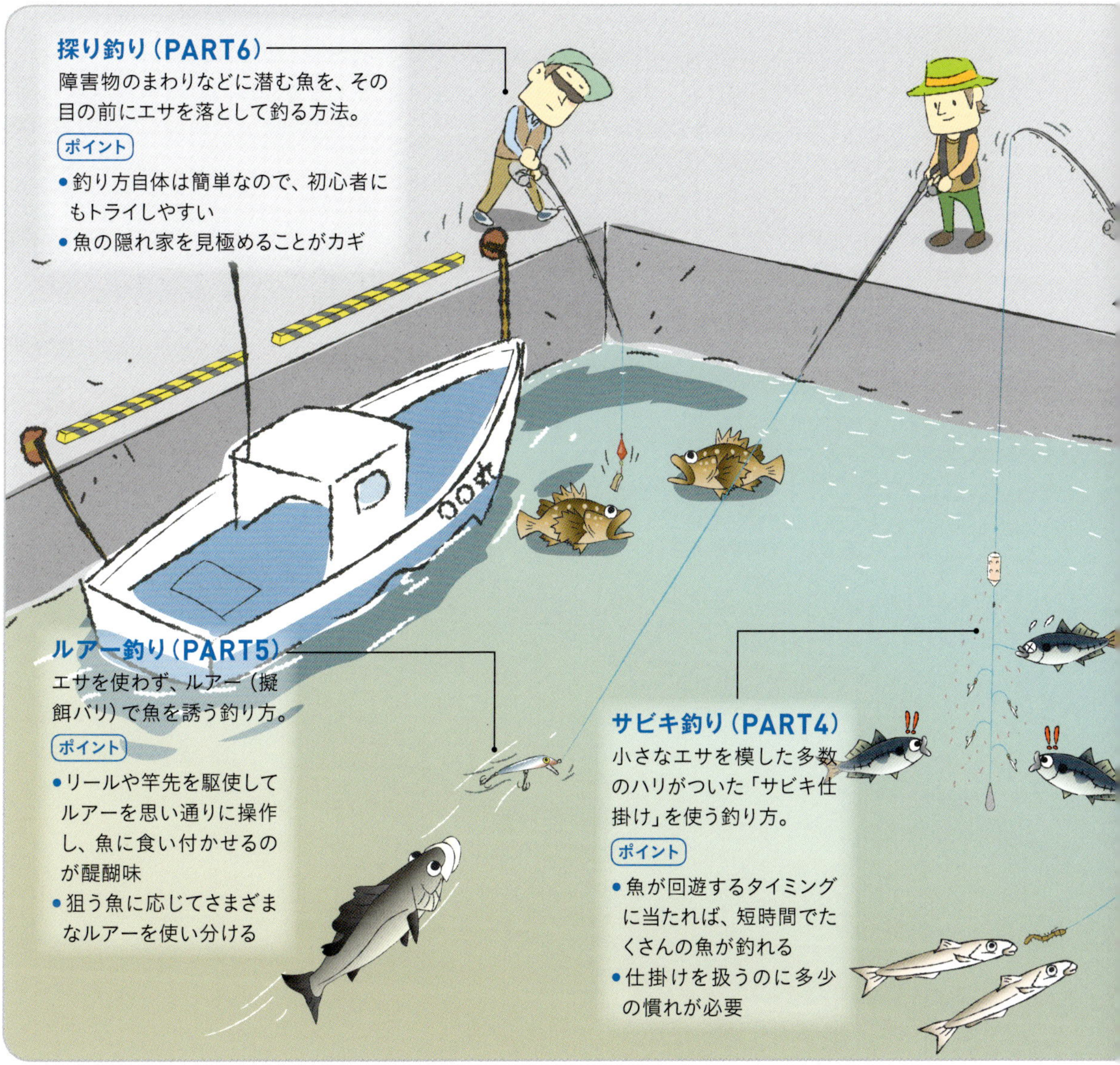
探り釣り（PART6）
障害物のまわりなどに潜む魚を、その目の前にエサを落として釣る方法。
ポイント
●釣り方自体は簡単なので、初心者にもトライしやすい
●魚の隠れ家を見極めることがカギ
〇〇丸
ルアー釣り（PART5）
エサを使わず、ルアー（擬餌バリ）で魚を誘う釣り方。
ポイント
●リールや竿先を駆使してルアーを思い通りに操作し、魚に食い付かせるのが醍醐味
●狙う魚に応じてさまざまなルアーを使い分ける
サビキ釣り（PART4）
小さなエサを模した多数のハリがついた「サビキ仕掛け」を使う釣り方。
ポイント
●魚が回遊するタイミングに当たれば、短時間でたくさんの魚が釣れる
●仕掛けを扱うのに多少の慣れが必要

堤防釣りに必要な道具

多くの釣り方で必要になる基本的な道具をそろえよう!

釣り方や対象魚によって使う道具は変わってくる。ここでは釣り竿（ロッド）の基本的な知識と、どんな釣りをするときにも必要になる釣り道具を解説しよう。釣り方ごとの道具は各章で後述する。

釣り竿の種類

釣り竿はリールを付けるか付けないかの違いによって、「ノベ竿」と「リール竿」に分けられる。遠く、深いところまで仕掛けを投げるには、リール竿が有利だ。

▼ノベ竿

穂先（竿の先端）にあるリリアンにミチイトを取り付けて使う。魚の引きが手元によく伝わり、やりとりを楽しめるのがひとつの利点。軽量かつシンプルなので、初心者にも扱いやすい。

▶リール竿

グリップ（持ち手）部分にリールを取り付けて使う。ミチイトはリールから竿に付いている「ガイド」と呼ばれる金具を通る仕組みになっている。リールは写真の「スピニングリール」というタイプのほか、「両軸リール」というタイプもある。

釣りに必要な道具を知っておこう

釣り竿やリール、ミチイト（釣りイト）、仕掛け、それに後述するエサといった、いわゆる「釣り道具」。いずれもさまざまな種類があるが、釣り方や対象魚に合ったものを選ぶようにしよう。

釣り竿にはノベ竿とリール竿があり、いずれのタイプでも、伸ばして使う「振り出し竿」と、継《つ》いで使う「継ぎ竿」がよく使われる。

ほかに、左ページで紹介している道具類があると、釣りはより快適になる。なかでも、イトを切るハサミ、タオル、ビニール袋、クーラーボックスは必ず用意しよう。

堤防釣りに必要な道具

イトを切ったり、魚をつかんだり、釣った魚を持ち帰ったり。釣りにはいくつか必須の道具がある。釣り専用のものがおすすめだが、ホームセンターなどで売られているものでも代用は可能。

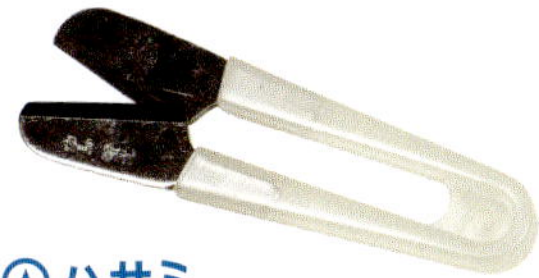

▲ハサミ

ミチイトなどを切るのに必須。専用のものでなくても、普通のハサミや爪切りで流用可能。

◀水くみバケツ

堤防の上から海水をくみ上げるには、長いロープが付いた専用の折り畳み式バケツが便利。

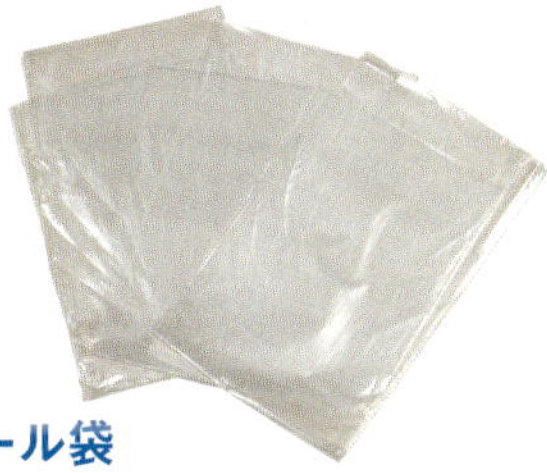

▲ビニール袋

釣った魚や汚れたタオル、ゴミなどを持ち帰るために、丈夫なビニール袋を4〜5枚用意しておこう。

▲タオル

汚れた手をふくなどするタオルは、2〜3枚用意しておこう。夏は冷やした濡れタオルもあるといい。

▼タックルボックス

仕掛けや小さな釣り道具は、ケースに収納するといい。密閉容器などを利用するのもひとつの手。

▲プライヤー

魚に掛かったハリを外したり、仕掛けをつくったりするのに使う。錆びにくいステンレス製がいい。

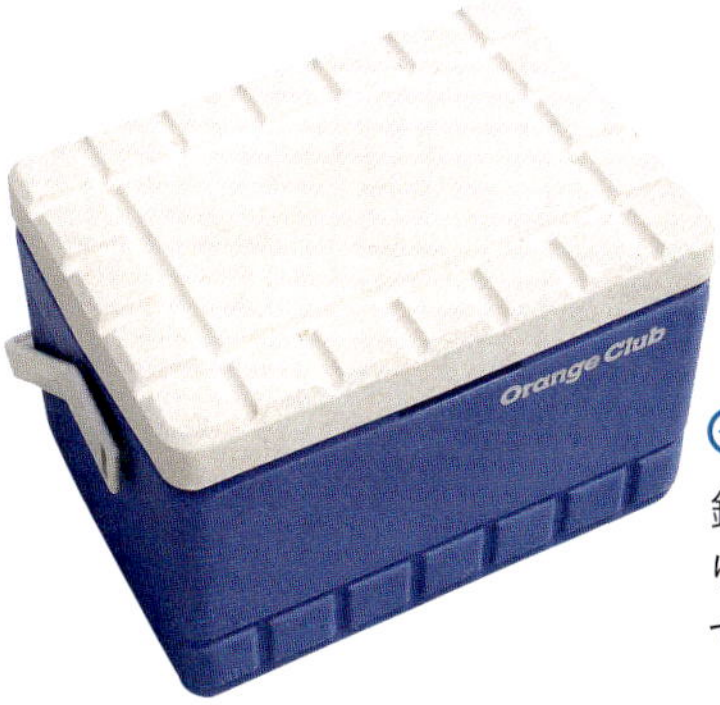

◀クーラーボックス

釣った魚を持ち帰ったり、冷たい飲み物を持っていくのに必要。

▶魚バサミ

刺のある魚や、ヌルヌルしてつかみにくい魚を挟むためのもの。釣具店で専用のものが売られている。

西野's ADVICE

ケガなどへの対策を忘れずに!

野外での遊びにはケガなどがつきもの。とくに釣りでは、ハリが刺さるなどのトラブルもありえる。消毒液や絆創膏といった応急処置に必要なものは必ず用意しておこう。もちろん、ケガの程度がひどいときは、すぐに病院に行くこと。

薬品類は密閉容器などの防水性の高いケースに入れておこう。絆創膏は、貼った状態で釣りをすることを考えると、耐水性の高いものがおすすめ。夏は日焼け止め対策も忘れずに。

LINK 両軸リール（➜P.159）

基本的な釣りエサの選び方とハリ付けの方法を知ろう!

釣り道具と同じく、釣りエサも対象魚や釣り方に応じてさまざまなものが使われる。主要なエサの使い方を知っておけば、ウキ釣りやチョイ投げ釣りなど、多くの釣り方で対応できるようになる。

堤防釣りで一般的に使われる釣りエサ

ウキ釣りやチョイ投げ釣りなどでは、虫《むし》エサやオキアミ、アミエビが多用される。虫エサに似せて人工的につくられたエサは、保存性が高いのがメリットのひとつ。

オキアミ

多くの魚種が好むエサで、とくにウキ釣りでは多用される。冷凍ブロック状態のものもある。

虫エサ

アオイソメ（写真）、ジャリメ、イワイソメなど、イソメの仲間。ポピュラーなのはアオイソメ。

人工エサ

虫エサを模してつくられ、「人工ワーム」とも呼ばれる。虫エサが苦手な人にはおすすめ。

アミエビ

オキアミより少し小振り。オキアミ同様、ウキ釣りでよく使われ、寄せエサ用のものもある。

釣果を左右する大切な知識

釣りエサの選び方とハリ付けは、基本的、かつ重要なテクニック。ウキ釣りなら虫《むし》エサかオキアミ、アミエビ。チョイ投げ釣りなら虫エサが多用される。探り釣りでは、これら以外に魚やイカの切り身なども、よく使われる。

ハリ付けは、釣り方や対象魚によって多少異なるが、簡単にハリから外れてしまわないよう、しっかり掛けることが大切。仕掛けを投入したまま魚が食い付くのをじっと待つような釣りでは、小魚につつかれても残っているよう、2～3匹の虫エサをまとめてハリ掛けすることもある。

釣りエサをハリ付けする

ハリに釣りエサをきちんと掛けるのは、釣《ちょう》果《か》にも影響を及ぼす大切なテクニック。まずは、ここで解説する虫エサの3通りのハリ付け方法と、オキアミのハリ付け方法を覚えておこう。

縫い刺し

虫エサの頭部にハリ先を刺し、途中で抜く。さらに虫エサをハリで縫っていくイメージで、数回繰り返す。

虫エサが団子状になるまで縫い刺しして完成。チョン掛けより面倒だが、ボリュームのあるエサを好む魚に向いている。

チョン掛け

利き手の指でイソメをつまみ、もう一方の手でハリの軸（まっすぐな部分）を持って虫エサの頭の横からハリ先を刺す。

頭だけをハリ掛け。ハリが中心を通るようにする。エサの動きを損なわない方法で、ウキ釣りなどで多用する。

腹掛け

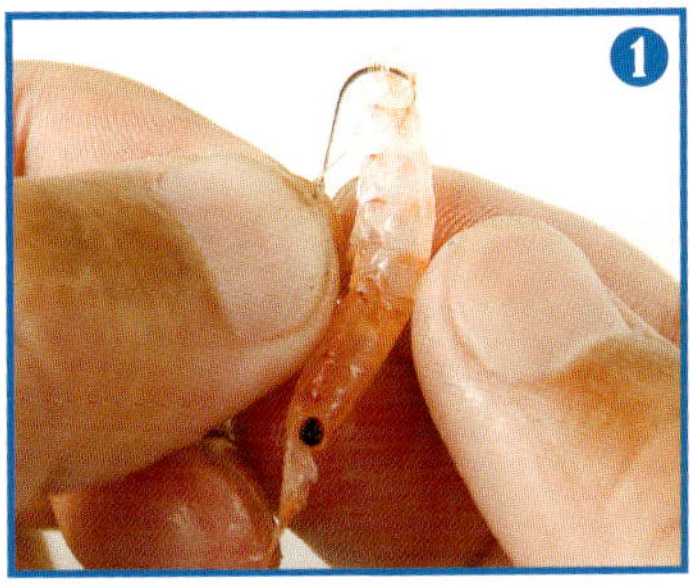

オキアミやアミエビをハリ掛けする基本的な方法（写真はオキアミ）。尾羽を取り去り、その切り口からハリを刺し、腹側に抜く。

ハリのカーブと、オキアミの背中の丸みが同じになるようにする。エサの大きさに合ったハリを使うことも大切。

通し刺し

虫エサの頭の横からハリ先を刺し、虫エサのほうを動かして、ハリの軸全体が虫エサのなかに入るまで刺し入れる。

チョン掛けよりもしっかりハリに付いているのが利点。勢いよく仕掛けを投げてもエサがハリから取れにくい。

1-8

釣り竿の基本的な扱い方

覚えてしまえば簡単！扱い方と投入を覚えよう！

釣り道具の扱いは、初心者にとってひとつの壁。練習すれば誰にでもできるようになるが、基本を頭に入れておけば上達は早い。道具の扱いが上手になれば、釣りはもっと簡単、かつ楽しくなる。

釣り竿の伸ばし方、しまい方

振り出し竿や継《つ》ぎ竿は、正しい伸ばし方・継ぎ方を覚えることが第一。とくにノベ竿などの繊細な穂先をもつ竿は、ていねい、かつ確実にセットしよう。

ガイドをまっすぐに

リール竿では、伸ばしたのちに、ガイドが直線上に並んでいることを確認しよう。

先端から伸ばす

振り出し式の釣り竿は、先端の節から伸ばす。逆に、畳むときは根元から。

ふきながらしまう

タオルなどでふきながら釣り竿をしまえば、あとで洗う手間が省ける。

継ぎ竿の場合

継ぎ部分をしっかりはめる。印籠継ぎ（写真のタイプ）では、少し隙間ができる状態になる。

釣り道具を正しく扱い上手に使いこなそう

初めて手にする釣り道具。セッティングの方法は自宅でも練習できるが、仕掛けの投入などは現場で実践して慣れるしかない。遠くへ仕掛けを投げるときでも、力まず、タイミングを重視するのがコツ。基本を理解すれば、数回の投入で体得できるはず。

仕掛けを投入したあとの操作方法は、釣り方によって異なる。どの釣り方でも重要なのは、魚がハリ（付けエサ）をくわえたときに、竿先を跳ね上げるようにしてあおる、いわゆる「あわせ」の動作だが、釣り方ごとにコツがあるので、各章で解説する。

釣り竿の握り方

釣り竿の正しい使い方の第一歩は握り方。きちんと握れていれば、仕掛けの投入や魚とのやりとりもすぐにうまくなる。力を入れすぎず、すべての指で包み込むイメージで握るのがコツ。

リール竿の場合

利き手の中指と薬指（小指と薬指でもよい）の間でリールの脚部を挟むように握るのが基本。

ノベ竿の場合

グリップ部分を握り、利き手の人差し指を上に添えるようにすると、微妙な操作がしやすくなる。

リールの使い方

リールにはいくつかのタイプがあるが、初心者が手にすることが多いのはスピニングリール。まずはこのリールの構造を知り、使い方を覚えよう。何度か練習すればすぐに使えるようになる。

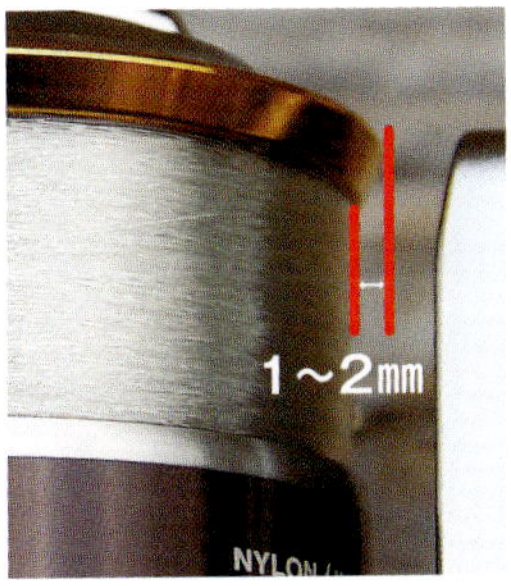
1〜2mm
NYLON

ミチイトを巻く量

ミチイトが多すぎるとイト絡みなどのトラブルを起こす。写真の巻き量が目安だ。最初はリールを購入する際に、釣具店で巻いてもらうのが賢い。

矢印の方向に回
すとドラグが締ま
る=より強い力で
引っ張られないと
ミチイトが出ない

ドラグの調整

リールには、ミチイトが強い力で引っ張られたときにミチイトを送り出す「ドラグ」という機構がある。イト巻き部分の前に付いたノブをまわして、ミチイトを手で強く引っ張ったときにじわじわと出ていく程度に調整しておこう。また、保管するときは完全に緩めておくこと。

ミチイトを放出する、止める

1
ラインローラー
ベイル

ラインローラーが上にきている状態で、釣り竿を持つ手の人差し指にミチイトを引っ掛けてから、反対側の手でベイル（ベイルアーム）を起こす。

2

人差し指を離すと、ミチイトが出ていく。仕掛けを遠くへ投入するときは、タイミングよく人差し指を離すことが大切。

3

ベイルを戻すと、ミチイトの出が止まる。ベイルは釣り竿を持つのと反対の手で戻すのが基本。その後、ハンドルを巻けばミチイトを巻き取ることができる。

LINK ミチイトの巻き方（➡P.105）／釣り具の洗い方（➡P.152）

リール竿での投入のコツ

リール竿で仕掛けを遠くに投げるには、少々コツが必要。力よりタイミングを重視しよう。

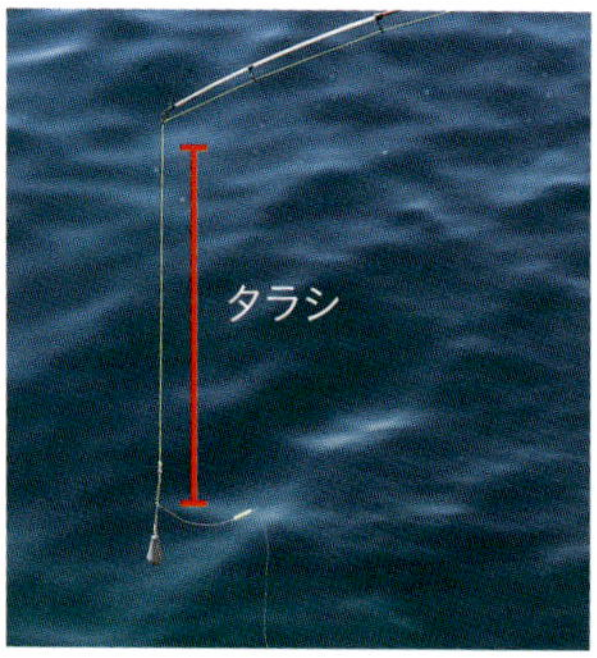

投入の準備

竿先のガイドから仕掛け（オモリやテンビンなど）まで、30㎝ほどミチイトを出しておく。これを「タラシ」と呼ぶ。また、後ろに人がいないかどうか、必ず確認しておこう。

ミチイトを放出するタイミング

仕掛けの重さを感じたときに人差し指を離すのが基本。繰り返し投げればうまく投げられるようになる。

着水直前にミチイトの放出を止める

ミチイトが放出したままの状態で着水すると、イトが大きくたるみ、仕掛けが絡むなどのトラブルが増える。直前に、竿を持つ手と反対の手でリールのイト巻き部分を軽く押さえ、イトの出を止めるといい。

ノベ竿での仕掛けの投入

釣り竿を振り上げるようにして下から投入するのが基本。正確な投入を心がけよう。

下から振り込む

利き手で竿を持ち、仕掛けのオモリか、オモリに近いハリス部分を、反対側の人差し指と親指でつまむ。

竿先を下向きにして構え、仕掛けを離すと同時に釣り竿を軽く振り上げる。

仕掛けを振り子のように前方に飛ばす。仕掛けが竿先より前方に行ったら、徐々に竿先を下げる。

仕掛けを水面に置くようなイメージで、竿先を下げて着水させる。

リール竿での仕掛けの振り込み

初心者には斜め下からの投入が簡単。ただし、ミチイトを離すタイミングがズレると斜め方向へ飛んでしまう。釣り竿を振りかぶる投入方法は、仕掛けを遠くへ、かつまっすぐ投げやすい。

振りかぶって投げる

釣り竿を後ろに振りかぶり、写真の角度でいったん静止。このときリールを上側に向けるのがコツ。後方を確認後、視線はポイントの斜め上へ。

釣り竿を前方に押し出すように振り、リールが頭の横をすぎるあたりでミチイトを放出。あまり鋭く振らないほうがうまくいく。

仕掛けが飛んでいく間は、視線を斜め上に向け、竿先も斜め上に向けておくと、スムーズに飛ばしやすい。

遠くへ投げたときは、ミチイトが大きくたるむことが多いので、着水直前にイト巻き部分を押さえ、たるみが出すぎないようにする。

斜め下から投げる

竿を持つ手の人差し指にミチイトを引っ掛けてからベイルを起こす。次に、釣り竿を体の横に、斜め下に向けて構える。

体の正面に向かってゆっくり振りはじめ、その直後のタイミングで人差し指を離し、ミチイトを放出する。

仕掛けが飛んでいく間は、竿先を狙った方向に向けておく。釣り竿を極端に振り上げると、仕掛けも上に飛んでしまうので注意しよう。

ベイルを戻して完了。チョイ投げなどでは、ハンドルを巻いて、ミチイトのたるみをとっておく。

ハリの上手な外し方

ケガをしないように正しい外し方を覚えよう!

魚が釣れたらハリを外さなければならない。やり方を覚えれば簡単に手などで外すことができるが、ハリが飲まれてしまったときは道具が必要。また、触ると危ない魚がいることも知っておこう。

魚のつかみ方

トゲなどがない魚であれば、素手でつかむことができる。トゲのある魚やヌルヌルした魚をつかむときは、魚バサミを使ったほうが安全・確実に行える。

▶素手でつかむ場合

小型の魚は、ヒレが引っ掛からないよう、頭から矢印の向きに手の中に滑り込ませる。タオルや軍手でつかめば手が滑ったり、汚れることも防げる。カサゴなど、アゴが大きく歯が鋭くない魚は、アゴをつかむのも手。

◀魚バサミを使う

滑りやすい魚、トゲのある魚は、魚バサミでつかむ。トゲのある魚からハリを外す際は、手ではなく、プライヤーなどを使ってケガを防ごう。

しっかりつかむのがハリ外しのコツ

掛かったハリを外すのは、意外と大変な作業。コツは、魚をしっかりとつかむことだが、魚の体表はヌルヌルしていたり、トゲがあったりしてつかみにくい。素手でつかみにくい場合、あるいは、魚に直接触りたくない人は、タオルや魚バサミを使うといい。

ハリ外しは、プライヤーを使ったほうが安全で、力も入れやすい。先端が細長く、ハリの軸《じく》をつかみやすいプライヤーを持参しよう。ただし、プライヤーでハリを外すと、力の入れすぎでハリを傷つけてしまうことがある。できれば手で外せるようになろう。

魚からハリを外す

とくに小さなハリを使っているときはプライヤーで外したほうが簡単だが、慣れてしまえば手のほうが素早い。ハリを飲み込まれてしまったときの対処方法も覚えておこう。

ハリ外しを使う

ハリ外しの先端部にハリスを通しながら口の中に入れる。

ハリ外しの先端部にハリ先が引っ掛かったら、ハリ外しをひねってハリ掛かりを緩めてやる。

掛かりが緩まったら、そのまま引き抜く。これで抜けない場合は、ハリ外しでハリを押し込んでみるのがひとつの方法だ。

プライヤーで外す

指の代わりに、プライヤーでハリの軸をつまんで外す。先端が細くなっている、釣り用のプライヤーが使いやすい。

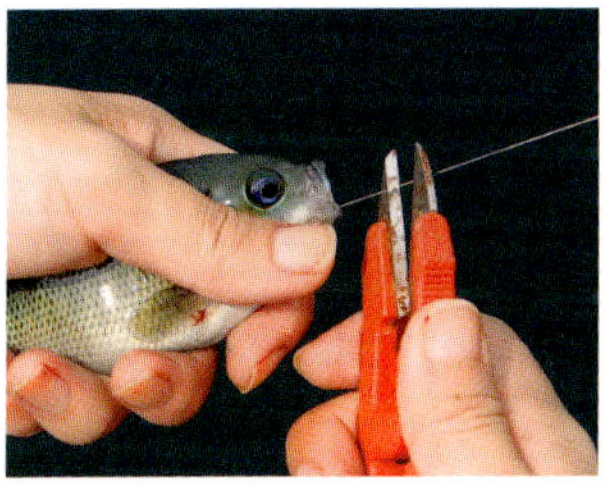

ハリスを切る

ハリスを引っ張ってもハリの軸が出てこないときは、ハリスを切ってしまうのが手だ。ただし、食べるときはハリに注意。

手でハリを外す

魚をしっかりと固定し、利き手の指でハリス（ハリのすぐ上の部分）をつかむ。

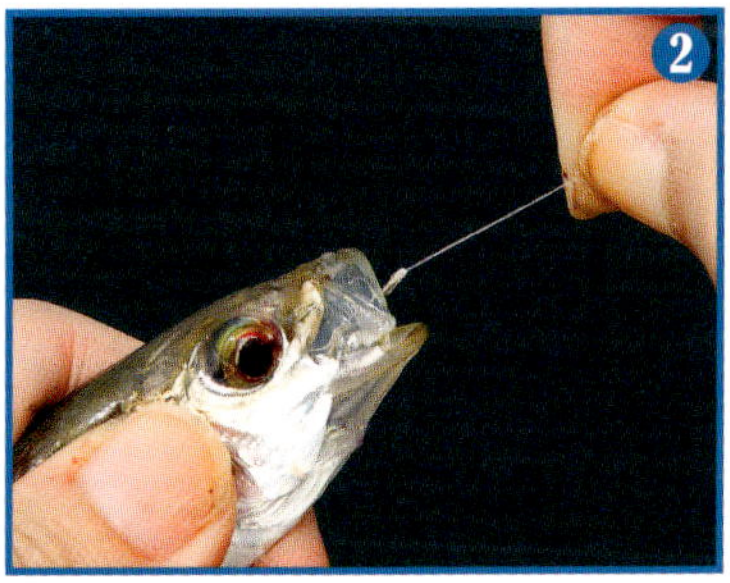

ハリが飲まれているときは、ハリスを引っ張り、ハリの軸が口から出た状態にする。

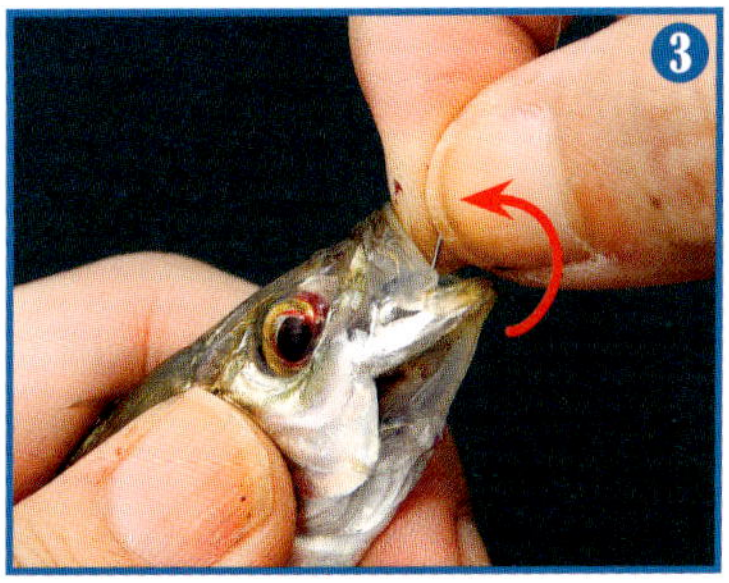

ハリの軸を親指と人差し指でつまみ、ハリ先と反対方向に弧を描くように動かす。

ハリ外し完了。歯の鋭い魚の場合は、ハリスをチェックし、傷ついていたら交換すること。

LINK 魚の持ち帰り方（➔P.136）

覚えておきたいイトの結び方

イトの結び方を覚えれば自分で仕掛けがつくれる!

イト（ミチイトやハリス）を結んで仕掛けをセットすることは、釣りの必須テクニック。必要最低限の結び方は覚えておこう。自宅で練習しておけば、釣り場に行ってから困ることもない。

仕掛けづくりに必要な結び

イトを接続する部分は、決して多くはない。とくにリール竿の場合は、完成仕掛けと接続具を使えば、ユニノットひとつを覚えておくだけで対応できる。

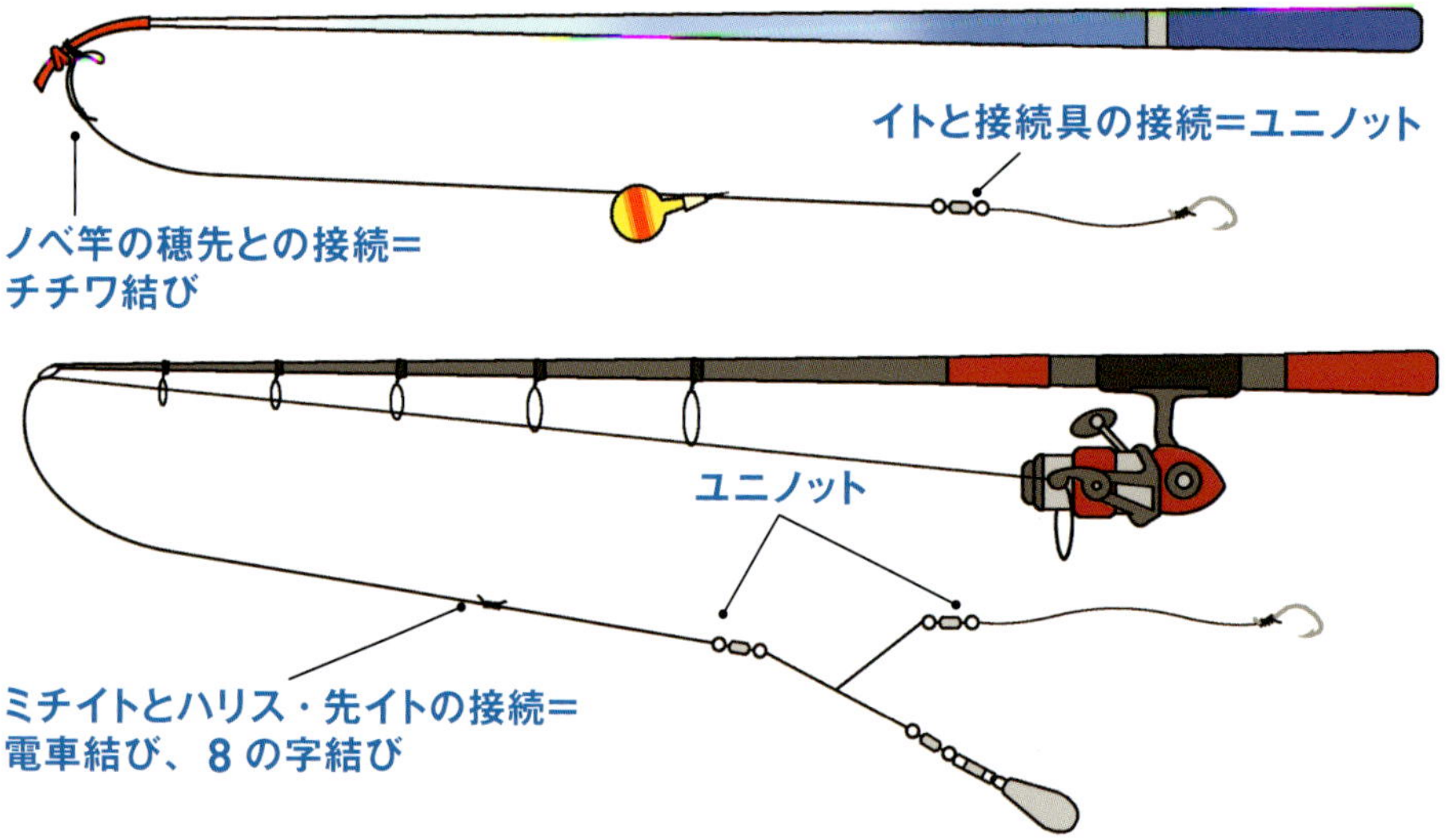
イトと接続具の接続＝ユニノット
ノベ竿の穂先との接続＝
チチワ結び
ユニノット
ミチイトとハリス・先イトの接続＝
電車結び、8の字結び

確実に結べる方法を身に付けておこう

市販の完成仕掛けには、ミチイトとの接続部分にスナップサルカンなどの接《せつ》続《ぞく》具《ぐ》が付いている。あらかじめミチイトの先端にサルカンを結ぶなどしておけば、あとはスナップで接続すればよい。結び方にはいくつか種類があるが、電車結びにも応用できるユニノットがおすすめ。

なお、ノベ竿の場合は、穂《ほ》先《さき》にミチイトを結ぶ「チチワ結び」を覚えておく必要がある。また、ミチイトに先イト（リーダー）を繋《つな》ぐ場合は、電車結びや8の字結びもできるようにしておこう。結び方は、P.34-35を参照。

結び方の注意とコツ

イトの結びは、手順が間違っていなくても、ちょっとした気づかいの有無で強度が大きく変化するもの。どんな結びにも共通する、結ぶうえでの注意点やコツを知っておこう。

金属環への結び方

接続具などの金属環にイトを結ぶときは、環に通す回数を2回にすると強度が格段にアップする。

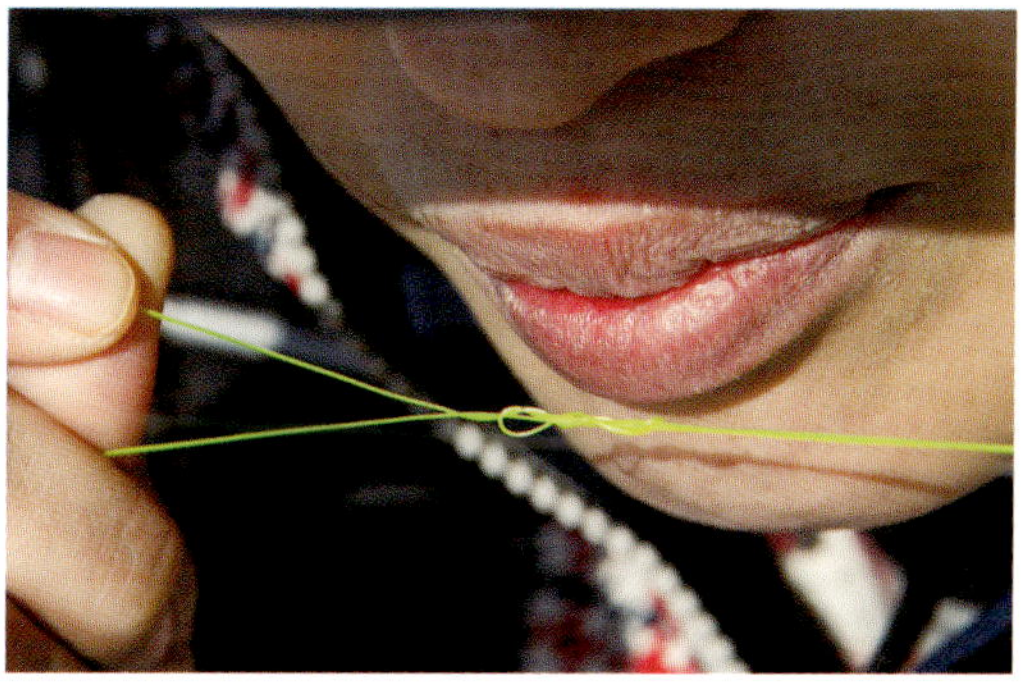

結び目を湿らせてから締め込む

締め込む際の摩擦熱でイトが傷むのを防ぐため、結び目を唾液などで湿らせてから締め込もう。

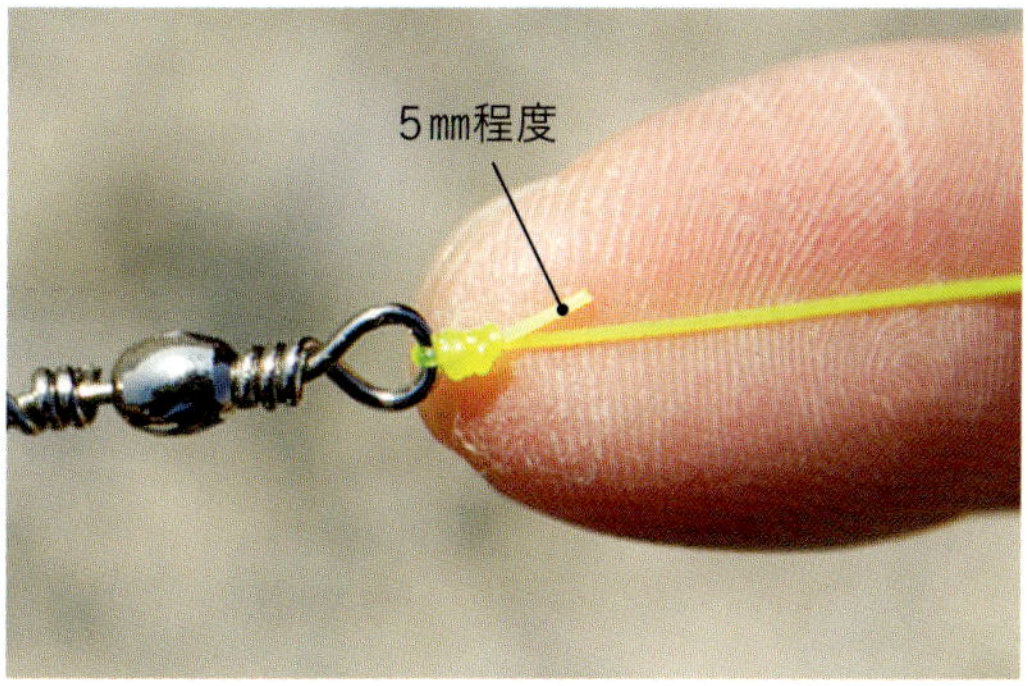

ヒゲの長さは5㎜が目安

ヒゲは長すぎると仕掛けが絡む原因になり、短すぎるとすっぽ抜けやすくなる。5㎜を目安にしよう。

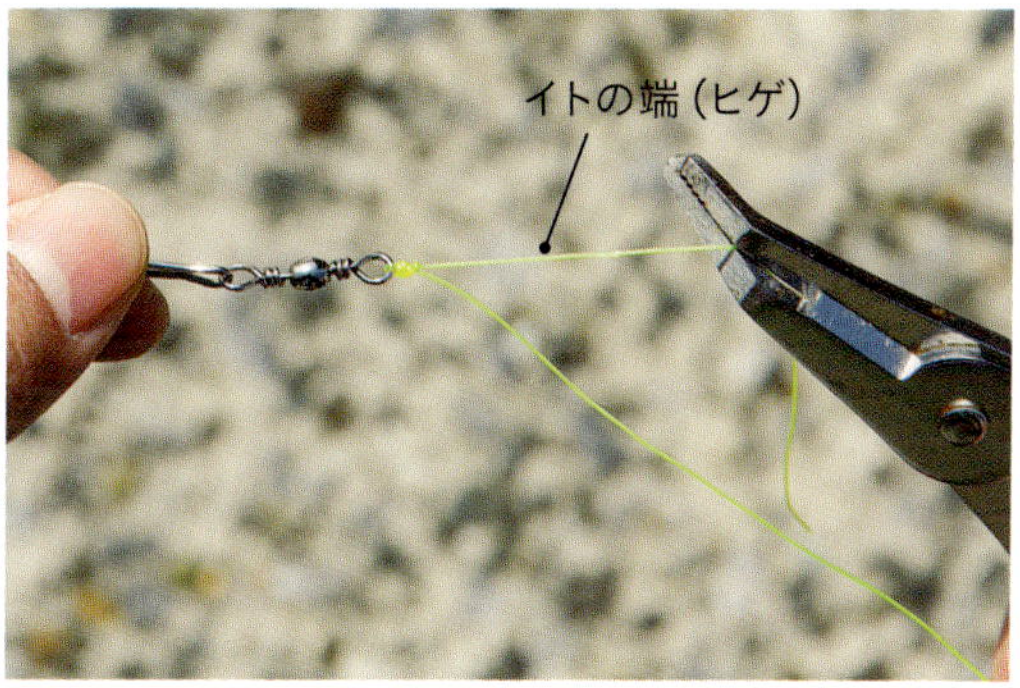

ヒゲをしっかり引っ張る

すっぽ抜けを防ぐために、イトの端（通称・ヒゲ）を強く引っ張り、結び目を確実に締め込むことが大切。

釣りをしている最中にもチェック

結び目は徐々に緩んだり傷んだりすることがある。ときおり結び目をチェックして、結び直そう。

イトを巻き付ける回数

巻き付ける回数が多いほど、結び目の強度は高まる傾向がある。とくに細いイトでは、多めに巻こう。

ユニノット

ミチイトと接続具を結ぶ、代表的な結び方。端イトを絡める回数は4〜5回を目安に。細いイトでは、先端を折り返して二重にしたうえで結ぶと、強度が格段にアップする。

❶

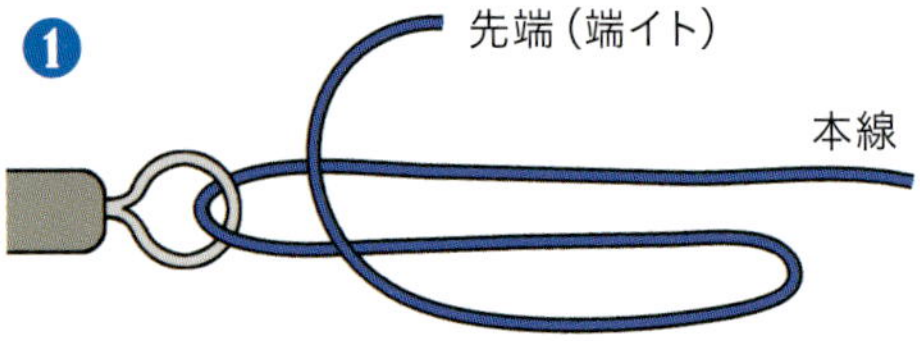

接続具などの環のなかにミチイトの先端を通し、10cmほど折り返す。さらにミチイトの先端を折り返して輪をつくりながら環の近くで2本のミチイトを束ねるように交差させる。

❷

ミチイトの先端を4〜5回、輪にくぐらせる。ミチイトが緩まないように注意。

❸

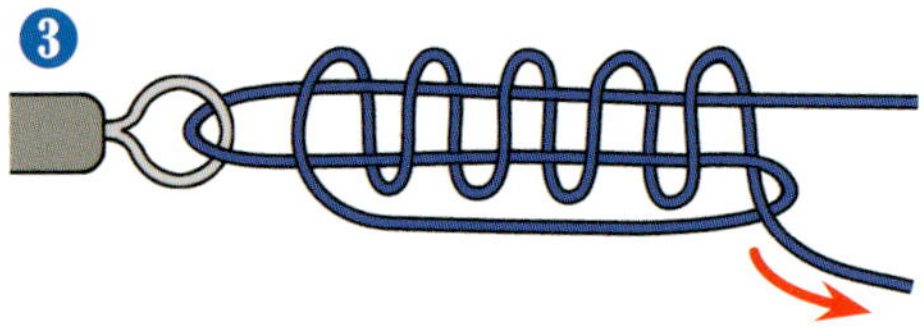

ミチイトの先端を軽く引いて結び目をつくる。

❹

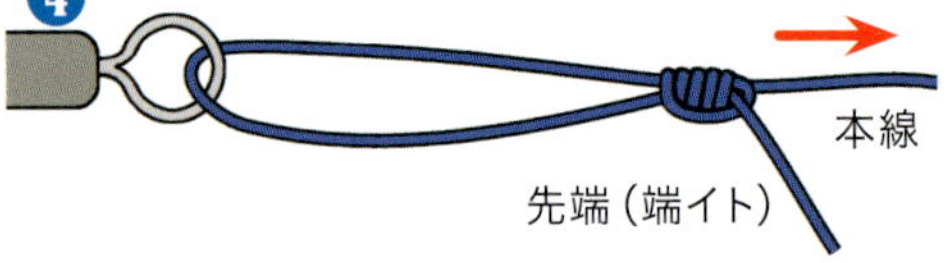

本線側を引いて、環のそばまで結び目を移動させる。ゆっくり行うとミチイトがよれにくい。

❺

再度、本線と端イトをしっかりと引いて締め込み、余分をカットする。

チチワ結び

ノベ竿の穂先（リリアン）とミチイトを繋ぐための結び方。リリアンの先端には、あらかじめ一重結びなどでコブをつくっておき、そのすぐ手前に結び目がくるようにする。

❶

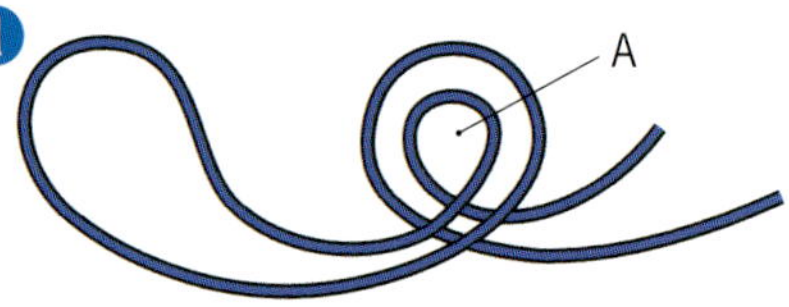

ミチイトの上端を折り返して、10cmほどの長さを取る。次に小さな輪をつくる。

❷

❶でつくった輪（A）に人差し指を入れて、そこを軸にして左右方向に1〜2回ねじる。指を入れた部分にミチイトの折り返し部分を下から上に通す。

❸

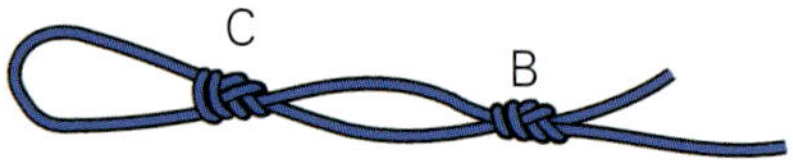

❷でつくった結び目（B）から、4〜5cmほど間隔をあけて、先端側に同じ結び目（C）をつくる。全体の長さは5〜6cmが目安。

❹

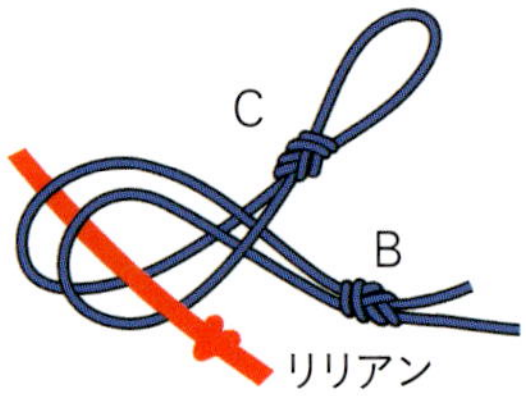

Bの結び目をふたつの結び目の間に通し、そのときできた輪の中に、ノベ竿の先端にあるリリアンを通す。

❺

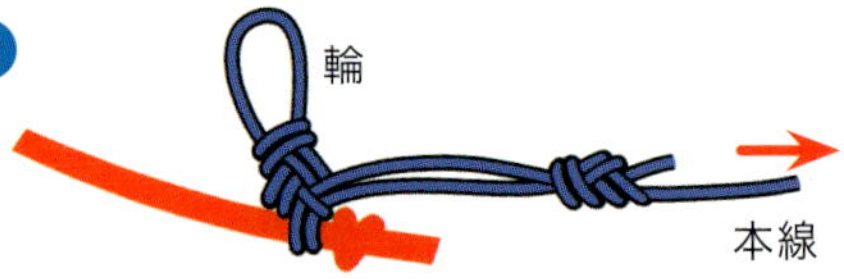

最後に本線を引っ張れば完成。ミチイトを外すときは、小さな輪を引っ張る。

電車結び

8の字結び同様、イト同士を結ぶ方法だが、双方のイトの太さが異なっても、長いイト同士でも結びやすいのが利点。ユニノットとほぼ同じ手順なので、難しくはない。

❶

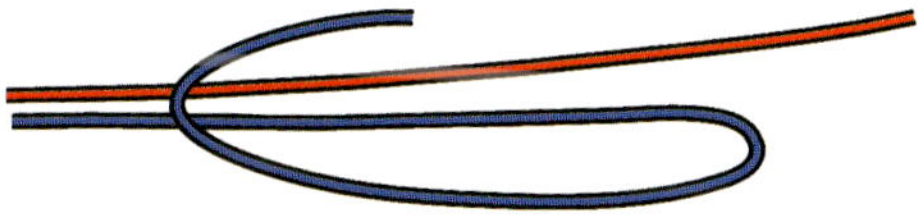

片方のイトの端で輪を作る。

❷

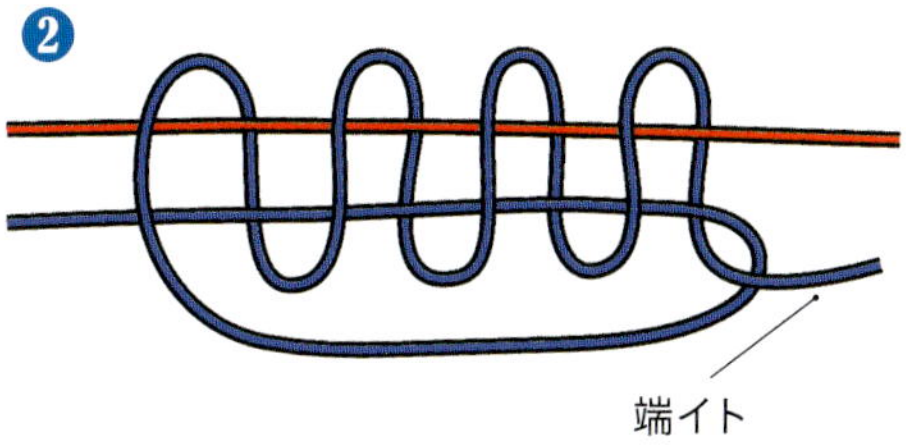

片方のイトで、もう片方のイトを取り込むように4回ほど絡め、端イトを引っ張る。

❸

もう片方のイトでも、❶〜❷を繰り返して、左右対称になるように結び目を作る。

❹

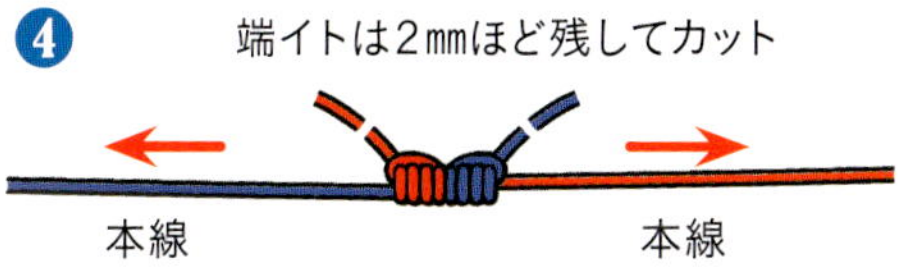

本線同士を引っ張り、ふたつの結び目を接続する。最後に端イトを引き締めて完成。

8の字結び

ミチイトと、長さの短い先イトやハリスを接続する結び方。簡単で、素早く結べるのが一番のメリットといえる。結び目部分をあらかじめ湿らせておくと、よく締まる。

❶

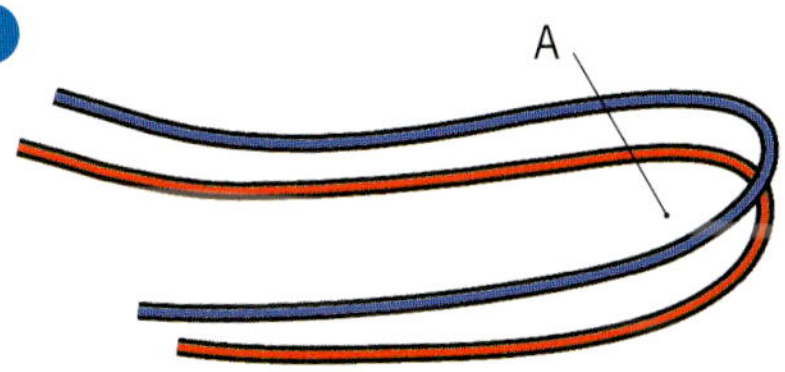

2本のイト（ミチイトとハリスなど）を重ね合わせて折り返す。折り返しの長さは10㎝程度が目安。ここでは青が「短いイト（ハリス）」とする。

❷

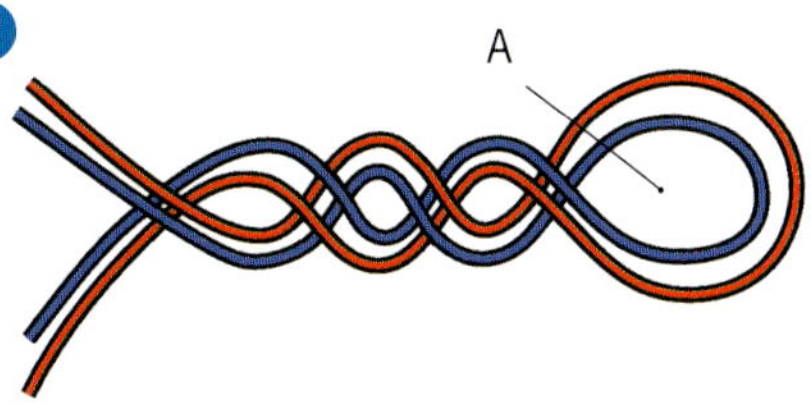

折り返した部分（A）に人差し指を入れて、そこを軸にして左右方向に2〜3回ねじる。

❸

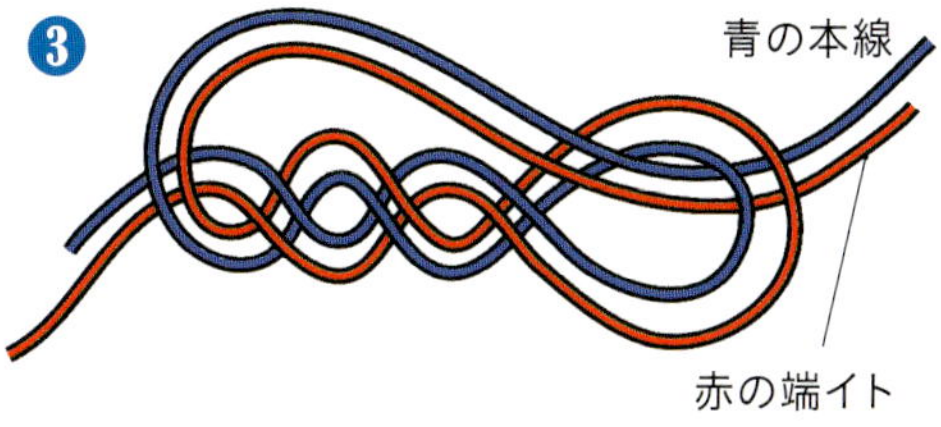

Aの部分に青（短いイト）の本線と、赤（ミチイト）の端イトをそろえ、上から下に通す。

❹

結び目を軽く引き締め、次に本線同士をゆっくりと引き締めれば完成。余分の端イトはカット。

1-11
釣りに行く計画の立て方

釣れるときに釣れる場所へ行くことが肝心！

釣りに行く場所や日程は、釣り人の都合で決まることが多い。だが、その日、その場所で魚が釣れるのかどうかを想定することも大切。釣り場の候補をいくつかあげて、もっとも有望な場所を選ぼう。

釣れる情報を仕入れる

釣りに行く日が近づいたら、インターネットなどで釣果《ちょうか》（釣れ具合）を調べよう。当日は、エサなどの入手ついでに、現地の釣具店でより詳しい情報を聞くといい。

インターネットで調べる

ここ最近、あるいは一年前の同じ時期の釣果を調べるには、インターネットの釣果情報も有用だ。

現地の釣具店で聞く

釣り場近くの釣具店の多くでは、最近の釣果だけでなく、釣り場の詳しいポイントや、釣り方のコツなども教えてもらえる。

釣り場選びが釣果を分ける最大のカギ

堤防釣りをするにあたっては、日程が仕事や学校などの休みに限定されるのが普通。その貴重な釣行日に釣れそうな場所を選ぶには、情報収集が大切になる。まず天気や風の強さ・向きを調べるのが第一。安全に釣りができる場所を複数あげることができたら、最近の釣果《ちょうか》を調べて、有望な釣り場を選び出そう。

ただし、前日までよく釣れていても、釣りの当日に条件が急変することはある。潮《しお》の動きや日照、水温変化などで、魚の活性《かっせい》（積極的にエサを獲るかどうか）は大きく変わるものだと知っておこう。

釣果を左右する自然条件

魚は四六時中エサを捕食するわけではない。魚の活性が高まるときを「時《じ》合《あ》い」というが、これをイメージできるようになると、集中して釣りができる。活性に影響する要素を理解しよう。

水温

水は空気より暖まりにくいので、海の中と陸上では季節が2～3カ月ズレることを知っておこう。前日とくらべて、水温がどう変わったかも釣果に影響する。

潮の動き

潮の流れは、堤防などにぶつかって変化する。写真のように水面がモヤモヤとしている場所では流れの変化があるので、エサが溜まりやすい。

水の透明度

水の透明度が高すぎると、魚が警戒しやすくなる。多少の濁りがあったほうが有望。また、凪よりも、多少の波があるときのほうが、魚の警戒心が緩む。

日照

魚は外敵から身を隠すため、晴天の日中は深いところや障害物の影に隠れがち。逆に、朝夕や、曇り・雨の日は、浅いところで釣りやすくなる傾向がある。

西野's ADVICE

潮まわりを調べよう

潮の動き（流れ）は、潮まわりによって変わる。干潮・満潮の潮位差が大きい大潮のときは速く、潮位差の小さい小潮や若潮、長潮のときは遅くなる傾向がある。一般的には潮が動いているときのほうがよく釣れるとされるので、大潮～中潮まわりが狙い目。

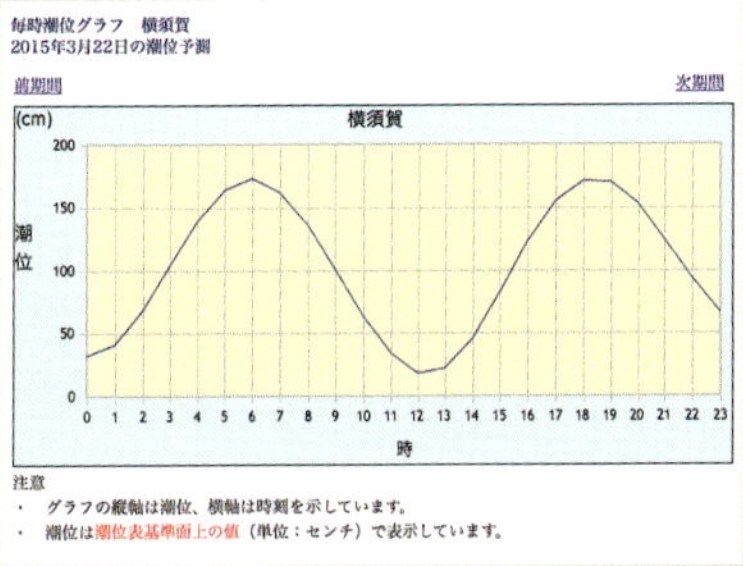

潮まわりがわかる「潮位表」は、インターネットで調べられるほか、釣具店などでも売られている。写真は気象庁のウェブサイトで閲覧できる「毎時潮位グラフ」。

安全・快適な釣りの装備

服装や装備を万全に。天候への配慮も怠りなく！

堤防釣りに限らず、野外の遊びでは自然環境に対応できる装備が必要になる。水に落ちても体を浮かせてくれるライフベストや、雨風を防ぐ雨具などは、季節を問わず、必ず用意しよう。

ライフベストは必ず着用

浮力体が入ったライフベストは、釣り場に着いたらすぐ着用するクセをつけよう。タイプはいくつかあるが、発泡材が入った釣り用のものがおすすめ。

正しく着用することが大切

浮力が十分でも、水に落ちたときに脱げてしまっては意味がない。バックルをはめ、ベルトや股ヒモをしっかり締めておこう。

◀釣り用ライフベスト

中に発泡材でできた浮力体が入ったライフベスト。ポケットが多いと小物の収納に便利だが、入れるものが重くなりすぎると浮力が足りなくなるので注意。

◀膨張式ライフベスト

炭酸ガスのボンベが入っていて、水に落ちたり、自分でヒモを引いたりすると膨張するタイプ。腰に巻くものと、肩からかけるものがある。

安全装備を着用して釣りを存分に楽しもう

釣りにまつわる事故で、もっとも深刻なのは落水《らくすい》（海に落ちること）。足場が安定している堤防では、足を滑らせることはめったにないが、ひとたび落水すると、垂直に立ちはだかった堤防をよじ上ることは非常に難しい。助けを待つ間、浮いていられるようにするために、ライフベストを必ず着用しよう。

釣具店では子ども用を含めて、さまざまなライフベストが売られている。必ずしも高価なものは必要ないが、自分の体格に合ったものを選ぶこと。購入の際に正しい着用方法も聞いておこう。

その他の安全・快適装備

安全に釣りを楽しむために、また、天候の急変に備えるために、雨具や帽子、偏光グラスなどを用意しよう。靴は、滑りにくい靴底のものがおすすめ。サンダルはケガしやすいので避けよう。

▼雨具

雨のときはもちろん、寒くなったときの防寒具としても使える。防水透湿性素材でできたものが快適。

▲靴

夏場はスニーカー、寒い時期は長靴などがおすすめ。滑りにくいスパイクやフェルト底の靴もある。

▼偏光グラス・帽子

仕掛けなどが頭部にぶつかったときにケガを防ぐために必要。偏光グラスは水面のギラつきを抑え、目を守る。

季節に合った服装を選ぶ

下着、シャツ、保温着、ジャケットと重ね着して、気温に合わせて着脱することで、つねに快適な状態を保つことができる。下着やシャツは、吸った汗が素早く乾く、速乾性素材のものがいい。

肌寒い季節

保温性の高い下着を着用したうえで、シャツ、保温着で保温する。風が吹くと体感温度が下がるので、雨具や、防風性の高いジャケットを着用するといい。

暖かい季節

気温の高い夏を含め、日焼け対策として長袖シャツと長ズボンの着用が望ましい。春・秋は、寒くなったときのために、保温着と雨具を用意しておこう。

釣りのマナーとルール

事故やトラブルを未然に防ごう!

安全装備を身につけておけば、多くの事故やトラブルは防げるが、同時に周囲の釣り人や、釣り場の自然環境に対する配慮も必要。自然環境に対しては、危険を感じたらすぐに帰ることを心がけよう。

釣りのマナーを守る

釣り場で起きる小さなトラブルの多くは、ほかの釣り人や、釣り場周辺の住人との間で起きる。釣り場に行っても、普段の生活と同様のマナーを心がけよう。

ゴミのポイ捨ては厳禁

ゴミ箱が設置されていない釣り場では、仕掛けなどの小さなゴミも忘れず持ち帰ろう。寄せエサを使ったときは、堤防の上を洗い流しておくこと。また、他人の横に入るときは、必ずひと声かけて了解をとろう。

周囲の釣り人と自然環境を意識する

隣の釣り人に仕掛けをぶつけてしまったり、混雑している釣り場で無理やり割り込んでケンカになったり。トラブルのなかには、釣り人同士で起きるものが多い。まずは釣り場にいるのは自分たちだけではないことを理解しよう。同時に、ゴミ処理や駐車方法などにも気を配り、漁業者や近隣住民に迷惑をかけないこと。

また、自然環境にまつわるトラブルにも注意。突然の大波のほか、夏場の雷なども、重大な事故につながる。とくに野外での遊びの経験が少ない人は、天候や波・風の急変に対して、十分注意しよう。

トラブルを回避するための知識

多くの事故やトラブルは、ちょっとした知識があれば防げる。自分の身を守るだけでなく、他人にケガなどをさせないために、最低でも下記のことを理解し、忘れないようにしよう。

危ない場所に立ち入らない

消波ブロックの上で釣りをしているベテランもいるが、海に落ちると上がるのが困難。深刻な事故も起きているので、絶対に立ち入らないようにしよう。

周囲の釣り人に注意!

とくに混雑した釣り場では、仕掛けを投入する際に、周囲にいる釣り人にハリが刺さるなどのトラブルが起こることがある。投入前に安全確認を行おう。

波の様子に注意を払う

穏やかに見える海でも、突然大波がやってくることがある。釣りをしている最中でも、ときおり沖の様子に注意を払い、異変を感じたらすぐに逃げること。

漁業者の邪魔にならないようにする

漁業者が働いている近くでは釣りをしないのがマナー。漁港の入口付近では、出入りする船にミチイトなどが引っ掛からないよう、十分に注意しよう。

これは NG!

落水しても慌てない

万一、落水したときに、もっとも陥りやすいのは慌てて泳いで体力を消耗してしまうこと。潮の流れに逆らって泳ぐのは非常に難しいので、すぐ近くに堤防に上がれるハシゴなどがあるとき以外は、落ち着いて仰向けで浮き、大声で周囲に救助を求めよう。助ける側は、クーラーボックスなどの浮くものを投げよう。

海釣り施設を利用しよう

安全・便利に釣りが楽しめる海釣り施設を活用しよう!

安全性や利便性を高める設備が整った海釣り施設。とくに有料の施設は設備が充実しているので、初心者でも快適に釣りができる。ウェブサイトなどで釣果《ちょうか》を調べられるので、計画も立てやすい。

海釣り施設のタイプ

海釣り施設には、海に突き出した桟橋《さんばし》・堤防と、護岸《ごがん》を利用したタイプがある。利用面では無料と有料に大きく分けられるが、設備が充実しているのは後者。

設備が整った有料釣り場

有料釣り場の多くは管理棟をもち、受付で料金を支払ってから利用する。利用料金は1日大人1,000円、子ども500円程度が目安。貸し竿などには別途料金がかかるのが一般的。

桟橋タイプと堤防タイプ

写真はいずれも海に突き出した釣り場だが、上は桟橋タイプ、左は堤防タイプ。桟橋タイプは足元を潮が流れるので、回遊する魚が近くまで寄りやすい。

手ぶらで楽しめる海釣り施設もある!

15ページでも触れたように、堤防釣り場のなかには、釣りのために整備された有料・無料の海釣り施設がある。

無料の施設の多くは、トイレや駐車場があるほか、足場を整備している程度だが、漁業者などに迷惑をかける心配がなく、のびのびと釣りが楽しめるのが利点。

一方、有料の施設では、釣り具の販売・レンタル、ライフベストの貸し出しなど、手ぶらで出かけても釣りができるところもある。なかにはスタッフが釣り方を指導してくれる施設もあり、釣りが初めての人にはとくにおすすめだ。

設備が充実している有料海釣り施設

有料の海釣り施設の多くは、釣り人の利便性を考えた設備が充実しているのがうれしい。エサや氷、仕掛けなどが販売されていれば、釣り場に行く前に釣具店に立ち寄る手間も省ける。

魚をさばく場所

さばき場があれば、釣った魚を下ごしらえして持ち帰ることが可能。

食堂

売店のほか、軽食がとれる食堂を備えた海釣り施設もある。

釣り具の販売・レンタル

釣り具や仕掛け、エサなどを販売。釣り竿の貸し出しがあるところも。

利用する際の注意点

海釣り施設の多くは、釣り方や利用方法に関するルールなどを設けている。ウェブサイトが充実している海釣り施設であれば、釣果とともにルールも事前に調べることができる。

混雑時の注意

人気の海釣り施設は、休日ともなるとかなり混雑する。周囲の人への気配りは、堤防以上に必要だ。

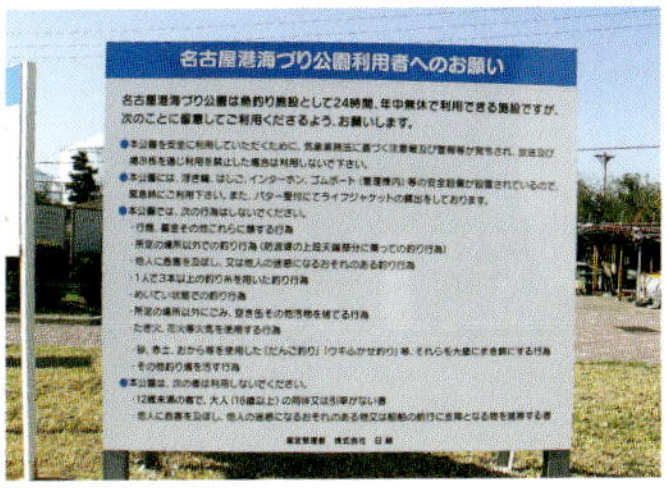

ルールを守る

海釣り施設のルールは、事故を防ぐためのものがほとんど。釣り方も制限されていることがある。

事前に情報をチェック

管理がしっかりなされている海釣り施設は、釣果情報も充実している。事前になにが釣れているか調べよう。

西野's ADVICE

海上釣り堀も楽しい!

「安心・安全」に加えて確実な釣果が期待できるのは海上釣り堀。イケスのなかに養殖された魚を放流するスタイルが一般的で、マダイやワラサ、シマアジなどの高級魚も釣れる。強烈な引きを味わいたい人にはおすすめ。

とくに関西地方で人気の高い海上釣り堀。スタッフが魚をさばいてくれるところも多い。

COLUMN 01

釣り具店との上手な付き合い方

釣り堀や海釣り施設であれば、道具がなくても釣りをすることは可能だが、堤防などで釣りをはじめようと思ったら、事前に釣り道具をそろえる必要がある。

近年は、釣り具の購入に、インターネットの通販サイトを利用する人も多いが、初心者におすすめしたいのは釣り具の量販店。その理由は、個別の相談にスタッフが応じてくれることにある。どんな釣りをしてみたいか、どこへ行ってみたいかなどを伝えれば、それに適した釣り具をそろえてくれるほか、釣り場選びや釣り方のアドバイスもしてくれる。

一方、釣り場付近の、個人経営の釣り具店では、釣れるポイントや時間帯といった、より詳細な情報を得られることが多い。釣り場へ行く前に、エサや仕掛けなどを買いに釣り具店に立ち寄り、いろいろと話を聞いてみよう。雑誌やインターネットではわかりづらい、生の情報が聞けるだろう。

時間に余裕があれば、帰りにも同じ釣り具店に寄って、実際にどんな状況だったかを話すといい。釣り具店によっては、釣果写真を撮って店頭に貼ってくれる。これもいい思い出のひとつになる。

PART 2

ウキ釣り入門

もっともシンプルな道具立てで楽しめるウキ釣りは、釣りの基本を理解しやすいので、初めての堤防釣りにおすすめ。手のひらサイズの小魚でも十分に引き味を楽しめ、釣りの醍醐味を体感できる。

2-1

ウキ釣りの魅力とは

シンプルな仕掛けで魚の引きを存分に味わえる!

ノベ竿を使ったウキ釣りは、道具立てがシンプルで初心者にも理解しやすい。魚がハリ掛かりしたときの「引き」は、リール竿より直接的。魚とのやりとりを存分に楽しめるのも魅力といえる。

手のひらサイズの魚でも、ハリ掛かりすると釣り竿をグイグイと曲げる力強さを見せる。ノベ竿のウキ釣りは、堤防の周囲にいる魚たちと遊ぶ楽しさを、最大限に味わえる釣り方といえる。

初心者におすすめの基本となる釣り方

釣りをやったことのない人でも、ウキ釣りのイメージはもっているはず。水面に浮かんだウキが沈むことで、アタリ（魚がエサをつついたり、ハリに掛かったりすること）をとらえるという、誰にでもわかりやすい釣り方といえる。

リール竿を使うウキ釣りもあるが、ここで解説するのはノベ竿を使った釣り方。釣り竿の長さに慣れてしまえば、リールを使わないぶん、簡単にはじめられる。仕掛けを遠くへ投げることはできないが、足元付近は堤防釣りの好ポイント。リール竿以上の釣《ちょう》果《か》も期待できる。

代表的なウキ釣りの対象魚

堤防のきわや根《ね》のまわりなど、障害物の近くを好む魚が狙いやすい。サヨリやアジなどは外《そと》海《うみ》を回遊する魚なので、エサを求めて岸の近くに寄ってくるタイミングを逃さないことが大切。

▲ウミタナゴ

水深の浅い、海藻などが生える根のまわりに棲息する。一年中釣れるが、冬～春に釣りやすくなる。

▼メジナ

磯釣りで人気の対象魚だが、堤防からも一年中釣果が望める。体長30cmを超すと、引きも強烈。

▲メバル

ウミタナゴ同様、障害物のまわりに群れる魚。春先に釣れはじめることから「春告魚」とも呼ばれる。

▼アジ

夏～秋になると堤防の近くに寄ってくる。サビキ釣りで狙う人が多いが、ウキ釣りも楽しい。

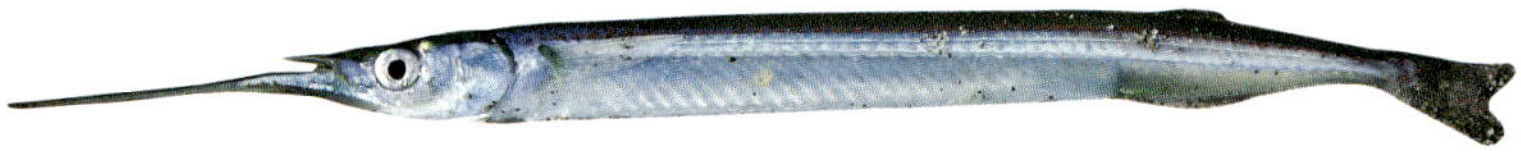

◀サヨリ

冬～春の対象魚。堤防の足元まで寄ってくるのは、「エンピツサヨリ」と呼ばれる、体長20cm程度の小型が多い。

CHECK

四季折々の対象魚を知る

ノベ竿のウキ釣りでは、仕掛けを投げることができる釣り方と違い、堤防の足元に寄ってきた魚しか狙えない。それだけに、その時期にどんな魚が釣れるのかを、よく理解しておこう。

初夏～秋口はさまざまな魚が狙え、五目釣り的な楽しみ方が可能。ただし、狙いを絞りにくい。一方、冬期は釣れる魚の種類が少なくなるが、反面、狙いが絞りやすいともいえる。

LINK 堤防釣りの対象魚（➜P.13）／堤防釣りの基本的なポイント（➜P.16）／ノベ竿とリール竿（➜P.22）

2-2

ウキ釣りの竿を選ぶ

軽量なノベ竿が初心者にも扱いやすい!

ノベ竿には、釣りものに応じていくつかのタイプがある。初心者には安価で丈夫な万能竿がおすすめだが、重くなりすぎると扱いにくい。片手で操作しやすいよう、重量 100g 前後のものを選ぼう。

ノベ竿の種類

堤防釣りでは、万能竿のほかに、川釣り用の渓流竿や清流竿が使われる。軽いものほど操作は楽だが、繊細なつくりのため、扱いには注意したい。

Ⓐ 万能竿
主にフナやコイなどを対象とした竿だが、堤防釣り用もある。繊細さがないぶん、丈夫で安価なので、初めて釣りをする人でも気をつかわずに扱える。

Ⓑ 清流竿
川の中流域でオイカワなどを釣るための竿。渓流竿より軽量で、より繊細な釣りを楽しめる。

Ⓒ 渓流竿
渓流でヤマメやイワナなどを釣るための竿。繊細さと強さを兼ね備える。

予算や好みに応じて竿のタイプを選ぶ

リール竿よりもつくりがシンプルなノベ竿だが、特性や価格はピンからキリまである。安価なのは万能竿。全長4.5m程度であれば、片手で操作できる重量のものが見つかる。価格は4000～5000円を目安にしよう。

一方、渓流《けいりゅう》竿や清流《せいりゅう》竿は、軽さと繊細さが特徴。万能竿より圧倒的に軽いので、片手で釣り竿を操作するのが基本となるウキ釣りでは、これが大きなメリットとなる。高価なものは数万円するが、堤防釣りではそこまでのものは必要ないので、1万円以下のものから選べばいい。

ノベ竿選びの基準

ノベ竿は長いものほど広い範囲を釣ることができるが、とくに万能竿では重くなりすぎて、片手では扱いづらくなることがある。長い釣り竿が必要なら、渓流竿・清流竿がおすすめだ。

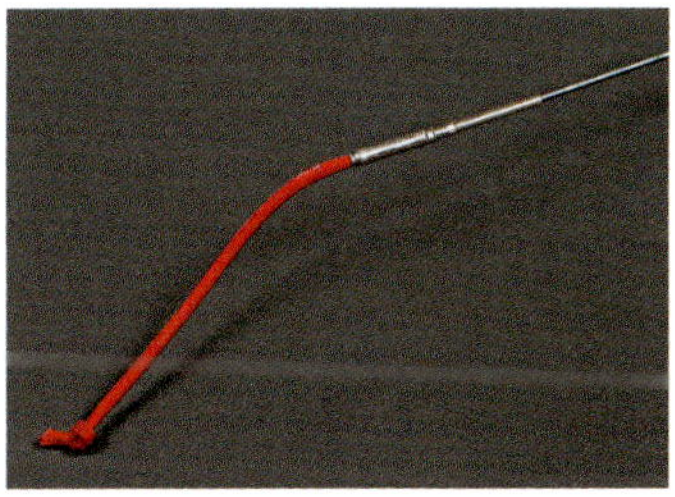

穂先のつくり

写真の赤いヒモ状のパーツがリリアン。イトがヨレにくく、穂先に絡みにくいタイプもある。

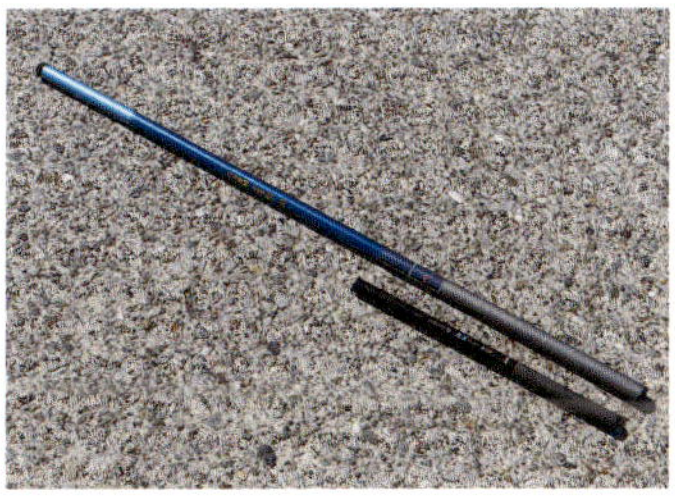

仕舞寸法

釣り竿を畳んだときの長さを仕舞(しまい)寸法という。仕舞寸法が短いものは、持ち運びに便利。

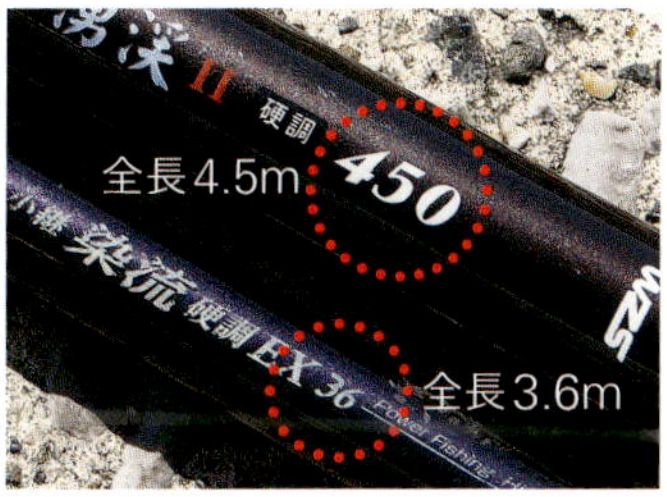

全長

釣り場の状況にもよるが、一般的なのは全長3.6～5.4m。足場が高い釣り場では、長い竿が必要。

釣り竿の調子

同じ負荷(重さ)がかかったときに、先調子は先端寄りを頂点にして曲がる。

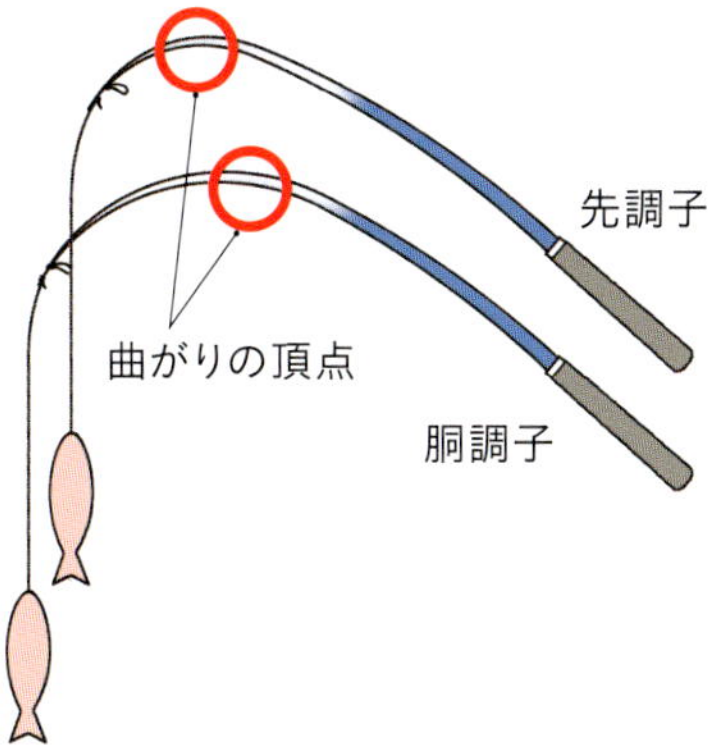

釣り竿の強さ

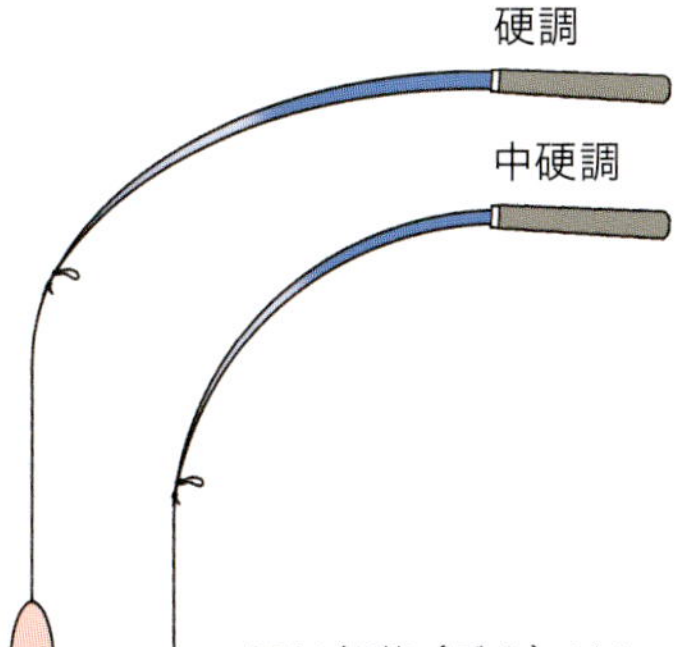

同じ負荷(重さ)がかかったときに、強い竿(硬調)のほうが、軟らかい竿(中硬調)より曲がりが少ない。

釣り竿の特性を知る

釣り竿の特性は、「強さ」と「調子」で表される。「強さ」とは、どれくらいの強さ(太さ)のハリスに適合するか、あるいは、どんなサイズの魚に対応するかを示すもので、渓流竿・清流竿では「中硬調」「硬調」などと表現される。

「調子」は、主に魚が掛かったときの曲がり方を示すもので、釣り竿全体が弧を描くように曲がるものを「胴調子」、先端部を中心にして曲がるものを「先調子」と呼ぶのが一般的。近年の渓流竿は「硬調」で胴調子気味のものが多く、堤防釣りにもおすすめ。

西野's ADVICE

便利な「ズーム竿」がおすすめ!

釣り場の状況によって扱いやすい釣り竿の全長は変わってくる。全長3.6、4.5、5.4mと、各種用意するのがベストだが、渓流竿・清流竿では、手元の節を伸縮することで全長を変えられる「ズーム竿」と呼ばれるタイプもある。若干高価になるが、1本でさまざまな状況に対応できるのが大きなメリットといえる。

足場の高さなど、釣り場の状況に合わせるほか、足元を狙いたいときは短くし、遠くを探りたいときは長くするといった活用も可能になる。

ウキ釣りの仕掛けをつくる

ウキの特徴を知って上手に使い分けよう!

魚のアタリを伝えるウキには、いくつかのタイプがある。堤防釣りで多用される3つのタイプの特徴を理解し、状況や対象魚に合わせて使い分けることができれば、釣果《ちょうか》は大幅にアップする。

ウキ釣りの仕掛け

ノベ竿の穂先《ほさき》にミチイトを結び、その途中にウキをセット。サルカンなどの接続具《せつぞくぐ》を介してハリス付きハリを繋《つな》げば、ウキ釣りの仕掛けは完成する。

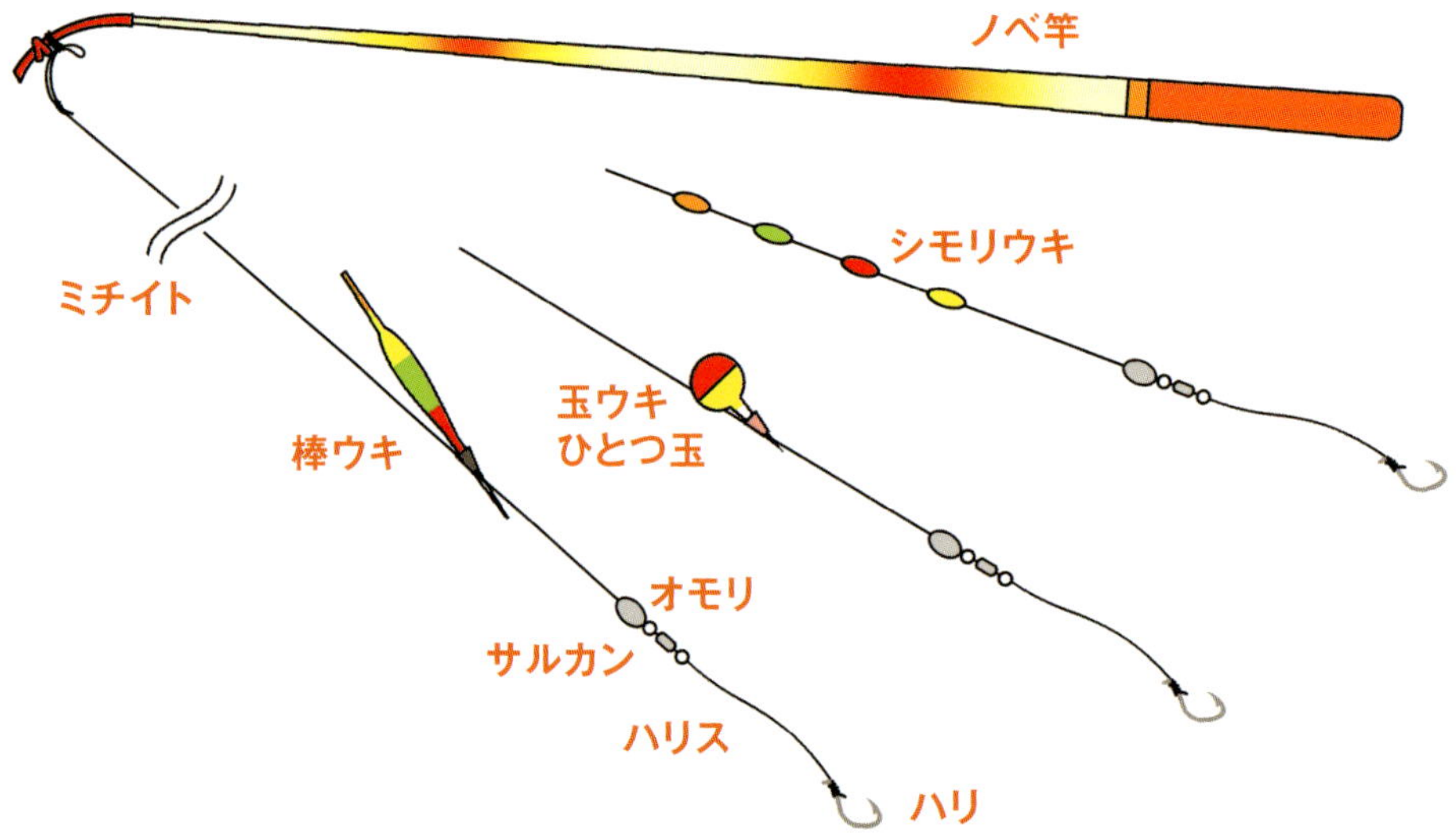
ノベ竿
シモリウキ
ミチイト
玉ウキ
ひとつ玉
棒ウキ
オモリ
サルカン
ハリス
ハリ

ウキ釣りの仕掛けの構成を理解しよう

ウキ釣りの仕掛けは、上の図で解説しているように、いたってシンプル。ミチイトはナイロンの1〜1.5号が標準。ハリス付きハリは、対象魚や使用するエサに合わせたハリが付いたものを選ぼう。

ウキはアタリを伝える大切なパーツ。玉ウキだけでも釣りにはなるが、海の状況や対象魚に応じて仕掛けを使い分ければ、より多彩なアタリを捉えることが可能になる。

いずれのタイプでも、ウキが付いた完成仕掛けが市販されているので、最初はこれを入手して、基本となる仕掛けの構成を覚えるといい。

ウキの特徴

堤防釣りで使われるウキは、主に棒ウキ、玉ウキ、シモリウキの3タイプ。汎用性が高く、アタリも見やすいのは棒ウキだが、ほかのウキの特徴を知って上手に使い分けるといい。

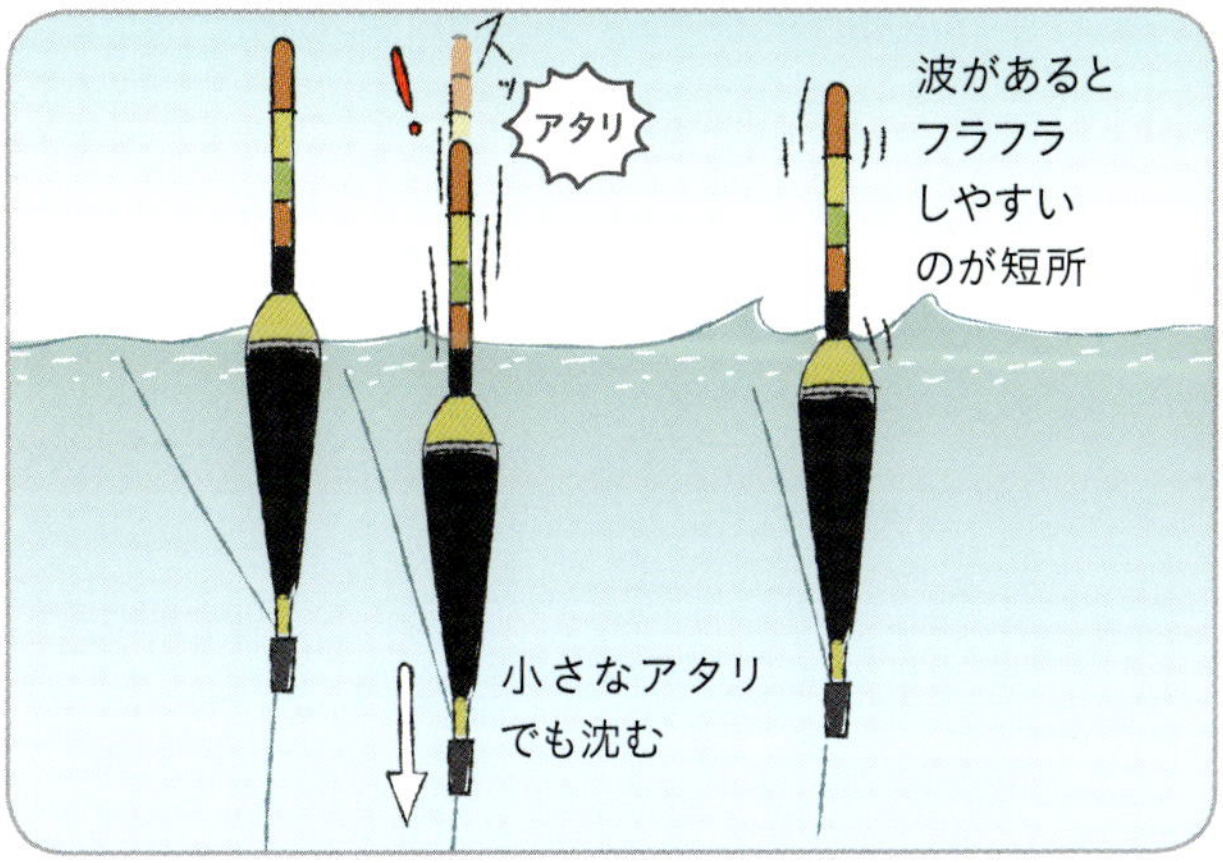

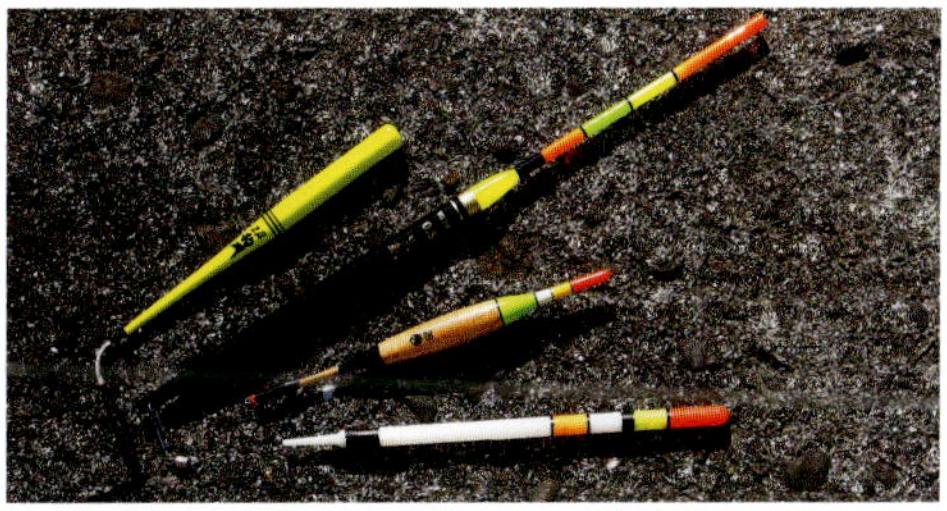

棒ウキ

下に引っ張られたときに抵抗なく沈むので、わずかなアタリを捉えやすい。反面、波があると、その影響で沈みやすいので、アタリかどうか判断しにくい。波が穏やかなときに有利なウキ。

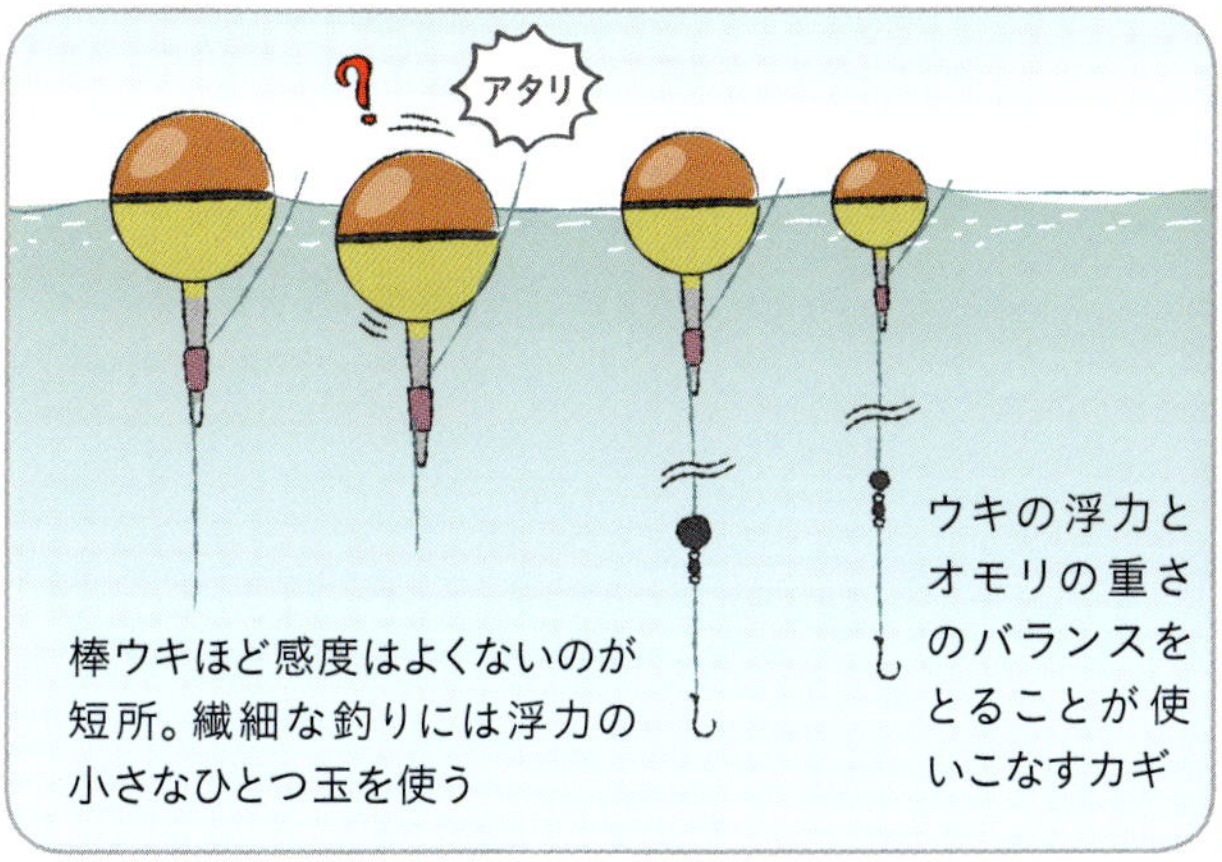

玉ウキとひとつ玉

ウキ止めゴムでセットする脚付きタイプの玉ウキ（上写真）と、ミチイトを穴に通す中通しタイプのひとつ玉（下写真）。玉ウキは5～7号（2号～3Bのガン玉に対応）が標準。より軽いオモリで繊細に探りたいときは、小型のひとつ玉を使おう。

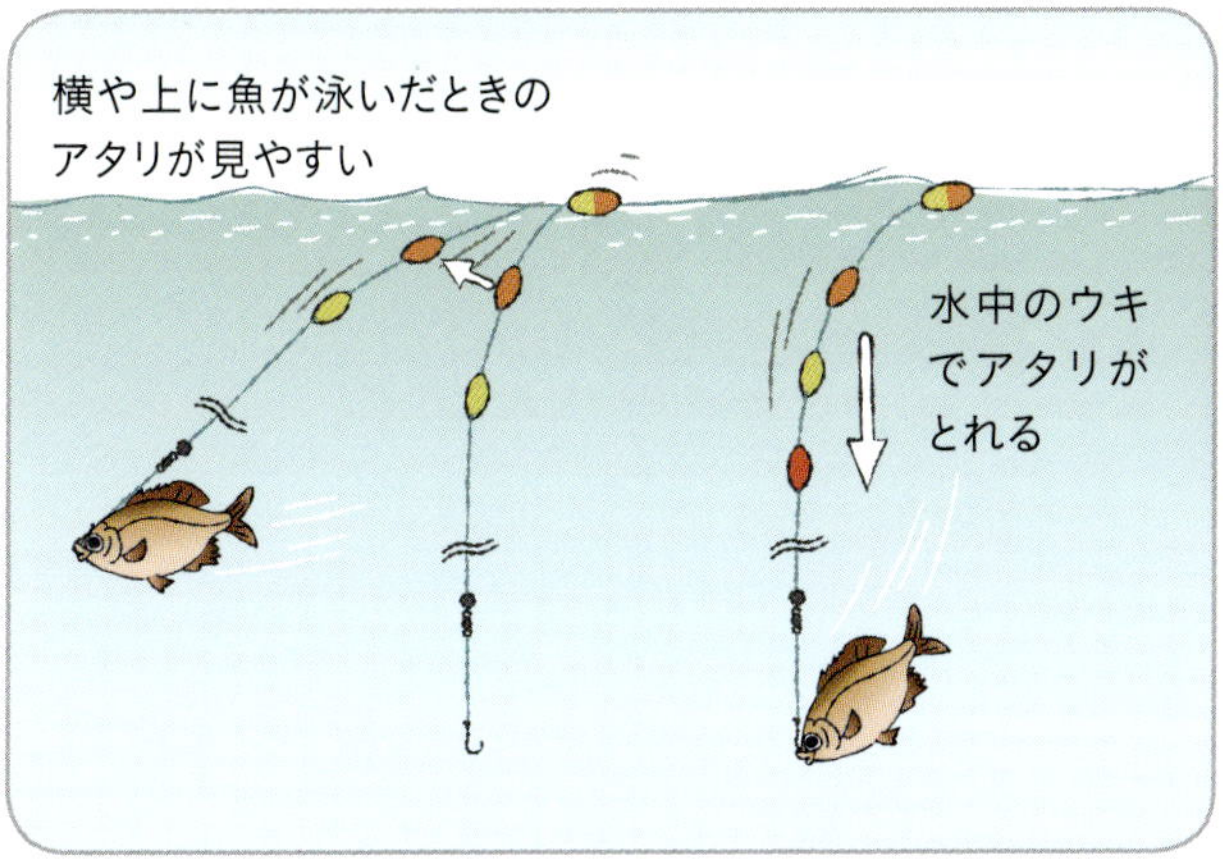

シモリウキ

小さなウキを3～5個連ねた仕掛け。ひとつひとつのウキの浮力を弱くできるので感度に優れる。ハリ掛かりした魚が上に向かって泳ぐ「食い上げ（ウキが浮き上がる）アタリ」もわかりやすい。

仕掛けのパーツを選ぶ

ウキ以外に必要なパーツは、ミチイト、ウキ止めゴム、ハリス付きハリ、接続具、オモリ。仕掛けが切れるなどしたときのために、スペアを2〜3セット分は用意しておこう。

ハリス付きハリ

ハリス付きハリには、対応する魚種やエサのタイプが記載されている。袖バリの3〜6号があれば、多くの魚種に対応できる。

ミチイト

ナイロン製の1〜1.5号が標準だが、より繊細な釣りには0.8号も使われる。50m巻きを買っておけば、しばらく使える。

接続具

ミチイトとハリスの接続にはサルカン（右）や自動ハリス止め（左）を使う。いずれも極小〜小サイズのものが適している。

ウキ止めゴム

ミチイトにウキを固定するために使用する。20㎝程度のゴム管で売られているものは、1㎝程度に切って使う（右・中）。

オモリの取り付け方

ガン玉（カミツブシオモリ）か板オモリが多用される。セットが簡単なのはガン玉だが、重さの微妙な調整をしたいなら板オモリがおすすめ。ウキに合ったオモリの重さは60ページで解説する。

板オモリの場合

板オモリは、ミチイトに巻く量で重さを調整する。厚みの違うものがあり、薄いものほど微妙な重さの調整がしやすいが、堤防釣りでは0.25㎜厚のオモリがあればよい。先端を台形にカットすると、重さの調整がしやすく、きれいに巻ける。

ガン玉の場合

ガン玉には各種サイズがある。堤防釣りでは、ウキの浮力に合わせて2号（0.31g）〜5B（1.85g）を用意しておこう。ガン玉はミチイトの、接続具のすぐ上に取り付けるのが基本。ペンチで強く挟むとミチイトが傷むので注意。

ウキ釣り仕掛けのセッティング

セッティングは自宅でもできるので、釣り場に行く前に何回か練習し、釣り場ですぐに仕掛けをつくれるようにしておこう。必要なパーツや道具を確認しておくことも忘れずに。

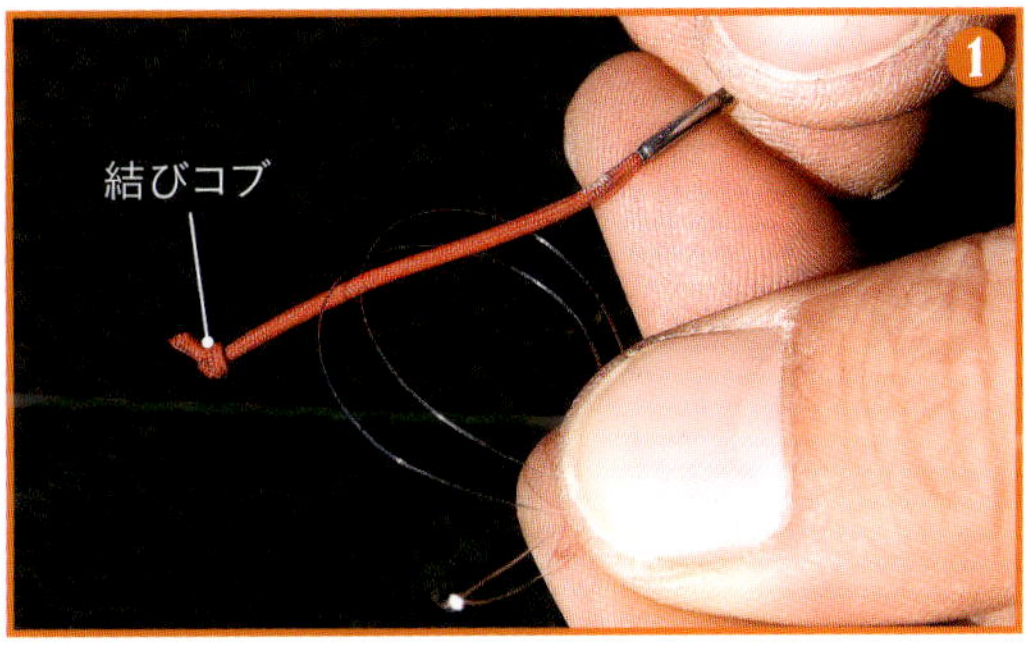

❶穂先にミチイトを結ぶ

チチワ結びで穂先にミチイトを結ぶ。緩まないよう、穂先の結びコブの根元でしっかりしめ込んでおこう。

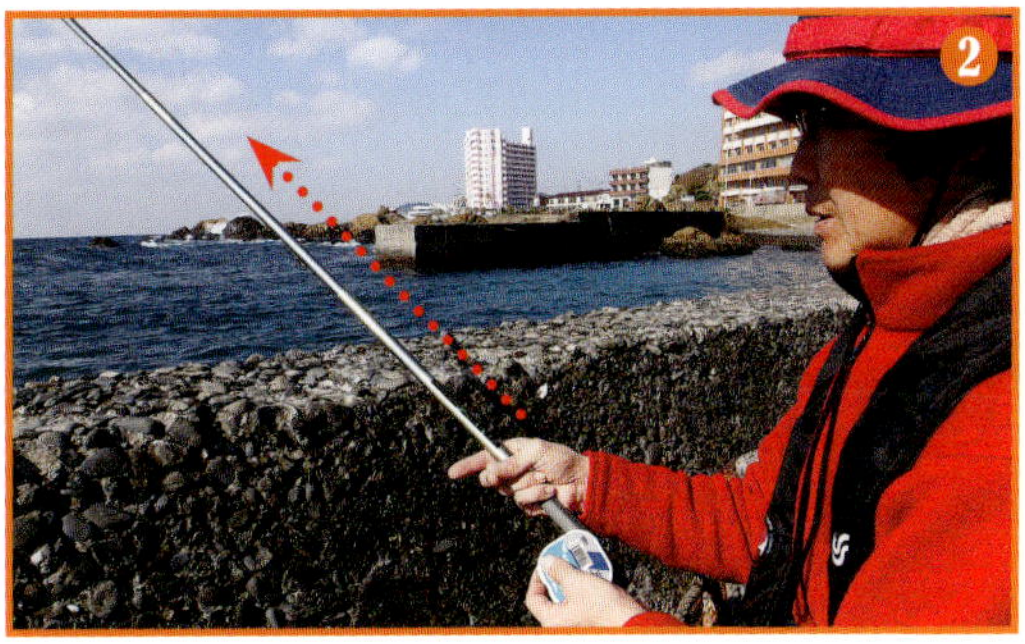

❷ミチイトを伸ばす

ミチイトを出しながら、ノベ竿を穂先側から伸ばす。ミチイトと釣り竿の長さをだいたい合わせて切る。

❸ウキ止めゴムを通す

ミチイトにウキ止めゴムを通し、ウキをセット。ウキの脚をしっかり根元まで押し込んでおくこと。

❹ハリス付きハリを接続

ミチイトにサルカンを接続し、その根元にオモリをセット。次にサルカンにハリス付きハリをユニノットで結ぶ。

❺ウキ下を決める

ウキ止めゴムの位置を変えると、ウキからハリまでの距離が変わる。最初は1.5m程度を目安にしよう。

CHECK

中通しウキのセット方法

ひとつ玉やシモリウキなど、中通しタイプのウキは、ミチイトを穴に通し、マッチ棒の先を削ったものを差し込んで固定するのが基本。イトを2回通す方法もある。

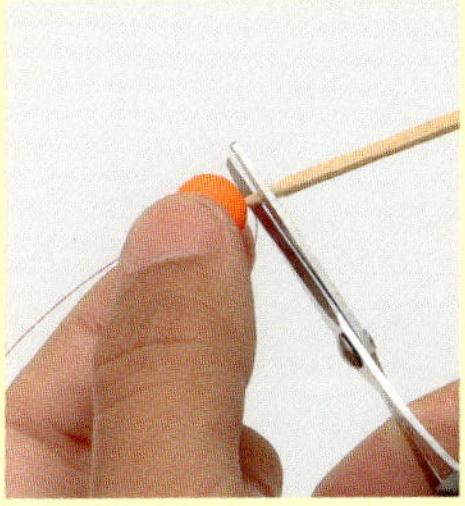

LINK チチワ結び（➜P.34）／ユニノット（➜P.34）

ウキ釣りの装備とエサ

装備はシンプルに。エサは対象魚に合わせよう!

釣りの装備はいろいろあったほうが快適になるが、多すぎても持ち運びが大変。必要最小限の装備をそろえよう。エサは、虫《むし》エサとオキアミ、アミエビをメインに、対象魚に合わせて選ぶようにする。

ウキ釣りの装備

寄せエサを使う釣りでは、コマセバケツやヒシャク、水くみバケツが必須の装備。大きめのバッグなどにまとめて運ぶと、持ち運びがラクになる。

水くみバケツ
寄せエサを溶かす海水をくみ上げるのに使う。ロープが付いた、折り畳み式のバケツがいい。

エサ箱
購入時のパックのままだと、風に飛ばされるなどするので、エサ箱に移しておくといい。

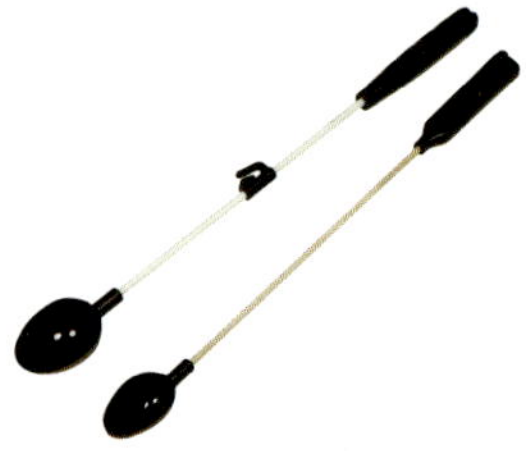

ヒシャク
寄せエサをまくのに使用。全長50㎝程度の、安価なものでいい。カップのサイズは5～6㎝を目安にしよう。

コマセバケツ
寄せエサを入れておくバケツ。容量が10ℓ程度で、フタ付きのものがおすすめ。

ハリに付けるエサと魚を寄せるエサを使う

ウキ釣りでは、寄せエサ（魚を寄せるために海面にまくエサ。コマセエサともいう）を使う釣り方と、寄せエサを使わない釣り方がある。前者の方法では、付けエサ（ハリに付けるエサ）のほかに、寄せエサを用意する必要がある。

付けエサには、オキアミ・アミエビが多用されるが、対象魚やそのときの状況によっては、ほかのエサが有効なこともある。たとえば、メジナやウミタナゴ狙いでは動きのよい虫《むし》エサが効果的なことも多いし、また、サバやカマスなどは、オキアミなどより身《み》エサのほうがよく釣れる。

ウキ釣りの付けエサ

対象魚に合わせて使うエサはさまざま。釣り場付近の釣具店で、どんな魚が釣れているかを聞いて判断しよう。その際に、おすすめのエサを教えてもらうのが一番賢い方法といえる。

虫エサ

アミエビやオキアミで反応しないときに有効なことがある。活きのよいものを選ぼう。

アミエビ

オキアミよりも小型で、ウミタナゴなどの口の小さい魚を釣るための小型のハリに向く。

身エサ

サンマやサバの身を幅1cm程度にカットしたもの。釣具店でもエサ用に売られている。

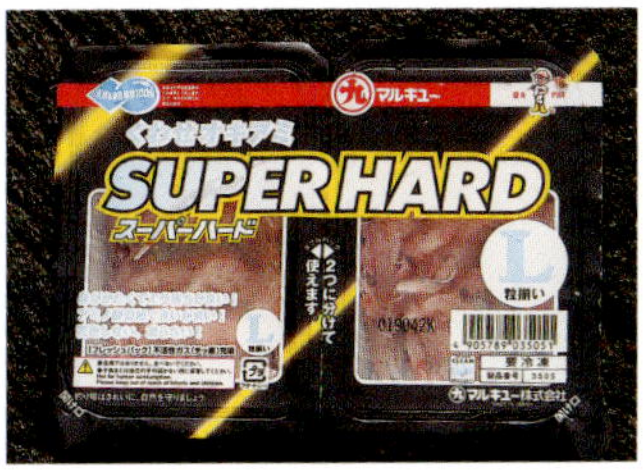

オキアミ

アジやメジナなど、多くの魚種が好むエサ。付けエサ専用に売られているもの（写真）が便利。

ウキ釣りの寄せエサ

寄せエサにはアミエビやオキアミが使われるが、おしなべて小型の魚が多い堤防釣りではアミエビが一般的。水面近くを泳ぐ魚には、比重の軽いサンマのミンチなども使われる。

溶かして使う

まくのはアミエビを溶かし込んだ海水。釣り場に着いたら、アミエビを袋から出して海水に入れておこう。

冷凍アミエビ

アミエビは冷凍タイプが一般的。1kg以上は用意しよう。多少値が張るが、生タイプなら解凍は不要。

STEP UP

対象魚に合わせたエサ選び

上記のエサ以外にも、活きエビやハンペンなど、対象魚に合わせてさまざまなエサが使われる。釣り場近くの釣具店で、人気のあるエサを聞いてみよう。逆に、イカの切り身など、安価で入手しやすいエサを試してみるのもおもしろい。

メバル狙いで多用される活きエビ。寄せエサとして周囲にまく方法もある。

サヨリ釣りの定番エサはハンペン。ストローを使って細い円筒状に抜く。

LINK ハリ付けの基本（➔ P.25）

2-5

ウキ釣りのポイント選び

足元や障害物のまわりを重点的に探ろう!

いかに寄せエサをまこうとも、魚が周囲にいなければ、その効果も半減する。魚がいる場所や、回遊してくる場所を正しくイメージできれば、より効率よく、確実に釣れるようになる。

ポイント選びのチェック事項

とくにメジナやウミタナゴなど、障害物まわりを好む魚を狙うには、その周囲を重点的に探ったほうが効率的。回遊する魚も、こうした場所で足を止めることが多い。

▶障害物のまわりを探る

堤防自体が、魚が身を寄せやすい障害物だが、それに加えて消波ブロックや根などがあれば、期待度は高まる。また、水深が浅いところでは、多少の濁りがあったほうが釣りやすい傾向がある。

◀周囲に磯がある堤防がおすすめ

周囲が砂地の堤防は、回遊魚がまわってくることはあるものの、根に着く魚が期待できない。海底が変化に富む磯（岩礁帯）付近の堤防が有望だ。

初心者へのおすすめは障害物が多い場所

釣れるポイントは狙う魚によって異なる。たとえばエサを求めて広範囲を回遊するアジやサヨリなどは、ある程度潮《しお》の流れがある場所が有望。だが、タイミングが合わないと釣れないこともあるので、事前の情報収集が必要になる。

一方で、メジナやウミタナゴなどの、障害物まわりを好む魚は、タイミングが多少ずれても、ポイント選びが間違わなければ高確率で釣れる。釣り竿の長さや足場の高さにもよるが、ノベ竿で探れる深さは水深3m程度までが目安になる。浅いところに障害物などがある場所が狙い目。

ウキ釣りの代表的なポイント

堤防先端や漁港の入り口付近など、潮の流れが変化しやすい場所が狙い目。海底の地形変化が格好のポイントになるので、ノベ竿の射程にある障害物を見逃さないようにしよう。

スロープまわり

船を上げ下ろしするスロープの先端は、ストンと落ち込んでいることが多い。見逃しがちなポイント。

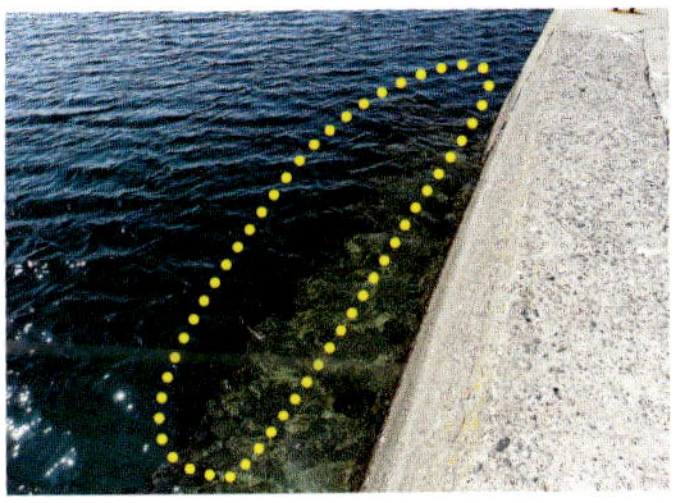

堤防の基部

一見、あまり変化がなさそうな足元も好ポイント。海藻や根などが絡んでいると魚が着きやすい。

消波ブロックまわり

積み上げられた消波ブロックの隙間には、魚が隠れている。寄せエサでおびき出してみよう。

安全性を確保する

ウキ釣りに適した堤防は、足場が低い場所。だが、海が荒れたときに水を被る危険性があるので注意しよう。また、長めの釣り竿を振るので、頭上に電線などがないかも要チェック。もちろん、混雑時はまわりの釣り人に竿をぶつけるなどしないよう、十分に注意すること。

西野's ADVICE

夜間は常夜灯まわりが狙い目!

夜間に積極的に捕食活動する魚は多い。とくに常夜灯が照らす水面は、極小の魚の群れなどが集まりやすく、それを狙ってアジやメバルなどが寄ってくる。

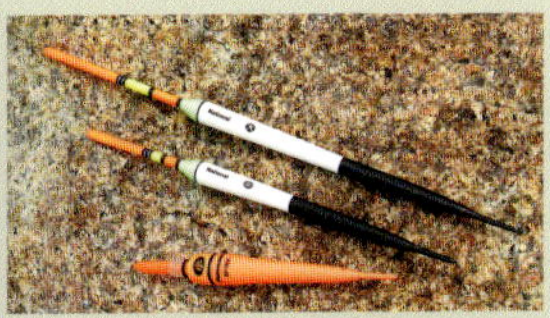

常夜灯まわりは明るいので比較的安全。アタリをとるには、先端部分が光る電気ウキ(上)が必要になる。

LINK 堤防釣りの基本的なポイント(➡P.16)/釣りのマナーとルール(➡P.40)

2-6

ウキ釣りの基本テクニック

付けエサと寄せエサを同調させるのが大切!

寄せエサを使う釣りでは、水中をただよう寄せエサの煙幕の中に付けエサを入れることが最大のテクニック。水深が浅いところを探るなら、それほど難しいことではないので、ぜひマスターしよう。

2通りの釣りのスタイル

寄せエサを使う場合は、釣り座（釣る場所）を決めて釣るのが一般的。寄せエサを使わない釣りでは、歩きまわってポイントを探るほうが、むしろ効率がいい。

歩いてポイントを探る

堤防のきわや消波ブロックまわりなど、魚が潜んでいそうな場所にどんどんエサを投入する。PART6の「探り釣り」に近い方法。

釣り座を決めて釣る

1カ所に寄せエサをまいて魚を集め、食い気を誘って釣る方法。寄せエサの効果が出はじめれば連続して釣ることができる。

寄せエサをまいて魚を集める

ウキ釣りには、上のように2通りのスタイルがあるが、ここでは主に寄せエサをまく釣り方を解説しよう。

寄せエサはその名の通り、魚を近くに集める効果がある。大切なことは、水中を漂う寄せエサの中に、付けエサがある状態をつくり出すことだ。水面にまいた寄せエサは、潮に乗って流れていく。まいた寄せエサを観察して、どの方向に、どれくらいの速さで流れているのかを確認するのが第一。探るタナ（ウキから付けエサまでの深さ）で、付けエサが寄せエサの中に入ることをイメージしよう。

付けエサと寄せエサの同調とは

寄せエサの煙幕の中に付けエサが入ることを「同調」と呼ぶ。深いタナでは潮の流れが読めないと同調させられないので、まずは水中の付けエサが見える程度の浅いタナでやってみよう。

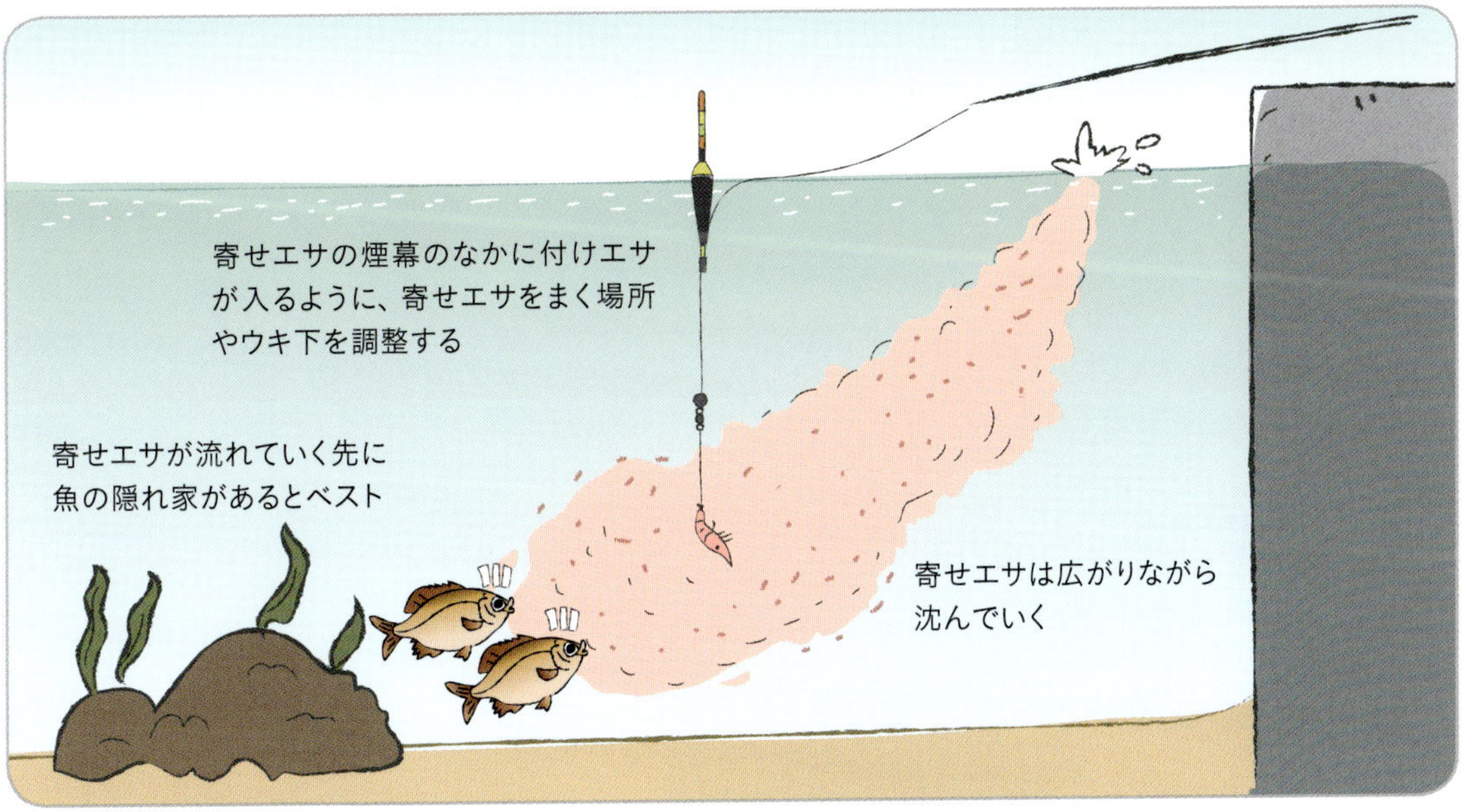
寄せエサの煙幕のなかに付けエサが入るように、寄せエサをまく場所やウキ下を調整する
寄せエサが流れていく先に魚の隠れ家があるとベスト
寄せエサは広がりながら沈んでいく

寄せエサの煙幕の中に付けエサを漂わせる

オモリが付いた仕掛けは寄せエサよりも速く沈むので、寄せエサと仕掛けの投入場所を変える必要がある。また、寄せエサが漂う先に魚の隠れ家があるように、潮の流れの上流側に釣り座を定めることも大切。

浅いタナではウキに被せて寄せエサをまけばOK

水深1m程度のタナであれば、先に仕掛けを投入して、その上に寄せエサをまけば、付けエサと寄せエサが同調する。

STEP UP

対象魚に合わせて寄せエサの比重を変える

表層付近を泳ぐ魚を狙うときは、比重の軽い（沈みの遅い）寄せエサを使うのがカギだ。アミコマセを溶かした海水をまく方法が一般的だが、海面付近を泳ぐサヨリなどを狙うときは、多量の海水で溶いたサンマのミンチも使われる。ドロドロのままの重い寄せエサをまくと、沈んでいく寄せエサといっしょに魚も深いところへ行ってしまうので、うまく使い分けよう。

軽い
寄せエサ
重い寄せエサ

ウキ釣りで使う寄せエサには、単に魚を集めるだけでなく、底付近にいる魚を水面近くまで呼び寄せる役割もある。比重が重すぎる寄せエサだと、寄せエサとともに魚が底付近に沈んでしまい、逆効果になることもある。

LINK 付けエサと寄せエサ（➜ P.55）

ウキの浮力を調整する

ウキが浮きすぎていたり、逆に沈んでいったりしたのでは、アタリをとらえることが難しくなる。浮力とオモリの重さとのバランスをとって、適正な浮き方になるよう、調整することが大切。

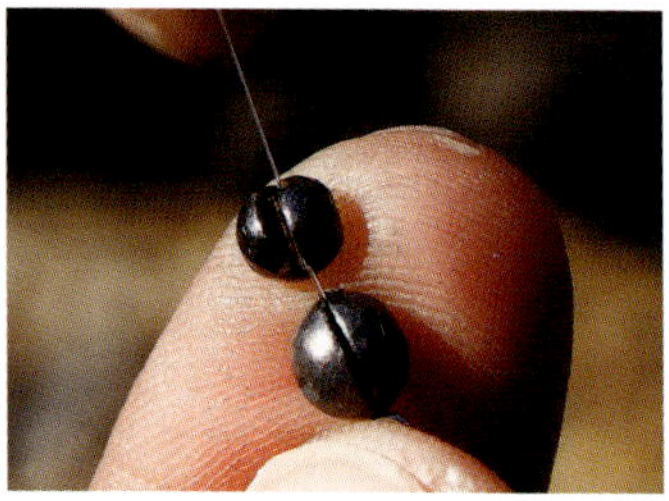

オモリで浮力調整

オモリの重さを変えることで、ウキの沈み具合は変わる。ガン玉は複数取り付けて調整してもいい。

実際に浮き方を見る

ウキの浮力表示は厳密なものではないので、実際にオモリを付けて投入し、浮き方を確認しよう。

2B

ウキの浮力を知る

ウキによっては、最初からバランスをとりやすいオモリの重さが表示されている。これは2Bが適合。

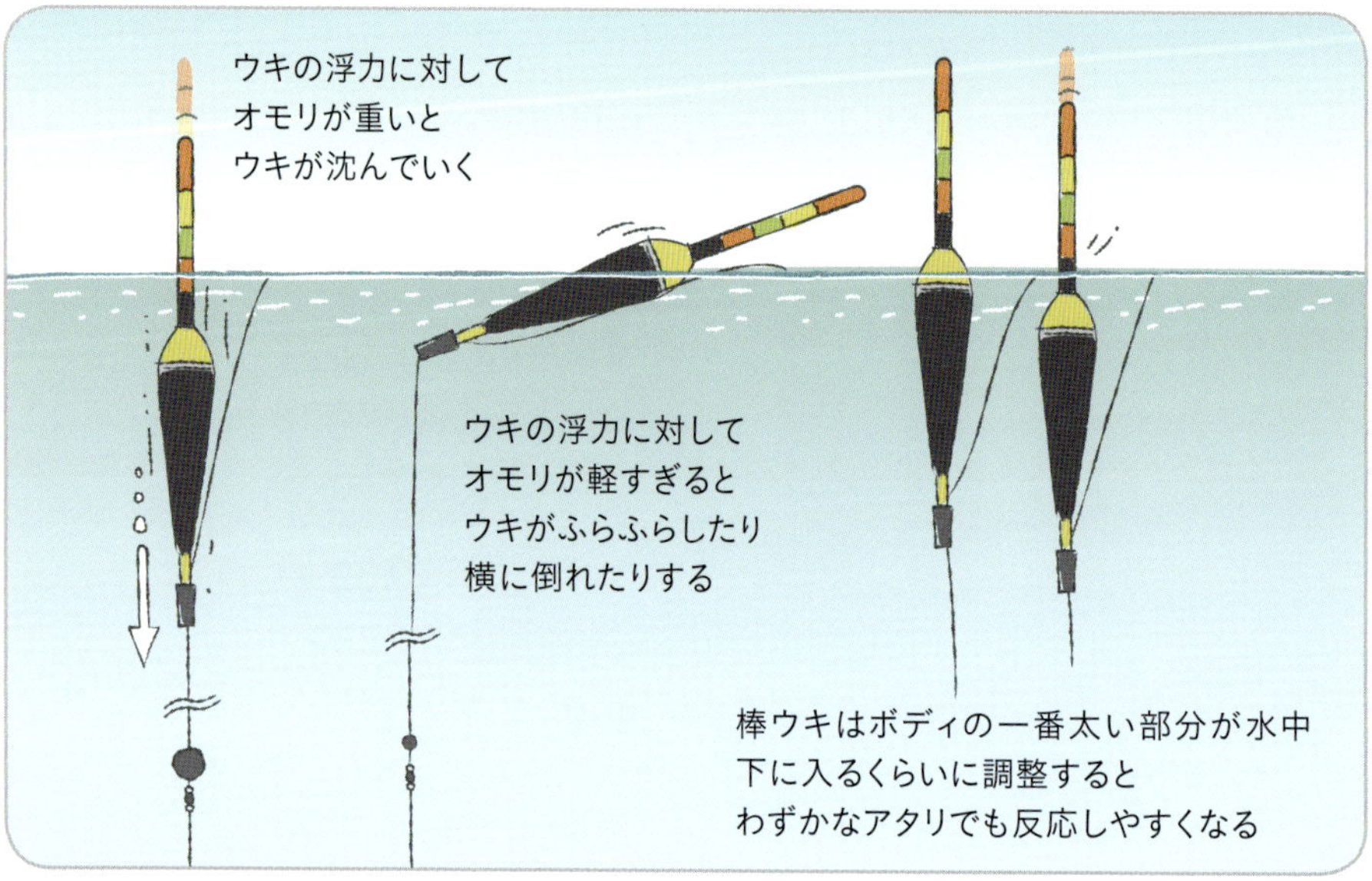
ウキの浮力に対して
オモリが重いと
ウキが沈んでいく
ウキの浮力に対して
オモリが軽すぎると
ウキがふらふらしたり
横に倒れたりする
棒ウキはボディの一番太い部分が水中
下に入るくらいに調整すると
わずかなアタリでも反応しやすくなる

ウキの適正な浮力とは

棒ウキや玉ウキは、上1/3程度が水面上に出ている状態が適正。浮きすぎていると安定せず、アタリがとらえにくくなる。

CHECK

ウキは見やすさを考えて選ぼう!

ウキは、アタリの出方だけでなく、見やすさも重要になる。トップ（色分けされた先端部分）が長い棒ウキは、上からは見づらいが、遠くに振り込んで水平に近い角度で見ると動きが見やすい。一方の玉ウキやシモリウキは、上から見たときの視認性がよいので、足場の高い堤防から足元を見下ろしたときに見やすい。

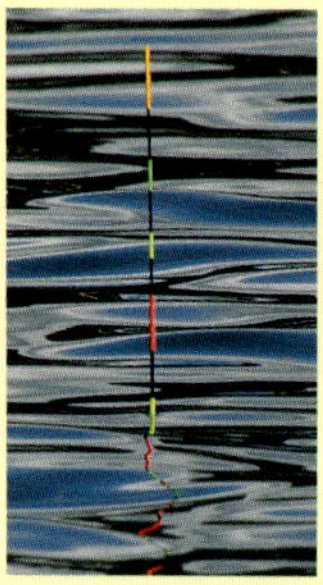

低い視点で見た棒ウキのトップ（左）と、上から見たシモリウキ（上）。

ウキ釣りの流れ

ポイントを定めたら、寄せエサをまきつつ仕掛けを投入する。寄せエサは少なすぎても、逆にまきすぎても、うまく魚を寄せられない。魚の集まり具合を見て断続的に寄せエサをまこう。

❶ 寄せエサをまいて様子を見る

ポイントの周囲に寄せエサをまき、潮の流れの向きと強さを観察する。すぐに魚が集まってくればベスト。

❷ 仕掛けを投入

寄せエサの煙幕がタナまで沈んだときの位置を想定して、そこに付けエサが入るように仕掛けを投入する。

❸ さらに寄せエサをまく

アタリがないまま、寄せエサがさらに沈んでいってしまったら、最初と同じ位置に寄せエサをまく。

❹ アタリがあったら釣り竿を立てる

ウキの動きに変化があったら、軽く手首を返してあわせを入れ、釣り竿を斜め上向きに立ててやりとりする。

❺ 魚を取り込む

小型なら、釣り竿を跳ね上げて抜き上げるのがラク。竿を持つ手と反対の手でオモリの部分をつかもう。

西野's ADVICE

食べない魚は再放流

狙いの魚は「本命」、それ以外の魚を「外道」などと呼ぶ。おいしい外道もいるが、毒のある魚や小魚など、食べないなら堤防の上に放置せず、逃がしてあげよう。

LINK ノベ竿での仕掛けの投入(➜ P.28)

2-7

もっと釣るための工夫

思うように釣れないときはまず狙うタナを変えてみよう!

寄せエサを使う釣りでは、寄せエサが効果を発揮するまで、あるいは魚の食い気が高まるまで待つ必要がある。だが、しばらく待ってもいい反応が得られなければ、釣り方を工夫してみよう。

ウキ下を調整する

アタリが出ない理由で多いのは、ウキ下（ウキから付けエサまでの長さ＝タナ）が合っていないこと。こまめに調整して魚の目の前に付けエサを届けよう。

タナが合っていない状態
ウキから付けエサまでの長さを長くすると、深い層を探ることができる

魚が見えないときは深くするのがセオリー

魚が見えないからといって、魚がいないと判断するのは早計。付けエサの位置より深いところまで沈んだ寄せエサをついばんでいることも多い。ウキの位置を上げて、ウキ下を長く取ってみよう。

あまり釣れないときはその理由を考えてみる

釣れないときは、ウキ釣りに限らず、ポイントの選定が正しいかどうか考え直すことが第一。ただし、寄せエサを使うウキ釣りでは、ほかの理由もいくつか考えられる。

よくあるのが、タナが合っていないケース。30㎝刻みを目安に、ウキ下を長くして、深いタナを探ってみよう。逆に、ウキ下を短くすることを試してみるのも忘れずに。

また、障害物まわりを好む魚を狙う場合は、根《ね》掛《が》かり（仕掛けが障害物などに引っ掛かること）を恐れず、障害物のきわに付けエサを落とし込んでいくことも大切になる。

仕掛けを流す、引いて誘う

一般的に、付けエサは自然に漂っているほうが、魚が警戒せずにくわえてくれるもの。だが、ときによっては不自然な動きに反応することもある。いろいろ試して、魚の反応を引き出そう。

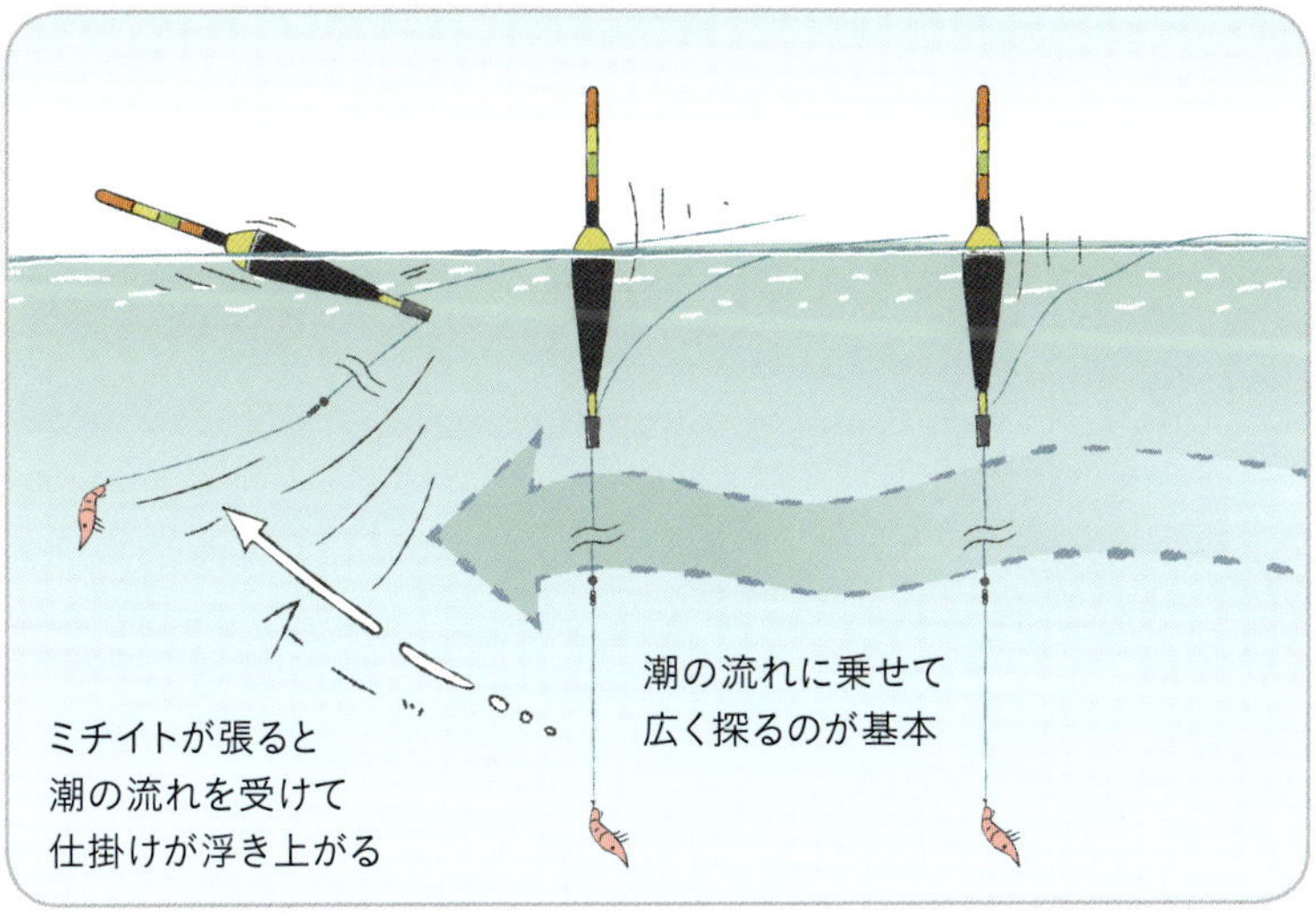
ミチイトが張ると
潮の流れを受けて
仕掛けが浮き上がる
潮の流れに乗せて
広く探るのが基本

◀潮に乗せて仕掛けを流す

ウキが流れるのに合わせて釣り竿を操作し、自然に付けエサが流れるようにするのが基本になる。

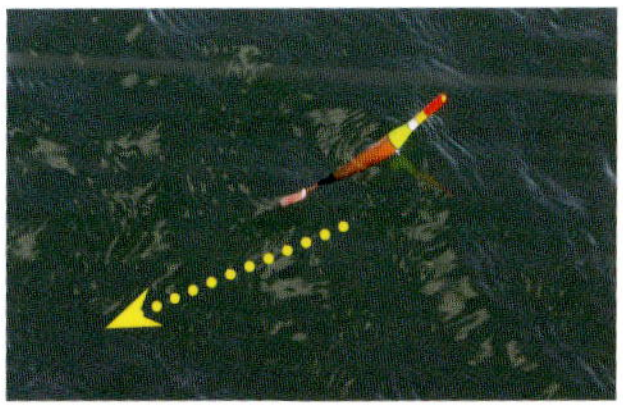

▲軽く引いて誘ってみる

ウキを引っ張ると、ウキの下のイトと仕掛けが浮き上がる。これが魚に対する誘いになる。

西野's ADVICE

ハリのサイズを変えるのも手!

ハリは、魚の口に入るサイズであれば、大きいものほど掛かりやすい。だが、逆にハリを小さくしたほうがいいこともある。とくに、口が小さい魚や、エサを吸い込む力が弱い魚は、小さくて軽いハリのほうが口の中に入りやすい傾向がある。アタリはあるのにハリ掛かりしないとき、エサを調べて、かじられているようなら、ハリのサイズを小さくしたり大きくしたりと、試してみよう。

ハリス付きハリは、3サイズくらい用意。ハリ掛かりが悪いときは変えてみよう。

わずかなアタリを読む

アタリはウキが沈むだけではない。いろいろなアタリのパターンを知れば、あわせが決まりやすくなる。

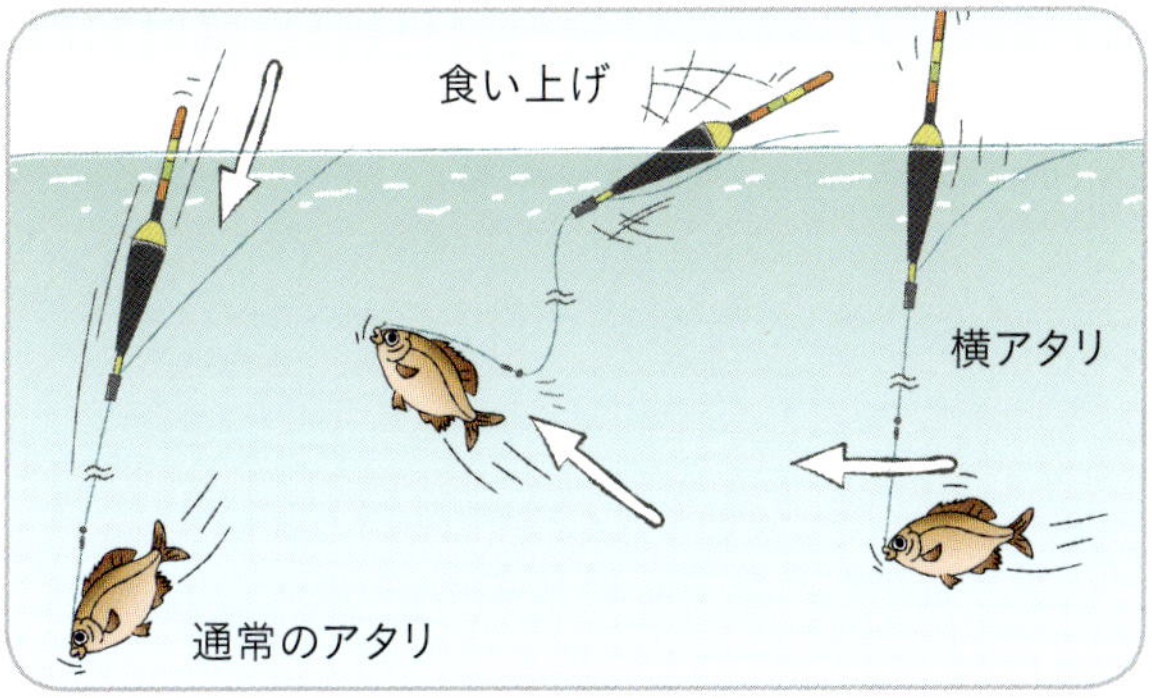
食い上げ
横アタリ
通常のアタリ

ウキに出るアタリのパターン

魚が自分より浅いところにあるエサをくわえて反転し、深いところへ泳いでいけば、ウキは明確に沈む。そのまま水面方向へと泳げば、ウキが浮き上がる、いわゆる食い上げアタリになる。また、水平方向に泳ぎながらエサをくわえると、ウキは横に移動する。やっかいなのが、エサをくわえた魚がほとんど動かないとき。ウキにアタリが出づらいので、よりアタリが明確に出やすいウキを使おう。

LINK ハリス付きハリ（➜ P.52）

COLUMN 02

地域が変われば対象魚も変わる!

南北に長い日本列島では、地域ごとに多種多様な魚が棲《せい》息《そく》しており、対象魚もバラエティ豊か。堤防釣りに限っても、北海道ではサケやホッケ、沖縄では超大型のヒラアジの仲間などが人気の対象魚となっている。さらには、一般的には沖釣りでしかお目にかかれないような、大型のマダイが釣れる堤防もあるほど。

地元から離れて知らない場所で釣りを楽しむ際は、事前にインターネットや雑誌などで情報を仕入れるのが第一。手持ちの釣り道具の中からどれを持っていけばよいかが、おおまかに理解できる。もちろん、現地の釣り具店には必ず立ち寄ることをおすすめする。自分の地元では見たことのない、独特の仕掛けなどを目にするだけでも楽しい。

釣り場に着いたら、まずは周囲の釣り人をよく観察することが大切。現地の人とコミュニケーションをとり、初心に返って素直に釣り方を教えてもらうのが釣果のカギになる。

旅はそれ自体、楽しいものだが、釣りを絡めればより思い出深いものになる。遠出する機会があったら、ぜひ、その地域ならではの釣りものを楽しんでみよう。

PART
3

チョイ投げ釣り入門

チョイ投げ釣りは堤防で大人気の釣り方。時期がよければ、仕掛けを投げて放っておくだけで十分に釣れるので、ビギナーにも楽しめる。どんな魚が釣れるかわからないのも、この釣りのおもしろさといえる。

3-1

チョイ投げ釣りの魅力とは

さまざまな魚種が釣れる「五目釣り」の楽しさ!

主に海底近くを泳ぐ魚たちを狙う、もっとも簡単な釣り方がチョイ投げ釣り。その名の通り軽く仕掛けを投げればよいので、初心者にも簡単にはじめられる。多彩な魚種が釣れるのも魅力のひとつ。

狙ったポイントを簡単に直撃できるのが、チョイ投げ釣りのおもしろさ。ポイントを変えることで、違った魚種に出会うこともある。竿先に出るアタリから魚種を推測できるようになれば初心者卒業！

堤防のまわりにいる魚たちの多くが対象魚

チョイ投げ釣りは、オモリの付いた仕掛けを軽く投げて、海底付近を探る釣り方。仕掛けを遠くに投げれば、それだけ広く探れるが、うまく投げられない初心者のほうが釣果《ちょうか》に恵まれることもある。そう、堤防のまわりは、沖の障害物に勝るとも劣らない格好のポイントというわけ。

もちろん、ポイントの見極めができるようになれば、さらなる釣果が期待できる。砂《すな》地《じ》の地形変化を探ってシロギス、周囲に点在する根《ね》を狙ってアイナメやカサゴといった具合に、魚種を絞って釣ることも可能になる。

代表的なチョイ投げ釣りの対象魚

シロギスやカレイ、ハゼといった、海底付近を泳ぎまわる魚が主な対象魚になる。数やサイズを望むなら、魚がエサの捕食や産卵などのために接岸してくるタイミングを調べておこう。

◀シロギス

初夏から秋口にかけてシーズンを迎える。全長20cm台後半を超える大型は「ヒジ叩き」と呼ばれる。

▼イシモチ（ニベ）

シロギス同様、砂地底を好む魚。群れで移動するので、ひとたび釣れはじめると、連続で釣れることが多い。

▲ハゼ

夏から秋にかけて釣りやすくなる、人気の対象魚。淡水と海水が交じり合う、河口付近の汽水域が一番の狙い目。

▼カレイ

カレイの仲間にはさまざまな種類があるが、一番人気はマコガレイ。冬場でも釣りやすい。

▲アイナメ

秋口から冬にかけてよく釣れる。障害物まわりを丹念に探るのが釣果のカギ。これとよく似たクジメも、チョイ投げ釣りで釣れる。

西野's ADVICE

五目釣りが楽しい！

1魚種にこだわるのもいいが、チョイ投げ釣りの魅力は、なにが釣れるかわからないところ。砂地ではイシモチとハゼ（写真）のほかシロギスなど、障害物まわりではアイナメをはじめ、カサゴ、ベラ、カワハギ、メバル、ハタの仲間など、さまざまな魚と出会える。何魚種釣れたか、友人や家族と競うのも楽しいぞ！

LINK 堤防釣りの対象魚（➡P.13）／堤防釣りの基本的なポイント（➡P.16）／堤防釣りに必要な道具（➡P.22）

チョイ投げ釣りの竿を選ぶ

ボート竿や
ルアー竿が扱いやすい

釣り具店には初心者向けの投げ釣り竿セットなどが売られているが、チョイ投げ釣りには、軟らかめのリール竿がおすすめ。軽めの仕掛けを投げやすく、魚のアタリもわかりやすくなる。

リール竿の種類

初心者のチョイ投げ釣りには、ほかの釣り方でも使用できるボート竿やルアー竿がいい。全長が長すぎると扱いづらいので、1.8 〜 2.7m を基準にしよう。

▶短めのルアー竿

全長6フィート（1.8m）前後のもの。ブラックバス用のなかに、廉価なものが多い。

▼ボート竿

全長2.4m程度で、10号程度のオモリが使えるものが使いやすい。

▲長めのルアー竿

スズキ釣りなどに使う、9フィート（2.7m）前後のルアー竿は、重めの仕掛けを遠投するのに有利。

汎用性の高いリール竿ではじめよう

チョイ投げ釣りは、仕掛けを20〜30m投げられれば多くの堤防で釣りになるので、遠投性にこだわらなくていい。投げ釣り専用のものより、ルアー釣りや探《さぐ》り釣りなども楽しめる汎用性の高いリール竿を選ぼう。とくに初心者には、価格が手頃なボート竿（振り出し式のコンパクトロッド）や、短めのルアー竿がおすすめ。ルアー竿の場合は、15g（約4号）前後のルアーに適合したものが使いやすい。

リールは、錆《さ》びにくい海水対応のものが長く使える。販売価格にして5000円以上を目安にするといい。

リール竿選びの基準

基準は長さと硬さ。全長が長いほうが遠投しやすいが、反面、扱いづらくなる。硬さは、使うオモリが5〜 10 号であることを考えて、投げ釣り専用の釣り竿より軟らかいものがおすすめ。

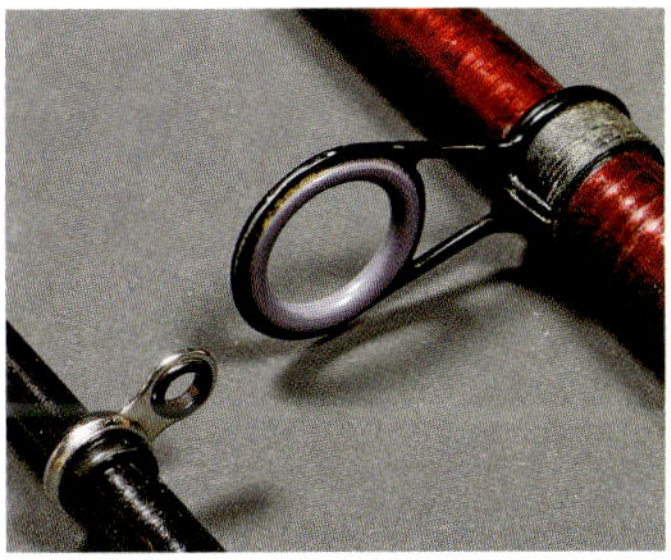

ガイドの径

ガイドの径が小さいもの（左）もあるが、大口径のガイドが付いたもの（右）のほうが投げやすい。

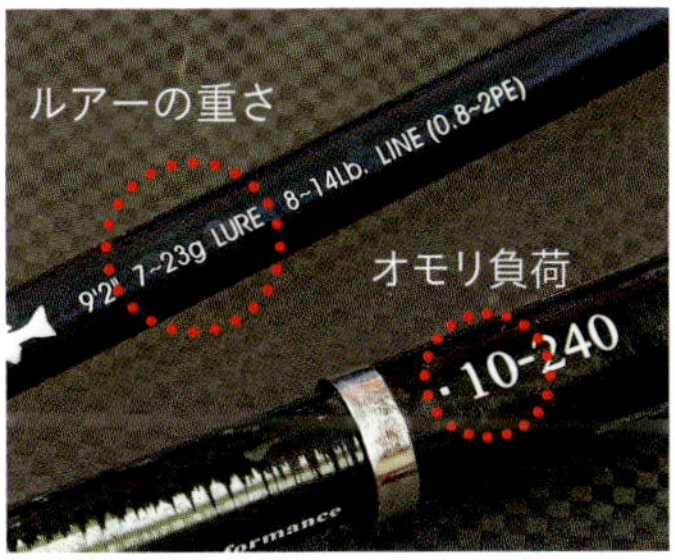

オモリ負荷

ルアー竿には、適合するルアーの重さが表示されている。ボート竿なら、オモリ負荷 10 号程度が目安。

全長

手前は全長2.4mのボート竿、奥は1.8mのルアー竿。釣り場の状況や対象魚に応じて、長さを使いわけよう。

チョイ投げ釣りに向くリールとミチイト

軽い仕掛けを投げるには、スピニングリールが有利。釣り竿とセットで売られている廉価なものは、耐久性や操作性がよくないので、できれば最初からきちんとした品質のものを手に入れよう。

使用するミチイト

しなやかなナイロン製が一般的。100mで十分だが、巻き替えることを考えると、300 〜 500mのほうが割安。

スピニングリールを選ぶ

ナイロン2〜3号のミチイトが100m程度巻けるサイズのもの。海水対応モデルがおすすめ。

STEP UP

ミチイトにこだわる

仕掛けを遠くへ飛ばすには、空気抵抗の少ない細いミチイトのほうが有利。PEラインは、同じ強度なら格段にミチイトを細くできるので、飛距離を伸ばすことができる。また、伸びが少ないため、魚のアタリも伝わりやすい。結び方は少々難しいが、ぜひ使いこなしたい。

耐久性が高く、利点の多いPEラインだが、接続具に結ぶのは難しくなる。電車結び（35ページ）か、FGノット（108ページ）で、ナイロンなどの先イトを付けておくといい。

3-3

チョイ投げ釣りの仕掛け

投げやすく、根掛かりしにくい **軽めの仕掛け**がおすすめ!

仕掛けに付けるオモリは、重いほど遠くへ飛ばしやすいが、重すぎると初心者には投げにくく、根掛かりもしやすくなる。10号以下のオモリを使った軽めの仕掛けで軽快に探っていこう。

チョイ投げ釣りの仕掛け

ミチイトの先にオモリの付いたテンビンを繋《つな》ぎ、その先にハリス付きハリか市販のチョイ投げ仕掛けを結ぶだけ。シンプルなので初心者でも自分でセットできる。

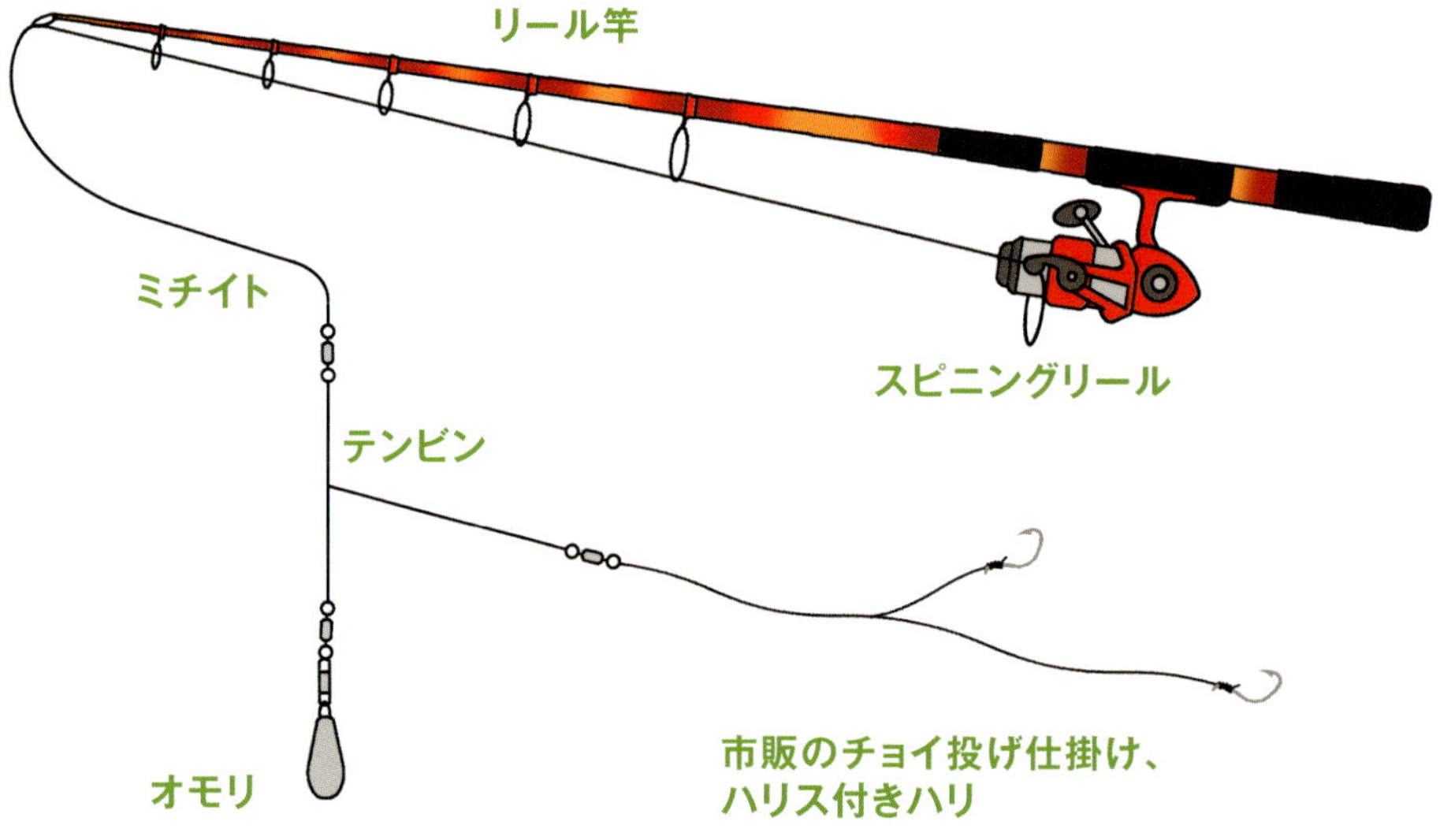

軽い仕掛けのほうがメリットが大きい

いたってシンプルなチョイ投げ釣りの仕掛け。遠投しないと釣れない釣り場もあるが、多くの場合、10号以下のオモリで対応できる。

テンビンは、仕掛け投入時のイト絡みを減らしてくれるパーツ。いくつかのタイプがあるが、オモリが交換できる、シンプルな小型の船釣り用テンビンがポピュラーだ。

ハリとハリスは、2本バリのチョイ投げ専用仕掛けを使うのが手軽。全長が長すぎると扱いにくいので、80㎝程度のものがいい。ハリス1〜1.5号、ハリはキスバリか流線《りゅうせん》の6〜9号を目安に選ぼう。

テンビン仕掛けのパーツ

使うパーツはテンビンとオモリ、そしてハリス付きハリなど。船釣り用テンビンを使う場合は、腕の長さが 15cm以下のものがおすすめだ。ジェットテンビンは根掛かりしにくいメリットがある。

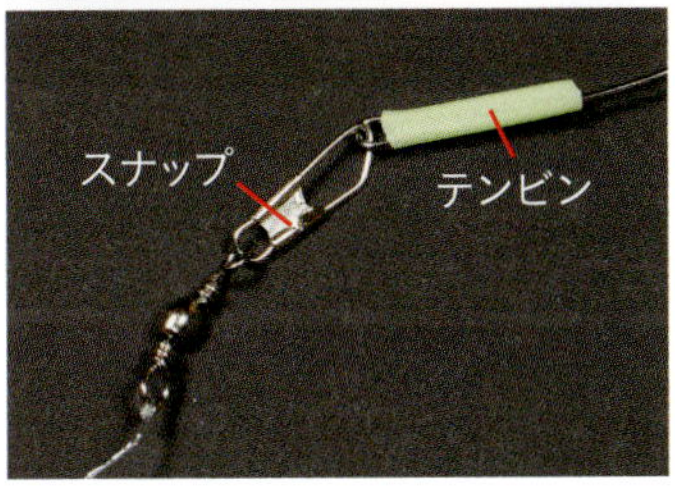

ハリス付きハリ

テンビンの先には、ハリス付きハリか、チョイ投げ専用の仕掛けをセットする。専用仕掛けはスナップでテンビンにワンタッチで接続できるようになっている。

オモリ

船釣り用テンビンは、ナス型オモリをセットして使う。オモリは3〜8号があれば、多くの釣り場に対応できる。オモリが一体になったテンビンは5〜8号を選ぼう。

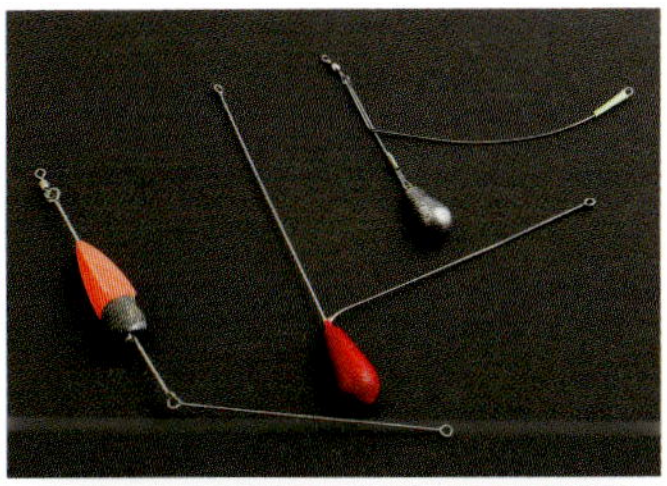

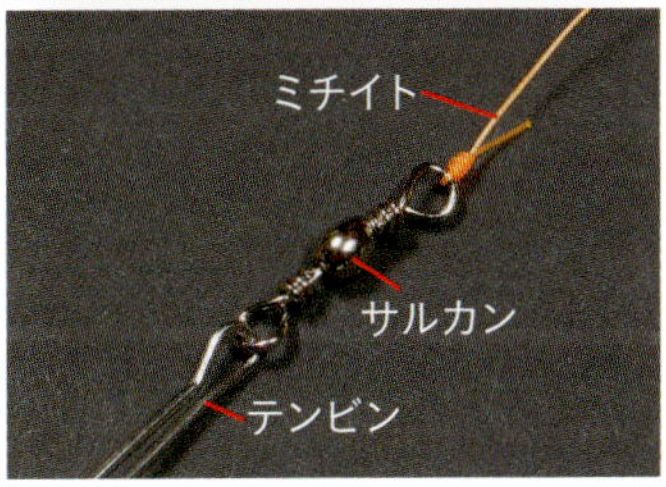

テンビン

上写真、右から船釣り用テンビン、L字型テンビン、ジェットテンビン。テンビンとミチイトは、サルカンが付いていればそのまま、なければスナップなどを介して接続しよう。

STEP UP

アタリを察知しやすくするには

ここでは、ミチイトに1本のハリス付きハリを直接結ぶ、よりシンプルな仕掛けを紹介する。アタリがミチイトに直接、伝わるので、小さなアタリも察知しやすいのが最大のメリットといえる。ミチイトとハリスの結び方は、「超ライトな釣り」で使われる接続方法（81ページ）の応用になるが、難しければ「フックビーズ」「スピードサルカン」などという名称の、船のカワハギ釣りなどで使われる枝バリ用のパーツを使うのも手。

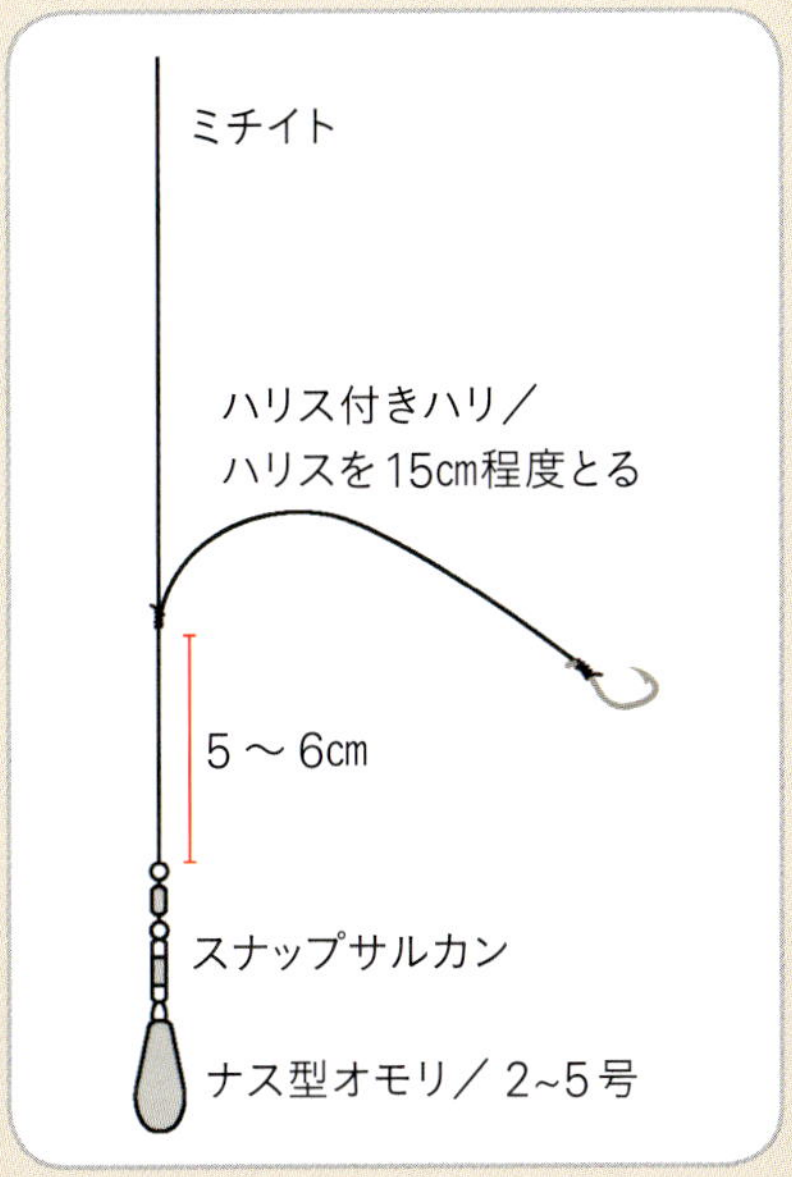

ミチイトの先端にスナップサルカンなどを介して2〜5号のナス型オモリを接続し、接続部分の5〜6cm上に、15cm程度のハリスを結ぶ。枝バリ用のパーツ（上写真）を使うと簡単で、ハリスの交換も素早く行うことができる。

LINK リール竿の扱い方（➡ P.26）／ユニノット（➡ P.34）

チョイ投げ釣りの装備とエサ

装備はシンプルにまとめる。エサは対象魚に合わせよう!

ウキ釣りと違って寄せエサを使わないため、必要な装備はむしろ少ないが、竿立てなどがあると快適性が高まる。エサは虫《むし》エサが一般的だが、根《ね》魚《ざかな》などが期待できるときは、身《み》エサも使ってみよう。

チョイ投げ釣りの装備

タックルと仕掛け、エサ、それにプライヤーがあれば、釣り自体は可能。竿立てやイス（もしくはイス代わりのクーラーボックス）があると、釣りが快適になる。

エサ箱、石粉
虫エサは、エサ箱に入れる。滑り止めの石粉を振っておくと、ハリ付けが格段に楽になる。

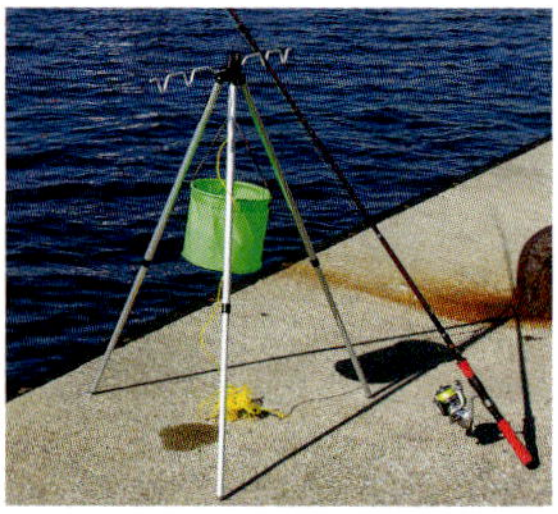

竿立てなど
竿を置いてアタリを待つスタイルでは必須。水を入れた水くみバケツを下げて安定させよう。

魚バサミ
トゲのある魚、ぬめってつかみにくい魚は、魚バサミでつかみ、プライヤーでハリを外そう。

竿掛け
転落防止の柵がある海釣り施設などでは、柵に取り付けるタイプの竿掛けがあると便利。

虫エサを基本にエサを使い分ける

一度決めた釣り座《ざ》を動かず、じっくりアタリを待つ「置き竿」と呼ばれるスタイルでは、竿立てやイスが必須の装備。一方、どんどん移動して探る場合は、そうした装備がかえって邪魔になる。スタイルに合わせて装備を選ぼう。

エサは虫《むし》エサが一般的。アオイソメのほか、イワイソメ、ジャリメ（イシゴカイ）などがある。安価で入手しやすいアオイソメだけで十分に釣りになるが、魚種に応じてエサを変えるのもいい。たとえば、シロギスにはジャリメ、カレイにはイワイソメのほうがよく釣れるとされている。

チョイ投げ釣りの付けエサ

虫エサがあれば十分だが、根魚が多いなら身エサ、エサ取り（本命の邪魔をする小魚）が多いときはイカを使うのも方法だ。エサが足りなくなったときのために人工エサがあるといい。

身エサ

ポピュラーなのはサバやサンマの切り身。エサ用として売られているものでなくても、自分でつくれる。

虫エサ

右はアオイソメ、左はアカイソメなどと呼ばれる品種改良エサ。エサによって釣れ具合が変わることもある。

イカ

エサ取りにかじられてもハリに残りやすいのが利点。自分でつくれば安上がりなのもメリットのひとつだ。

人工エサ

保存が効く人工エサがあれば、現地で釣具店が見つからず、エサが入手できなくても釣りが可能になる。

虫エサの付け方のバリエーション

基本的なハリ付けができるようになったら、対象魚や状況に応じてハリ付けの方法を工夫してみよう。たくさん付けるときは、アオイソメとイワイソメを混ぜるなどするのが効果的なこともある。

タラシを短くする

とくにシロギスなどの小型の魚は、虫エサの端だけを食いちぎってしまうことが多い。タラシを短くすることで、ハリまで飲み込む確率が高まる。

一般的な付け方

ハリから垂れ下がった部分を「タラシ」と呼ぶ。通し刺しにしたら、虫エサをカットしてタラシを5cmくらいにしておくのが基本だ。

たくさん付ける

エサのボリュームと動きで魚を誘うほか、エサ取りにかじられてもエサがハリに残りやすいので、置き竿でアタリを待つスタイルで有効だ。

1匹を長く付ける

通し刺しにした虫エサをカットせずにそのまま使う。ボリュームと動きが大きくなるので、魚にエサの存在をアピールしたいときにいい。

LINK 堤防釣りに必要な道具（➡ P.22）／釣りエサの基礎知識（➡ P.24）

チョイ投げ釣りのポイント

根掛かりの少ない堤防や岸壁がおすすめ!

堤防の周囲に障害物などが点在する釣り場が有望。ただし、根《ね》が多いところは多彩な魚種が釣れるが、多すぎると根《ね》掛《が》かりが増えるので注意しよう。また、足元から深いところは、安定した釣《ちょう》果《か》が望める。

釣り場によって釣れる魚が変わる

砂《すな》地《じ》底《ぞこ》を好んだり、障害物まわりを好んだりと、魚種によって習性は異なる。砂地のところどころに根が点在している釣り場であればいうことなし!

付近に根が点在する堤防

カサゴやアイナメなど、障害物まわりに潜む魚は、根などが多いところが釣りやすい。ただし、起伏が激しすぎるところは、根掛かりが増えるので、ベテラン向きといえる。

砂浜付近の堤防

シロギスやカレイなど、砂地を好む魚を狙うには、周囲が砂地の堤防がおすすめ。ただし、遠浅になっているところでは遠投が必要になる。足元から深いところが釣りやすい。

魚が好む海底の地形変化をイメージ

チョイ投げ釣りの対象となるのは、海底付近を泳ぐ魚たち。ただし、海底付近ならどこにでもいるというわけではなく、エサとなる生物がいたり、隠れ家があったりするところに着いている。

その場所は、ズバリ、海底の地形変化。根《ね》などの障害物のほか、砂《すな》地《じ》では水深が急に深くなったり浅くなったりするカケアガリが、代表的なポイントになる。一カ所に居着かず、砂《すな》地《じ》底《ぞこ》を広く回遊する魚も、こうした地形変化をたどるようにして泳ぎまわることが多い。これを探し当てることが最大のカギといえる。

チョイ投げ釣りの代表的なポイント

点在する根のまわりやカケアガリなどが好ポイント。また、堤防の沖に点在している根の周囲なども、魚の絶好の隠れ家になっている。足元付近を重点的に探るのもひとつの手。

根のまわりは
さまざまな
魚が釣れる
船道のカケアガリは
大物が期待できる
シロギスやイシモ
チなど、砂底の凸
凹に沿って移動す
る魚は多い

地形の変化がポイント

まったく変化のない砂地底などにも、魚がいないわけではないが、海底の地形に変化があるところを重点的に狙ったほうが釣れる確率が高い。とくに漁港の出入り口付近は、船が通る水深を確保するために掘り下げていることがあり、この両側のカケアガリも見逃せないポイントになる。

河口域も好ポイント

河口付近は淡水と海水が交じり、エサとなる生物が豊富にいるため、イシモチやハゼを筆頭に、さまざまな魚が狙える。

ポイントを見極める

海水の透明度が高ければ、目で見て根などを探すことが可能。だが、水が濁っていたり、ポイントが遠かったりする場合は、仕掛けを引いてくるときの感触で推測する必要がある。

潮の流れの有無

海底付近を泳ぐ魚も、潮の流れがあるほうが食い気が高まる。潮の流れの変化にも注目しよう。

仕掛けを引いて探す

仕掛けを引いてくると、重く感じるところがある。地形変化のある証拠なので、そこでアタリを待つといい。

目で見て探す

堤防の上から海面を見たときに、黒っぽく見えるところには根があることが多い。その周囲を狙おう。

LINK 堤防釣りの基本的なポイント（➜ P.16）

チョイ投げ釣りの基本

仕掛けをゆっくり引いて広く探るのが基本!

海底にあるポイントを探すことが、チョイ投げ釣りの釣《ちょう》果《か》のカギ。仕掛けを投げたら、放っておかずに、積極的に引いてきて、魚が着きそうな海底の地形変化を感じ取ることが大切だ。

2通りの釣りのスタイル

仕掛けを投入する場所を変えながら広く探るのが基本。カレイなど、海底を広く回遊する魚を狙うときは、仕掛けを魚の通り道に止めて、魚がやってくるのを待つ。

仕掛けを1カ所に止めて待つ

仕掛けを引いて、カケアガリや根に差し掛かったところで止めて待つ。広く回遊する魚を狙うときは、この方法もおすすめ。

仕掛けを引いて探る

根やカケアガリなど、特定の場所に着いている魚は多い。仕掛けをゆっくり引いて、アタリが得られるポイントを積極的に探そう。

魚が潜むポイントを積極的に探そう！

仕掛けを放っておくだけでは、海底に点在する魚の着き場を探せない。仕掛け（オモリ）を海底まで沈めたら、地形変化や障害物などを感じ取りながら引いてこよう。

仕掛けがカケアガリに差し掛かると、重くなった感じがする。根《ね》などの障害物にぶつかれば、ゴツゴツとした感触が手元に伝わる。こうした変化を感じた場所で仕掛けを止め、数秒～十数秒アタリを待つのが基本。仕掛けを1カ所に止めて魚が回遊してくるのを待つ場合も、地形変化や障害物のあるところに止めたほうが、アタリは格段に増える。

チョイ投げ釣りの流れ

釣り方自体はシンプルだが、海底の地形変化や障害物を感じ取ることが大切。また、仕掛けを回収するたびに、エサがあるか、ハリスが傷んでいないかをチェックして、必要があれば交換しよう。

❶仕掛けを投入

ポイントが分かっていれば、そこを狙って投入する。釣り竿に仕掛けの重みを乗せて、ゆったりと投げよう。

❷ミチイトのたるみを取る

仕掛けが着水したら、スプールに手を触れてミチイトの出を止める。オモリが海底に着いたらミチイトを張る。

❸ゆっくりと仕掛けを手前に引いてくる

釣り竿やリールを操作して、ゆっくり仕掛けを引く。地形変化を感じたら、数秒〜十数秒アタリを待ってみる。

❹アタリがあったら釣り竿を立ててやりとり

コツコツというアタリを感じたら、釣り竿を立て、そのままの角度をたもってリールで巻き寄せる。

STEP UP

意外と難しい？ あわせのタイミング

手元にアタリを感じた瞬間に釣り竿をあおってあわせると、すっぽ抜けやすい。ひと呼吸待って、竿先が軽く引き込まれたときにあわせよう。とくにすっぽ抜けが連続するときは、アタリがあったあと、しばらく待つか、ミチイトを少し送り込んでからあわせたほうがいいことも多い。

とくに仕掛けを止めているときは、ミチイトがたるみがちなので、アタリが伝わらないこともある。ときおりミチイトを軽く張ってみよう。

LINK 仕掛けの投入方法（➜ P.29）

仕掛けを引いて広く探るのがコツ

仕掛けの引き方には2通りある。いずれの方法でも、海底の様子を感じ取るという要点は一緒。また、仕掛けを引くスピードなどで、魚の食いが変わることがあるということも知っておこう。

リールを巻いて引く

ミチイトがつねに張っているので、アタリを感じ取りやすく、あわせやすいのがメリット。

釣り竿を操作して引く

釣り竿を上にゆっくり掲げるようにして仕掛けを引く。地形変化などを感じ取りやすい方法。

基本の動き

- 仕掛けをゆっくり手前に引く
- 魚によって反応するスピードが異なるので、素早い動きも試してみる

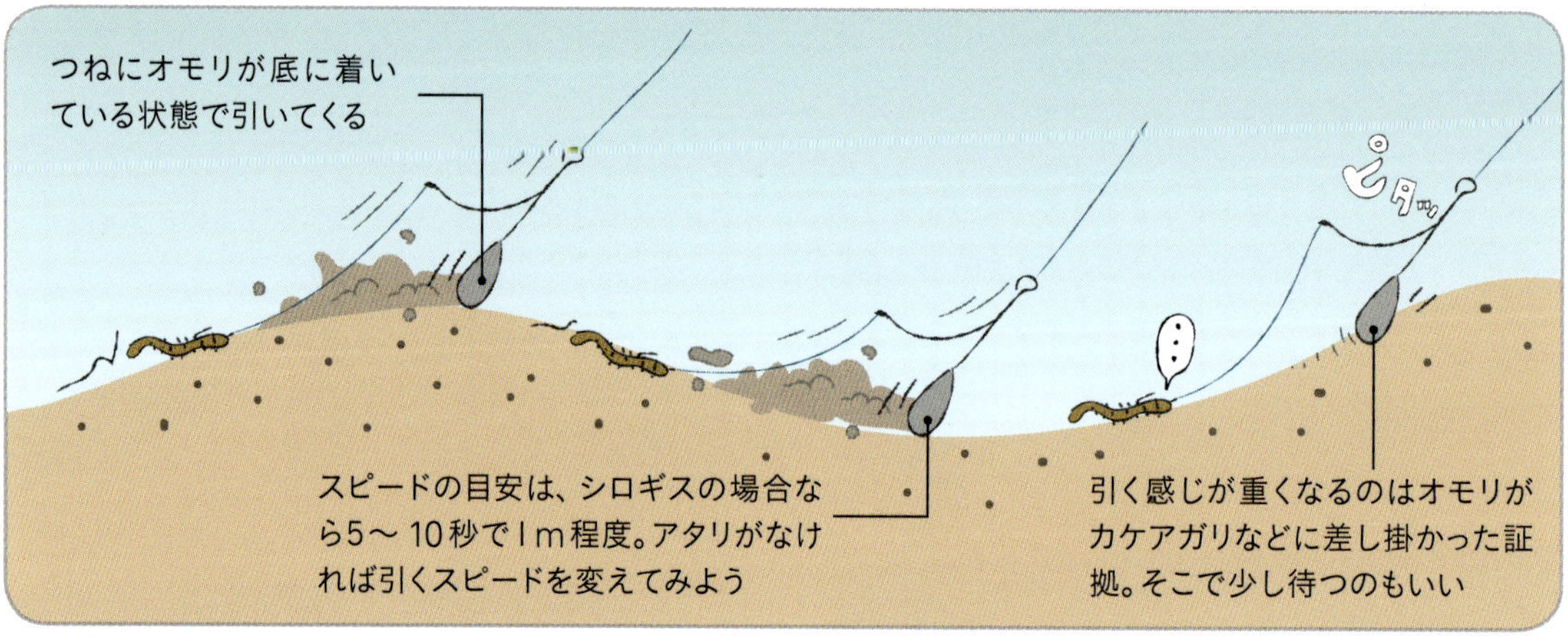
つねにオモリが底に着いている状態で引いてくる
スピードの目安は、シロギスの場合なら5〜 10秒で1m程度。アタリがなければ引くスピードを変えてみよう
引く感じが重くなるのはオモリがカケアガリなどに差し掛かった証拠。そこで少し待つのもいい

上下に動かす

- 釣り竿を素早く、軽くあおり、仕掛けを海底から浮き上がらせたり、沈めたりする
- とくに障害物まわりに潜む魚には、何度も上下に誘ってみよう

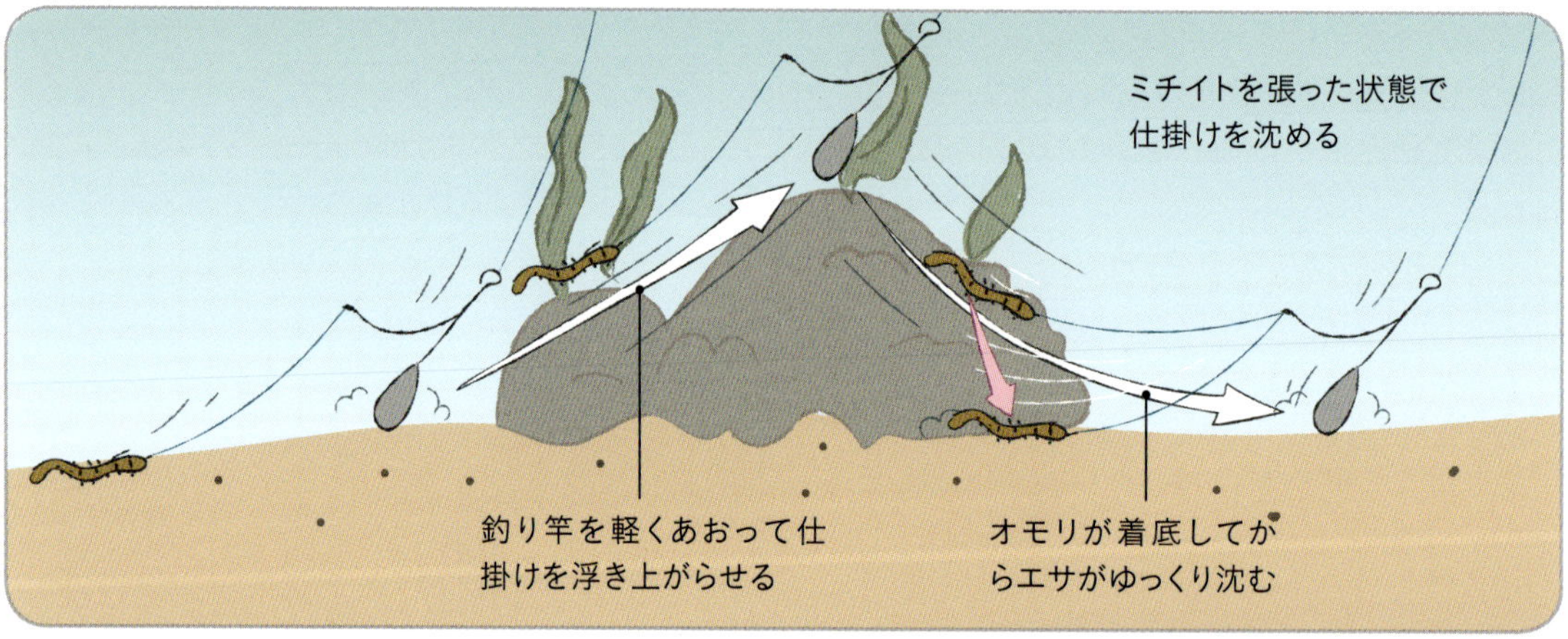
ミチイトを張った状態で仕掛けを沈める
釣り竿を軽くあおって仕掛けを浮き上がらせる
オモリが着底してからエサがゆっくり沈む

待ち釣りは複数の竿で幅広く探る

仕掛けを1カ所に止めてアタリを待つスタイルでは、複数の竿を使うのが一般的。とくに砂《すな》地《じ》底《ぞこ》では、遠近に仕掛けを投げ分けて、アタリが出る距離や水深を見極めるようにしよう。

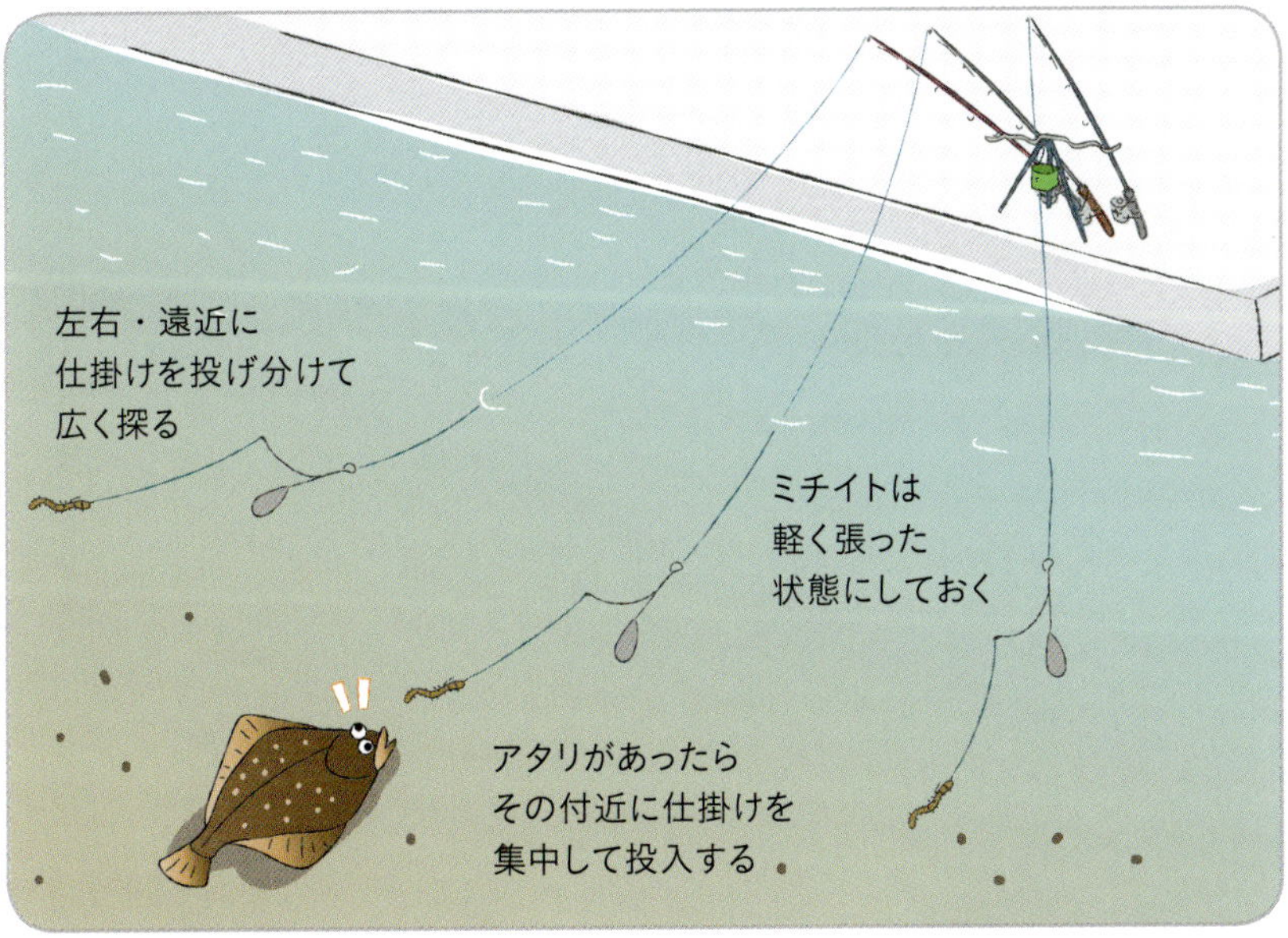
左右・遠近に
仕掛けを投げ分けて
広く探る
ミチイトは
軽く張った
状態にしておく
アタリがあったら
その付近に仕掛けを
集中して投入する

扇状に広く探るのが基本

同じようなところに仕掛けを集めず、まずは左右・遠近を幅広く探り、アタリが出たらその付近に仕掛けを集中して投入すると効率がいい。潮の流れがあるところでは、潮下（右から左へと流れていれば、左側）の仕掛けから投入すると、仕掛け同士が絡む危険性が低くなる。仕掛けを回収する際は、逆に潮上側から行おう。

また、置き竿とはいっても、こまめに仕掛けやエサのチェックをすることが大切だ。

尻手ロープ

大物が期待できる場合、目を離した隙に竿を持っていかれないように、竿の後端と竿立てなどをロープで繋ぐ。

鈴を付けてアタリを知る

竿先に鈴を付けておくと、アタリがあったことがすぐにわかる。専用の鈴を用意しよう。

STEP UP

釣れた魚をエサに大物狙い!

シロギスやメゴチが釣れる場所では、マゴチやヒラメといった大物も望める。体長10cm程度のシロギスやメゴチが釣れたら、それをエサにして大物を狙ってみよう。仕掛けは、テンビンやオモリはそのままで、ハリス2号60cmに丸セイゴバリの10～11号を接続し、小魚のアゴにハリをチョン掛けすればよい。

複数の竿があるなら置き竿にして、ほかの竿でシロギス狙いを続けるのもいい。ただし、大物に置き竿を持っていかれないように注意しよう。

魚がエサをくわえると、竿先が徐々に引き込まれる。竿を手に持ち、ミチイトを張りすぎないようにして十分に食い込ませ、グングンと竿先が引き込まれたら大きく竿を立ててあわせよう。取り込みは玉網で確実に行うこと。

超ライトなシステムで釣る

繊細な誘いができ根掛かりも少ないのがメリット!

チョイ投げ釣りの仕掛けは、本格的な投げ釣りの仕掛けに比べて軽量だが、さらに軽い仕掛けを使うことが有効な状況は多い。とくに根掛かりしやすい場所では、多くのメリットがある。

超ライトな釣りに適したタックル

仕掛けが軽いため、一般的なチョイ投げ釣りのタックルより、さらに繊細なものが必要になる。とくにPEの細いミチイトを使うことが、このシステムのカギだ。

▲ウルトラライトの竿

ルアー竿の中でも、アジやメバル狙いに使われる、敏感なものが適している。胴調子のものより、先調子のもののほうが、アタリが鋭敏に伝わる。全長は6フィート（約1.8m）前後を目安に選ぼう。

◀極細のミチイトを使用

0.5号前後の極細PEラインをミチイトに使用する。これでも強度的には問題なく、細いおかげで軽量の仕掛けも難なく投げられる。リールは小型のスピニングリール。

チョイ投げよりも繊細に魚を誘う

チョイ投げ釣りを経験した人におすすめしたいのが、より軽い仕掛けを使ったシステム。ハリスにガン玉を取り付けただけの軽量・シンプルな仕掛けは、ゆっくりと沈むことで、魚に強くアピールする。また、軽量なおかげで根掛《ねが》かりしにくく、潮などに流されても、それ自体が誘いになる。

ちょっと難しいのは、仕掛けの投入とアタリのとり方。とくにアタリは、ミチイトがたるみすぎていると手元まで伝わらないので、伸びの少ないPEラインを使うとともに、ミチイトの張りを保つことがカギになる。

超ライトな釣りの仕掛け

PE のミチイトにハリス付きハリを結び、ハリスにガン玉を取り付けるだけとシンプル。ハリス付きハリはカットせず、そのままミチイトと結ぶ。オモリは5B（1.85g）〜1号（3.75g）を用意しよう。

オモリのセット

オモリはミチイトではなく、ハリから10㎝ほど上のハリス部分に付ける。これで仕掛け絡みが減る。

ミチイトとハリスの結び方

ミチイトとハリスをそろえて輪をつくり、その中に3〜4回からませて引っ張る。端イトはカットしよう。

仕掛けのパーツ

ガン玉とハリス付きハリがあればいい。ハリは袖の4〜7号を、対象魚に応じて使い分ける。

超ライトな釣りの基本

仕掛けの投入は、チョイ投げ釣りを経験した人であれば、数回練習すればできるようになるはず。繊細なアタリを手元に感じ取るために、ミチイトがたるみすぎないように注意しよう。

ミチイトの扱い

仕掛けの着水直前に、指でリールのイト巻き部分を押さえて出を止め、たるみが出すぎないようにする。

仕掛けの投入

投げ方は通常のチョイ投げよりもソフトに行うのがコツ。ガン玉は重めから練習し、徐々に軽くしてみよう。

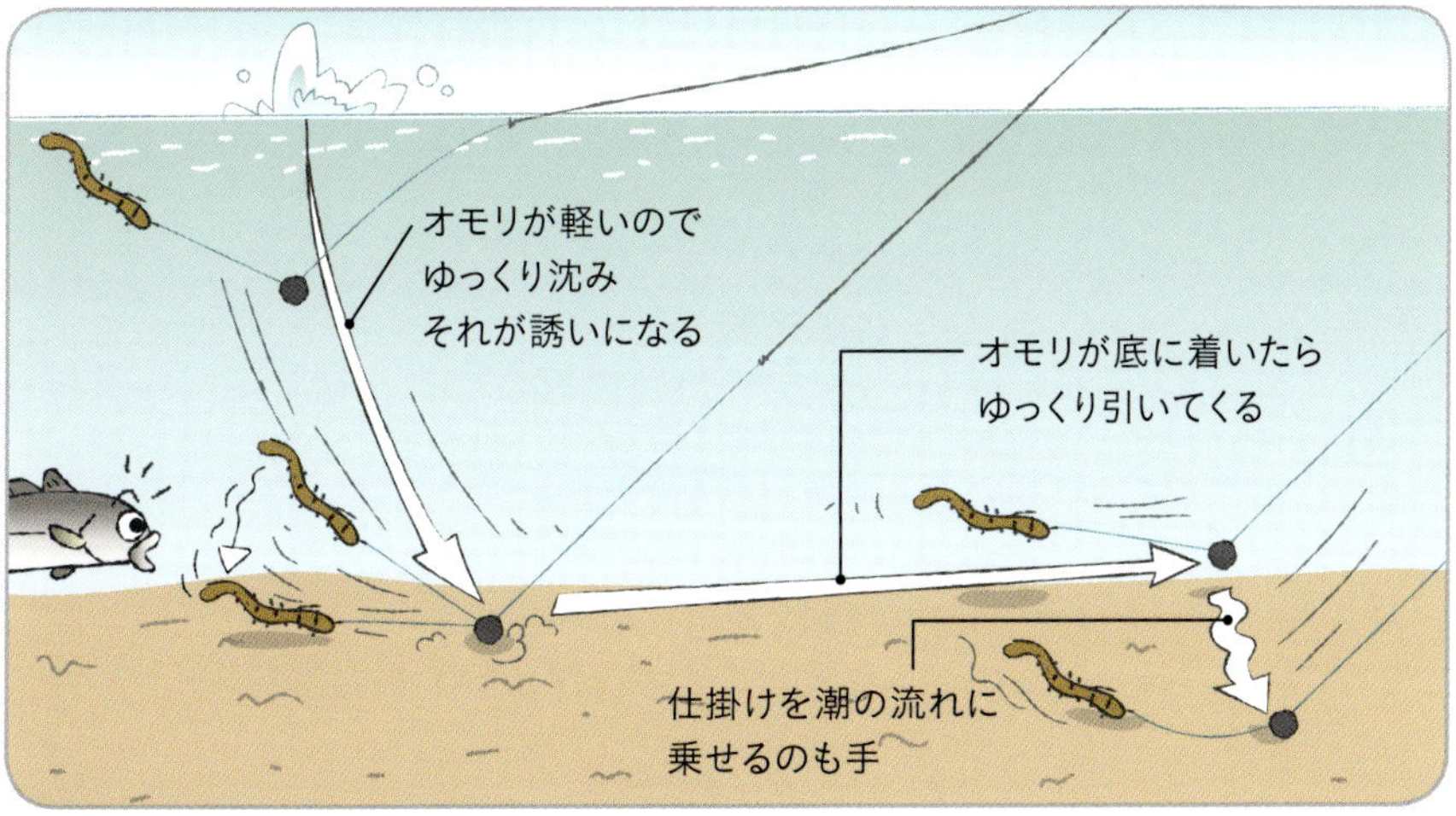

仕掛けを潮に乗せるのも方法

ゆっくり沈むエサに魚が思わず食いついてくることが多い。仕掛けが海底に着いたらゆっくり引いてくるが、ときに潮の流れに乗せるのも効果的。手元に感じるアタリだけでなく、ミチイトの動きをよく見て、横に走ったり引っ張られたりしたら、あわせてみよう。

LINK PEライン（➡P.69）／仕掛けの投入方法（➡P.29）

COLUMN 03

根掛かり・オマツリの対処方法

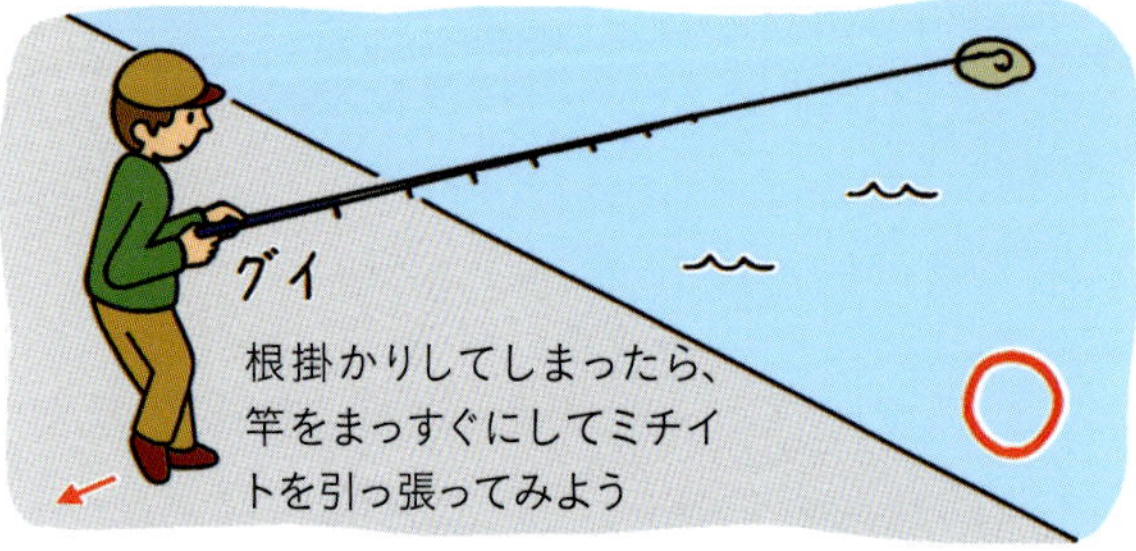

根掛かりしてしまったら、竿をまっすぐにしてミチイトを引っ張ってみよう

竿を立てた状態で引っ張ると、竿が折れてしまうことも

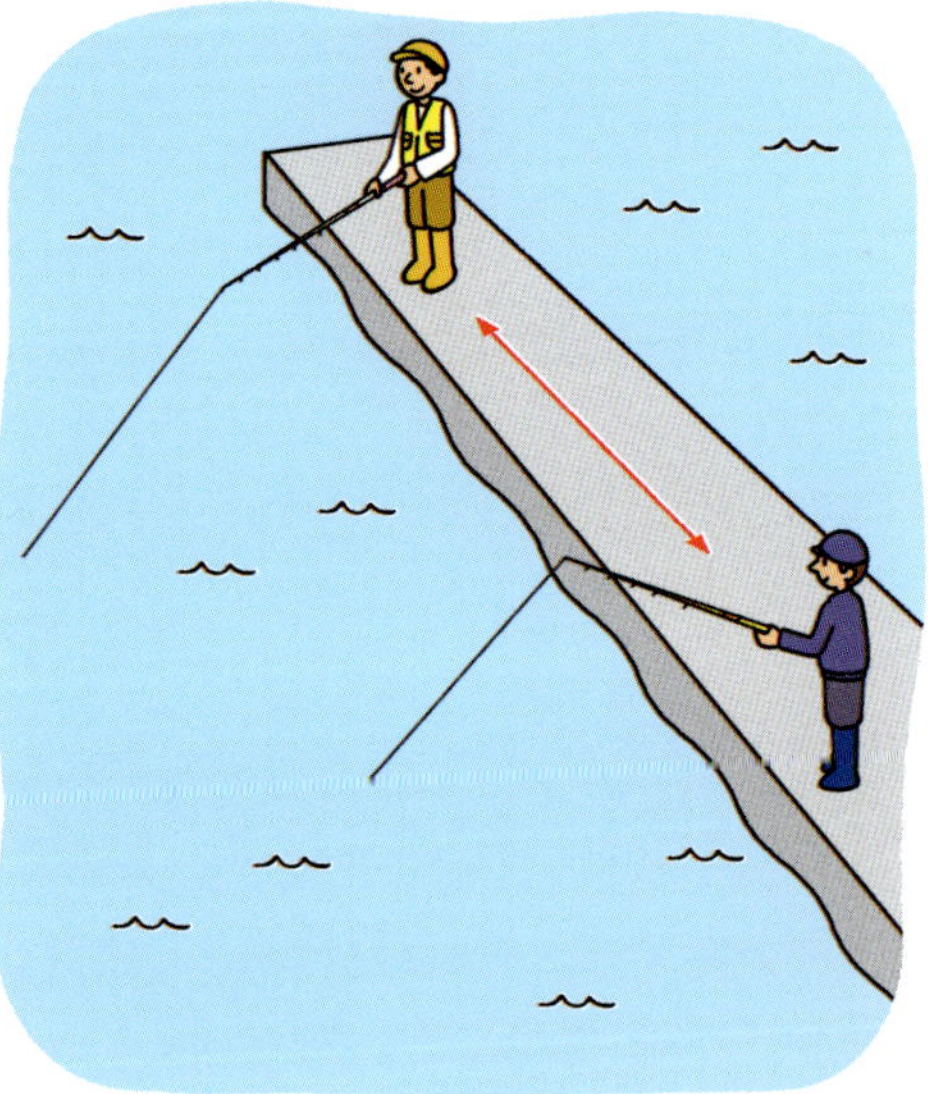

近くの人と十分に距離をとっておくことが、オマツリを防ぐポイント

チョイ投げ釣りや探《さぐ》り釣りなど、海底付近を探る釣りにつきものなのが、仕掛けが引っ掛かってしまう「根掛《ねが》かり」。

根掛かりしたら、まずは竿をあおってみよう。ただし、強くあおると竿を破損することがあるので、とくに繊細な穂先をもつ竿では、力加減に十分な注意が必要。

軽くあおっても外れなければ、ミチイトを引っ張ってみる。竿が破損しないよう、まっすぐにして引っ張ること。また、ドラグが回転しないように手で押さえておく。ミチイトを手で引っ張る方法もあるが、ケガしないようにタオルなどを手に巻くようにしよう。

混雑した釣り場でよくあるのは、自分の仕掛けが、ほかの釣り人の仕掛けと絡まってしまう「オマツリ」。一番の防止策は、ほかの釣り人と十分な距離をおくこと。そのうえで、ほかの釣り人のミチイトと交差しないように、仕掛けを正確に投入しよう。

だが、こうした注意を払っても、潮に仕掛けが流されるなどして、オマツリすることはある。その場合は、たとえ相手に非があっても、協力して仕掛けを回収し、「すみません」とひとこと添えるのが、トラブルを未然に防ぐ術だ。

PART 4

サビキ釣り入門

アジやイワシなどの食べておいしい魚をたくさん釣るには、ハリがたくさん付いた仕掛けを使うサビキ釣りがおすすめ。魚が堤防の足元までまわってくるタイミングをうまくとらえれば、初心者でも釣《ちょう》果《か》は確実!

サビキ釣りの魅力とは

おいしい魚が手軽にたくさん釣れる!

アジやイワシといったなじみのある小魚を、いっぺんにたくさん釣ることができるのがサビキ釣りのおもしろさ。エサ付けの必要もないので、初心者でも簡単にトライできるのがうれしい。

❶足元に水深があれば、ほとんどの釣り場で楽しめるのがうれしい。❷数釣りを楽しめるのが、最大の魅力。❸釣り方が簡単なので、初めてでも釣果は確実！

堤防釣りでもっとも人気のある釣り方

アジ、イワシ、サバなど、スーパーマーケットでも売られているおいしい魚たち。これらの回《かい》遊《ゆう》魚《ぎょ》を簡単に、効率よく釣れる方法がサビキ釣り。

仕掛けを投げる必要がないので、初心者でもトライしやすいのが利点。魚の群れにうまく当たれば100匹以上の釣《ちょう》果《か》も珍しくない。

仕掛けが長く、ハリ数が多いため、扱いに慣れるのに少し時間がかかるのが難点だが、釣り道具や仕掛けの選択を間違わなければ大丈夫。慣れるにしたがって、仕掛けが絡むなどのトラブルが減り、釣果も大幅にアップする。

代表的なサビキ釣りの対象魚

釣れる魚はシーズンや釣り場によって違いがある。アジやイワシ、サバについては、多くの釣り場では初夏～秋にベストシーズンを迎えるが、一年中なんらかの魚が釣れる釣り場もある。

▲アジ

もっとも人気の高いサビキ釣りの対象魚。釣り場によっては体長20㎝を超える食べごろサイズも望める。

▼イワシ

イワシにはいくつかの種類がいるが、堤防釣りで一般的なのは写真のカタクチイワシ。

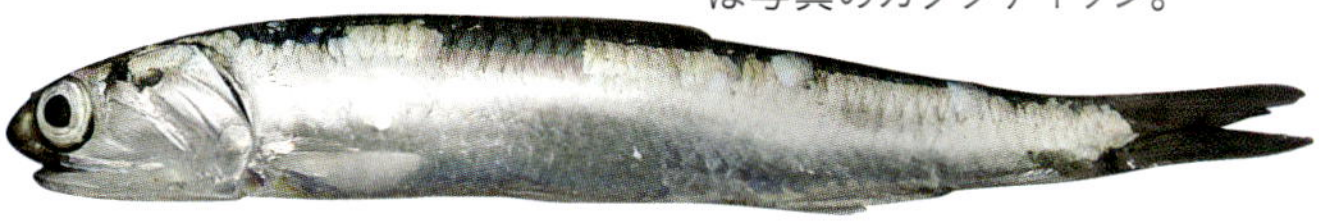

◀サバ

激しく泳ぎまわって仕掛けを絡ませてしまうため、敬遠する人もいるが、釣りやすく、食べておいしい魚。

▼カマス

関東から西の地方でポピュラーな対象魚。春から秋口にかけてよく釣れる。寄せエサを使わず、サビキバリだけで釣ることもできる。

▲サッパ

春から夏にかけて堤防の近くに寄ってくる。似た魚にコノシロがおり、こちらもサビキ釣りで釣れる。

STEP UP

サビキ釣りで高級魚も狙える!

サビキ釣りの対象魚は、いわゆる大衆魚ばかりではない。地域によっては、ハタハタやタカベ、イサキ、ニシンなど、市場で高値で取り引きされる魚たちが釣れる。遠出した際に、こんな地方色豊かな魚を釣ってみるのもおもしろい。

秋田県の冬の風物詩、ハタハタのサビキ釣り。堤防にずらっと釣り人が並ぶ。

LINK 堤防釣りの対象魚（➡P.13）／堤防釣りの基本的なポイント（➡P.16）

サビキ釣りの道具と仕掛け

リール竿の仕掛けが多くの釣り場に対応する

ノベ竿とリール竿、どちらもサビキ釣りに使えるが、足場が高い堤防ではリール竿が圧倒的に有利。竿の全長は、仕掛けより長い必要があるが、初心者はそのなかでも短めのリール竿を選ぼう。

釣り道具を選ぶ

リール竿は、全長が 1.8m 以上あれば、ほとんどの釣り場に対応する。一方、ノベ竿の場合は、繊細な渓流竿・清流竿より、廉価で丈夫な万能竿がおすすめだ。

▼ボート竿
全長2.4m程度の、振り出し式のボート竿は汎用性が高いのでおすすめ。

▶長めのリール竿
「堤防竿」などと呼ばれるリール竿は、全長が4m程度と長く、沖めを探れる。

▲ノベ竿
ウキ釣りよりも重めのオモリを使用するので、あまり繊細な竿は適さない。全長4.5m程度の万能竿が、サビキ釣りに向く。

リール竿ならなんでも使える

リール竿、ノベ竿のどちらも使えるが、足場の高い堤防から釣ったり、水深の深いところまで仕掛けを下ろしたりするには、リール竿のほうが対応しやすい。

仕掛けを遠投する必要がなく、釣れる魚が小型中心なので、釣り竿の性能はほとんど問われないが、極端に軟らかすぎると重めのオモリが使いづらく、短すぎると長い仕掛けを扱いづらくなる。

使いやすいのは、全長2.4m程度のボート竿（コンパクトロッド）。チョイ投げ釣りや簡単なルアー釣りなどにも使えるので、初心者におすすめだ。

サビキ釣りに必要な装備

寄せエサを使う釣りなので、ウキ釣り同様、コマセバケツや水くみバケツなどが必須。ハリ掛かりした魚を外す際、竿を立てかけておく竿立てなどがあると、釣りがいっそう快適になる。

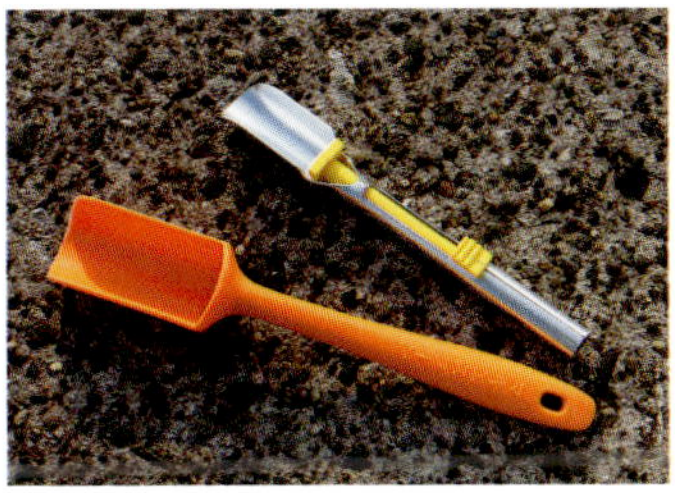

スコップ

寄せエサを、仕掛けのコマセカゴに詰めるのに便利な専用スコップ。スプーンや箸でも代用は可能。

水くみバケツ

ロープがついた折り畳み式の水くみバケツ。釣れた魚を一時的に入れておくのにも使える。

コマセバケツ

容量10ℓ程度の、フタ付きバケツを用意しよう。左はトリック仕掛け(88ページ参照)用のバケツだ。

魚バサミ

主な対象魚であるアジはヒレに小さなトゲを持つ。魚バサミでつかめば、安全に素早くハリを外せる。

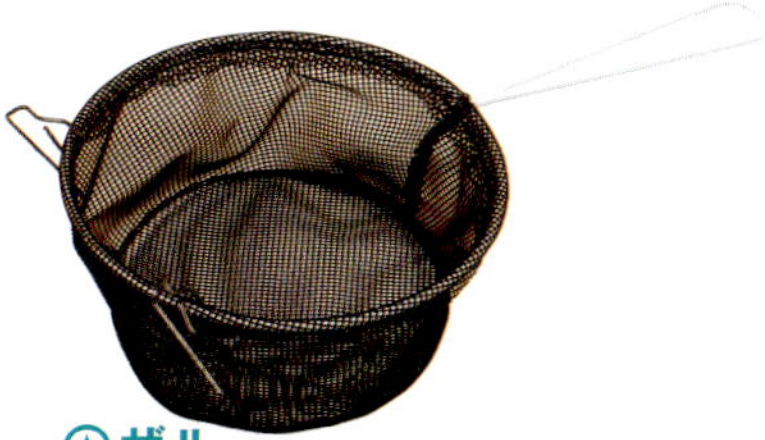

ザル

寄せエサの水分を切りたいときは、コマセバケツの上にザルをセットして、その上に寄せエサを入れる。

竿立て

畳むとコンパクトになる、三脚式の竿立て。これがあると、釣り座を機能的にセッティングできる。

寄せエサを用意する

寄せエサに使われるのはアミエビ。冷凍タイプが一般的だが、生タイプもある。半日程度の釣りでひとりが使用するアミエビの量として、1kg程度を目安にして用意しておこう。

専用寄せエサ

パックされたエサは保存が効くので、アミエビがなくなったときのために用意しておくと安心。

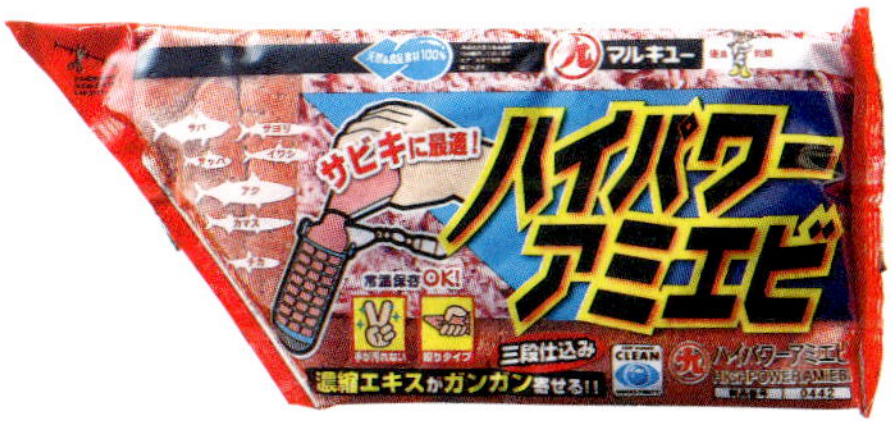

冷凍アミエビ

万能なのは冷凍アミエビ。釣り場に着いたらすぐに袋のままコマセバケツに入れて海水を注ぎ、解凍しておこう。釣り場近くの釣具店では、すでに解凍してあるものが買えることもある。ほかに、すぐに使える生タイプもある。

LINK 堤防釣りに必要な道具(➡P.22)/寄せエサ(➡P.56)

サビキ釣りの仕掛け

ポピュラーな仕掛けは、地域によってサビキ仕掛けの上にコマセカゴを付ける「上カゴ式」と、仕掛けの下にオモリ付きのコマセカゴを付ける「下カゴ式」に分かれる。どちらも知っておこう。

集魚板

仕掛けの上か下に付ける集魚板は、キラキラと輝いて魚を集める効果がある。釣れないときは試してみよう。

サビキ仕掛け

市販仕掛けを使用する。アジやイワシ狙いなら、ハリのサイズ3～6号が目安だ。

オモリ

オモリは5号前後が一般的だが、潮の流れが速いところでは10号以上も必要になる。

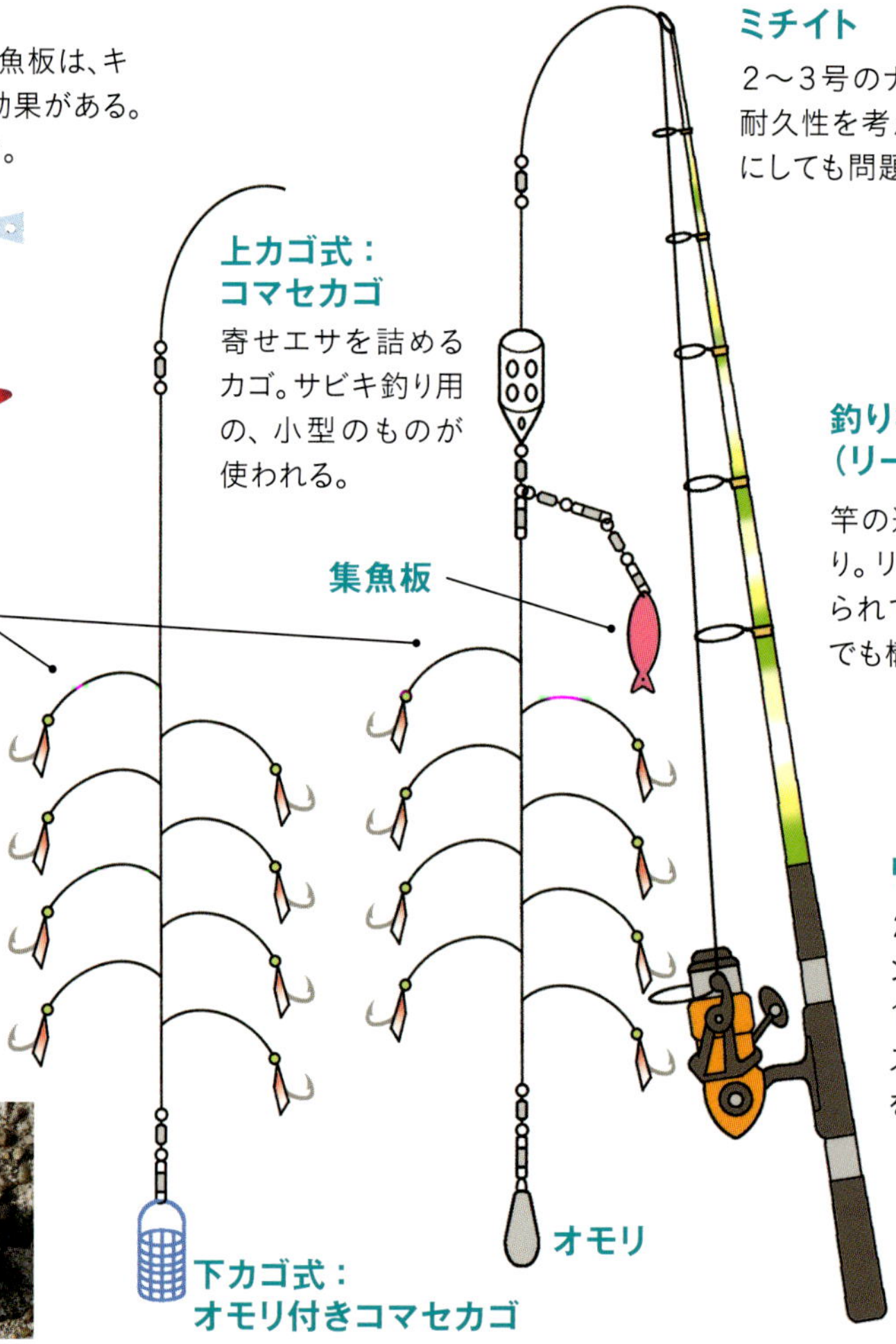
上カゴ式：
コマセカゴ
寄せエサを詰めるカゴ。サビキ釣り用の、小型のものが使われる。
集魚板
オモリ
下カゴ式：
オモリ付きコマセカゴ

ミチイト

2～3号のナイロンイトを使用。耐久性を考えて、太いミチイトにしても問題はない。

釣り竿（リール竿、ノベ竿）

竿の選び方は前述の通り。リールとセットで売られている廉価な商品でも構わない。

リール

2～3号のナイロン製ミチイトが100m程度巻けるスピニングリールを選ぶ。

STEP UP

釣れないときの「トリック仕掛け」

トリック仕掛けとは、装飾がほとんど付いていないハリに、アミエビを引っ掛けて使うもの。寄せエサばかり口にして、サビキバリに見向きもしない魚でも、この仕掛けなら一発！

アミエビ

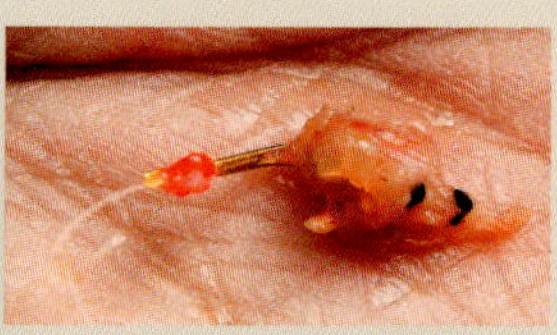

アミエビを入れた、専用コマセバケツのトレーの中に仕掛けを通し、前後に動かしてアミエビをハリに掛ける。

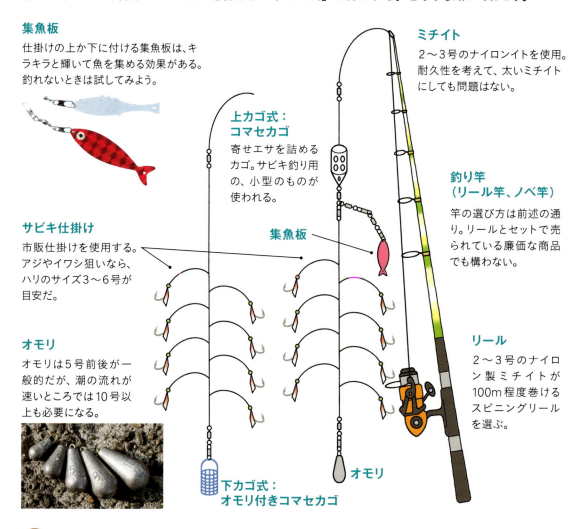

サビキ仕掛けを選ぶ

市販のサビキ仕掛けには、サイズはもちろん、装飾のタイプにもさまざまなバリエーションがある。そのときの状況によって釣れる装飾が変わることもあるので、複数用意しておこう。

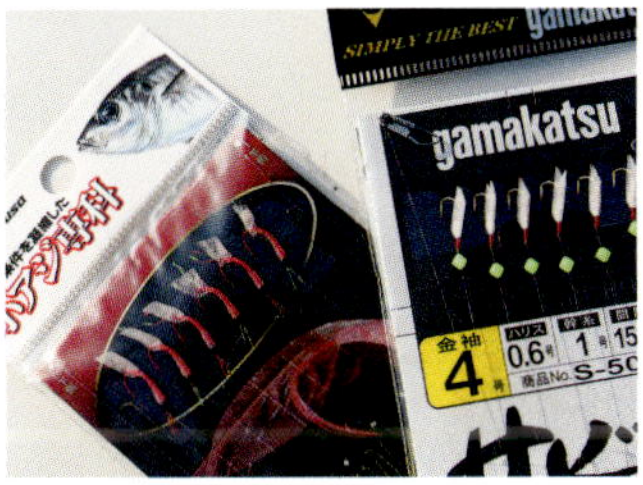

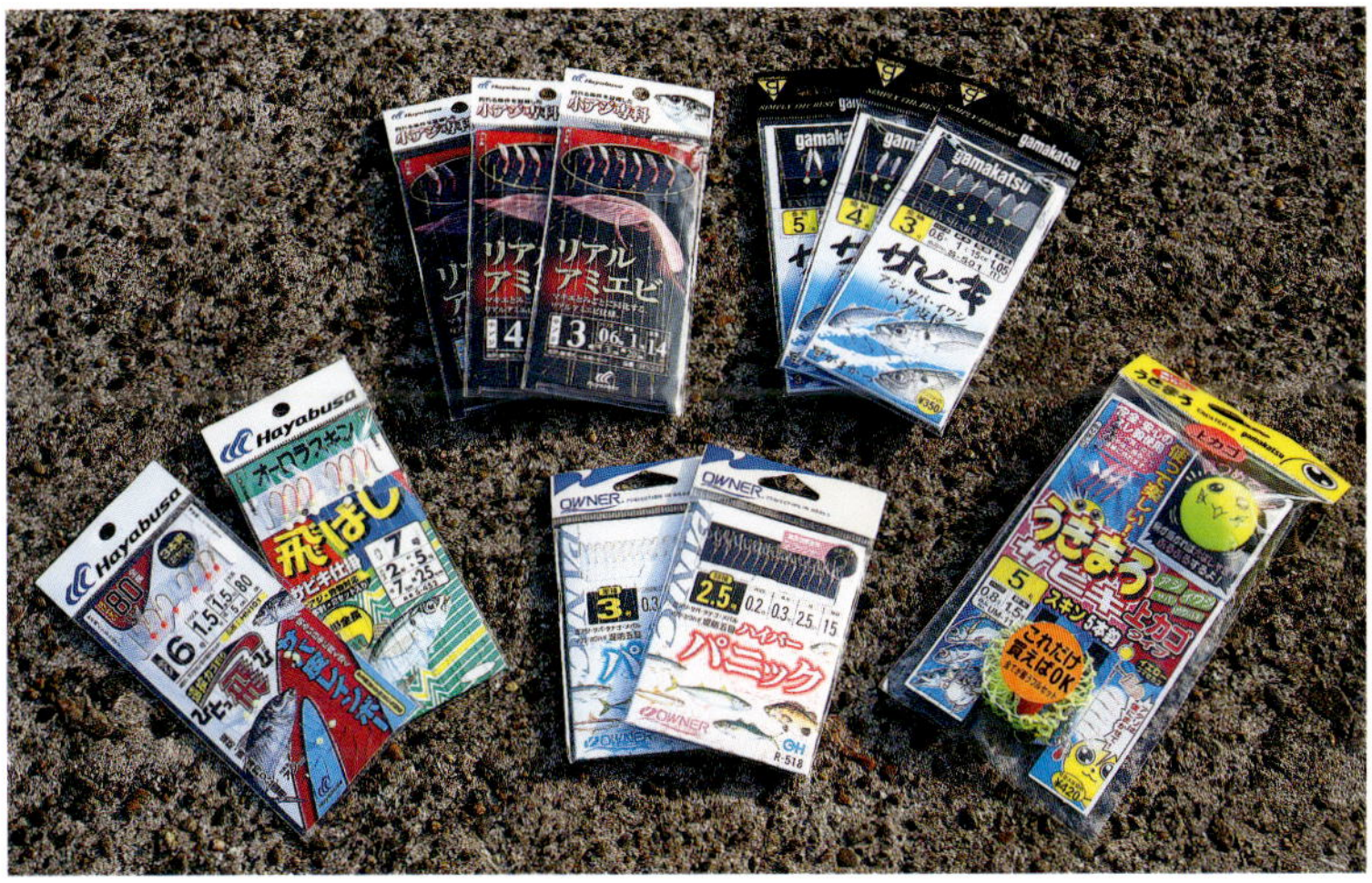

完成仕掛けのいろいろ

一般的なサビキ仕掛けにくわえ、コマセカゴやオモリまでセットになったもの、極小バリのもの、ウキサビキに適したものなどがある。ハリの装飾もさまざまだが、魚皮とスキン（上写真）がおすすめ。

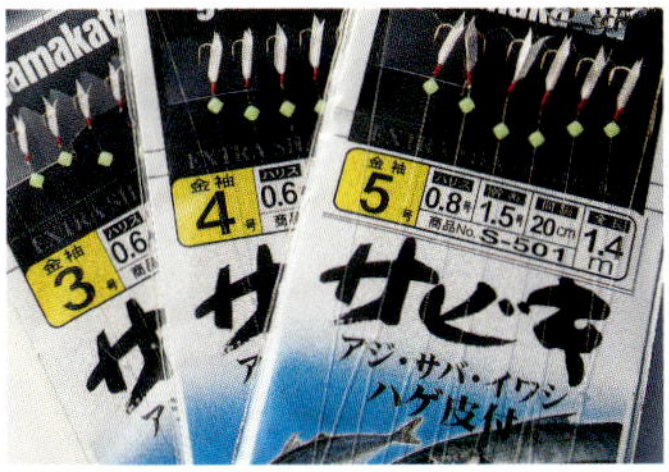

ハリのサイズとハリスの太さ

仕掛けのパッケージには、ハリやハリスのサイズが明記されているので、確認して買おう。

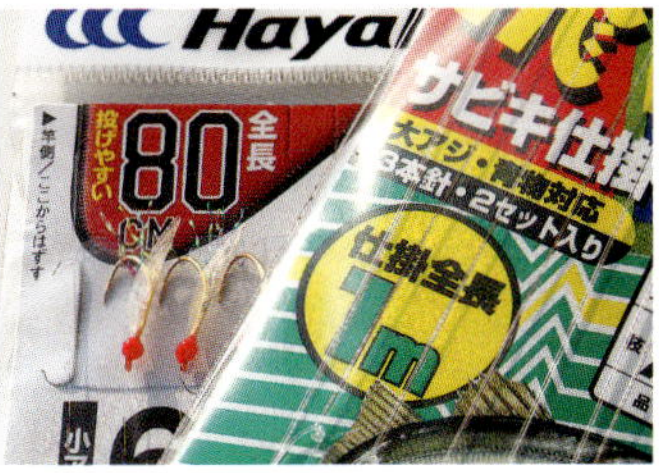

仕掛けの全長

一般的な仕掛けの全長は1.2m前後だが、短い竿でも扱いやすい、80cm～1mの仕掛けもある。

コマセカゴを選ぶ

上カゴ、下カゴいずれにもメリットがあるが、バリエーション豊富なのは上カゴタイプ。コマセカゴから出るアミエビの量を調整できる、プラスチック製のコマセカゴがおすすめだ。

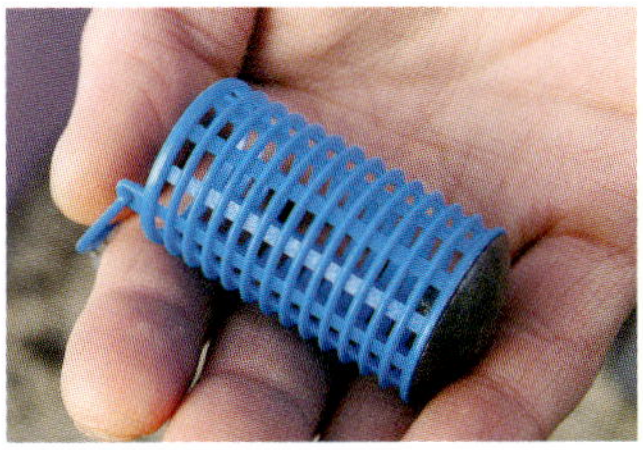

下カゴのメリット

底にオモリが付いた下カゴ。仕掛けを落とし込んでいく最中に寄せエサが効果を発揮するので、結果がすぐに出るのが利点だ。

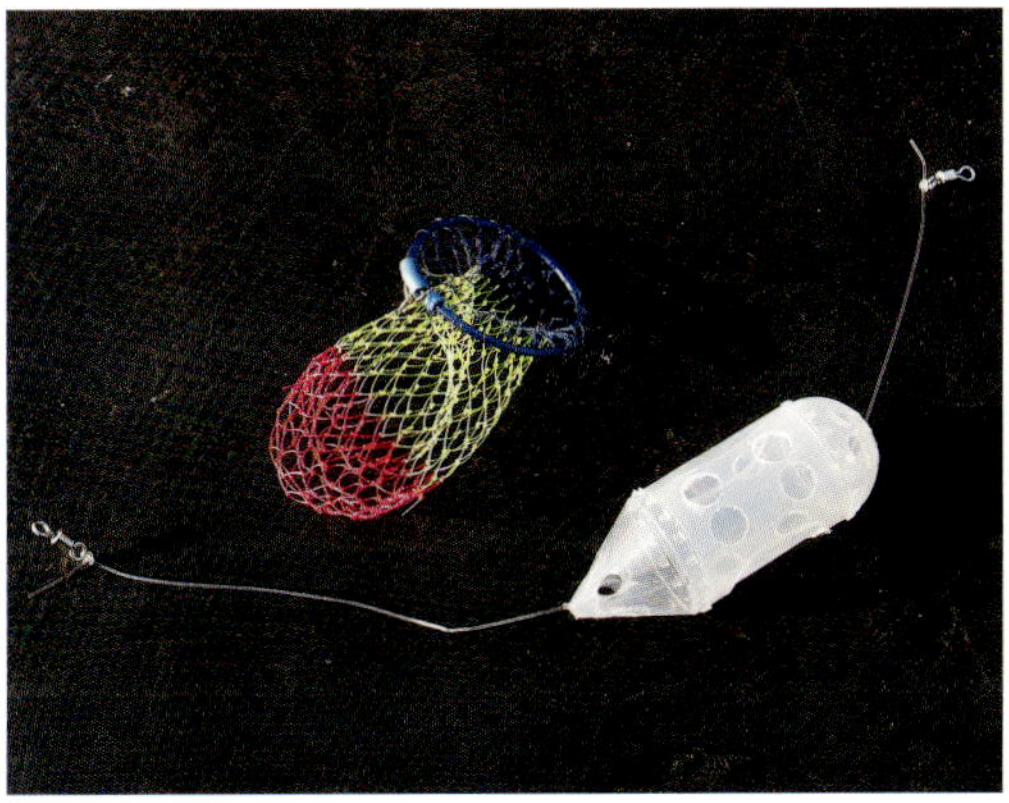

コマセカゴのタイプ

ナイロン製の網でできたタイプ（左上）がもっとも安価。プラスチック製のコマセカゴ（右下）は、アミエビが出る窓（穴）の開き具合を調整できる。閉め気味にすると、寄せエサの効果は弱まるが、長く誘い続けられる。

4-3

サビキ釣りのポイント選び

一定の潮の流れがあるところに魚は回遊してくる!

サビキ釣りの対象魚は、エサを求めて岸に近づく回《かい》遊《ゆう》魚《ぎょ》がメイン。回遊魚はよどんだ水をあまり好まないので、潮の流れがある場所が有望だ。とくにエサが溜まりやすいところが好ポイントになる。

ポイント選びのチェック事項

潮の流れがあることが第一。流れに変化が生まれているところは、とくに有望なポイントになる。釣りをするうえでは、竿先の真下に、ある程度の水深が必要だ。

▶潮が流れているところ

潮の流れは、海面をよく見るとわかる。色が変わったように見えるところは、流れが潮にぶつかったり、違う方向の流れが交錯したりして、流れの変化が生まれているところだ。

◀足元から深いところ

とくに短めの釣り竿を使っているときは、足元に魚が寄ってこないと手が出せない。訪れやすい釣り場が、足元の浅いところばかりなら、長めの釣り竿を用意しよう。

釣り場の状況をよく観察しよう

サビキ釣りの対象となる回《かい》遊《ゆう》魚《ぎょ》は、障害物に着くこともあるが、多くの場合はエサを求めて泳ぎまわっている。昨日いた魚が今日いなくなるというケースも多いので、上のチェック事項に加えて、釣れているかどうかの情報を集めることが重要になる。

釣り場に着いたら、まず水中を覗き込んでみよう。見える範囲の深さを泳ぐ魚の群れがあれば、期待度は高まる。また、ほかの釣り人の釣れ具合を観察するのも手。当然のことながら、釣れている人が多ければ、自分が釣れる可能性も高いと考えられる。

サビキ釣りの代表的なポイント

堤防の先端や外側では潮がよく流れ、内側や港内ではあまり流れない傾向がある。ただし、港内でエサとなる極小の魚などが視認できるときは、港内でも十分に釣れる。

港内

シラスなどの極小の魚は、港内に留まることが多い。これらを求めて集まる魚を狙うのも有効だ。

堤防の角

堤防に潮の流れがぶつかって変化し、対象魚のエサが溜まりやすいので、好ポイントになる。

堤防の先端

おしなべて潮の流れがよく、アジやサバなどの遊泳力が強い魚が回遊してくる頻度が高い。

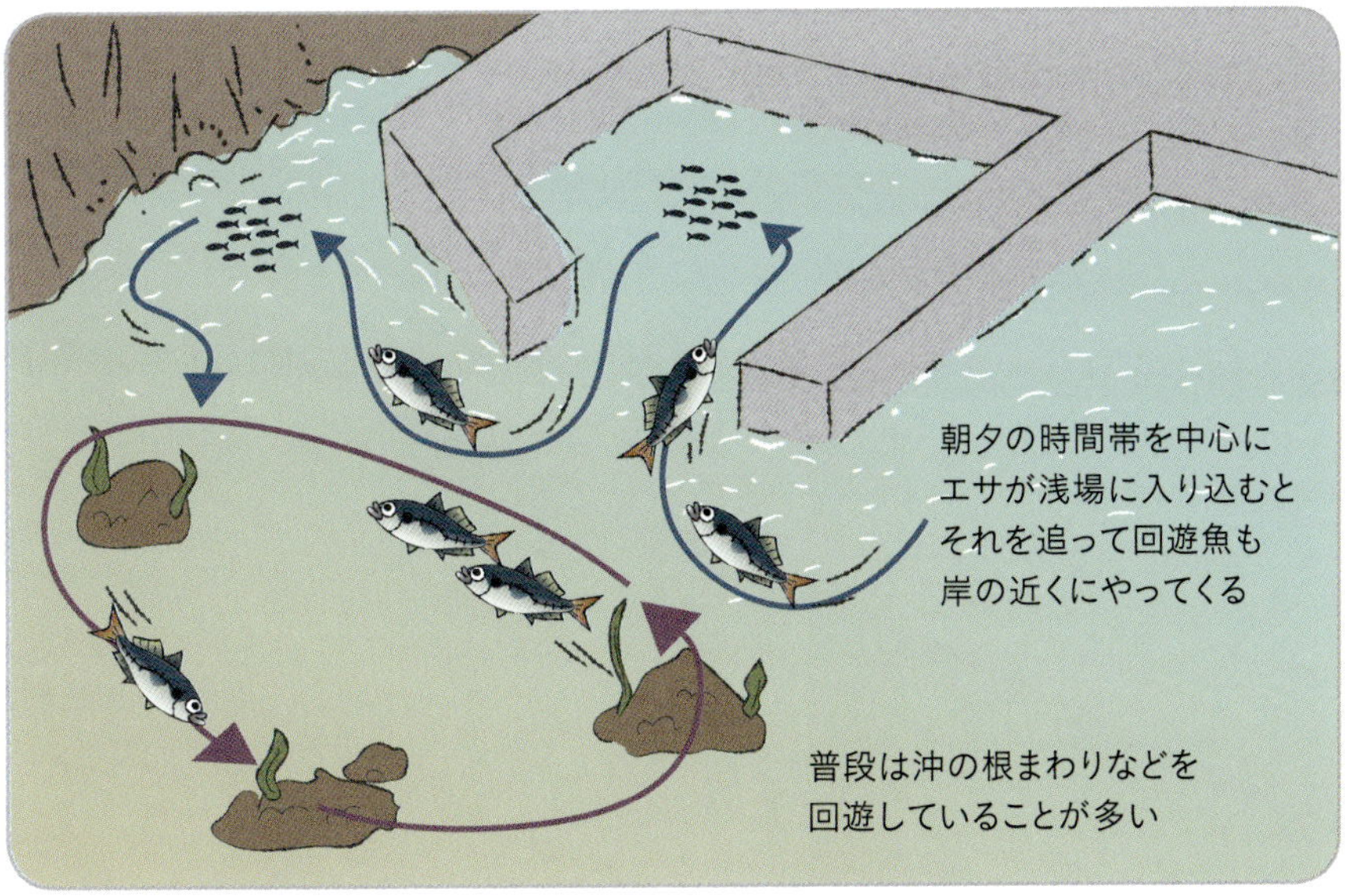
朝夕の時間帯を中心に
エサが浅場に入り込むと
それを追って回遊魚も
岸の近くにやってくる
普段は沖の根まわりなどを
回遊していることが多い

魚の回遊ルートをイメージする

エサになる小魚やプランクトンが寄りやすい堤防の周囲は、いわば魚たちのレストラン。
日中は沖や深場にいて、朝夕の光量が少ない時間帯に浅場（岸ぎわ）に入り込んでくることが多い。水深のある堤防なら、日中は深いタナ（水深）を探ってみよう。

CHECK

桟橋タイプの海釣り施設

下が抜けている桟橋タイプの海釣り施設は、足元付近の潮の流れがよいので、回遊魚を狙うサビキ釣りには最適だ。ただし、潮の流れが速すぎるところでは、重めのオモリを使用して、仕掛けが流されないようにしよう。

潮の通りがよい桟橋タイプの海釣り施設。なかには20号（75g）程度のオモリを使わないと、仕掛けがどんどん流されて釣りにならないところもある。事前に情報を仕入れておこう。

LINK 海釣り施設（➜P.42）

4-4

サビキ釣りの基本テクニック

魚が泳ぐタナをいち早く見つけるのがカギ!

回遊魚《かいゆうぎょ》は、一定のタナ（水深）を保って泳いでいる。同じ魚種であればおおまかな傾向はあるものの、潮や天候などの状況によって、タナは刻一刻と変化する。それを探し出すのが釣果のカギ。

釣り座のセッティング

繰り返し仕掛けを投入することを「手返し《てがえ》」という。手返しをよくするためには、スムーズに寄せエサを詰めたり、魚を取り込んだりできる工夫が大切だ。

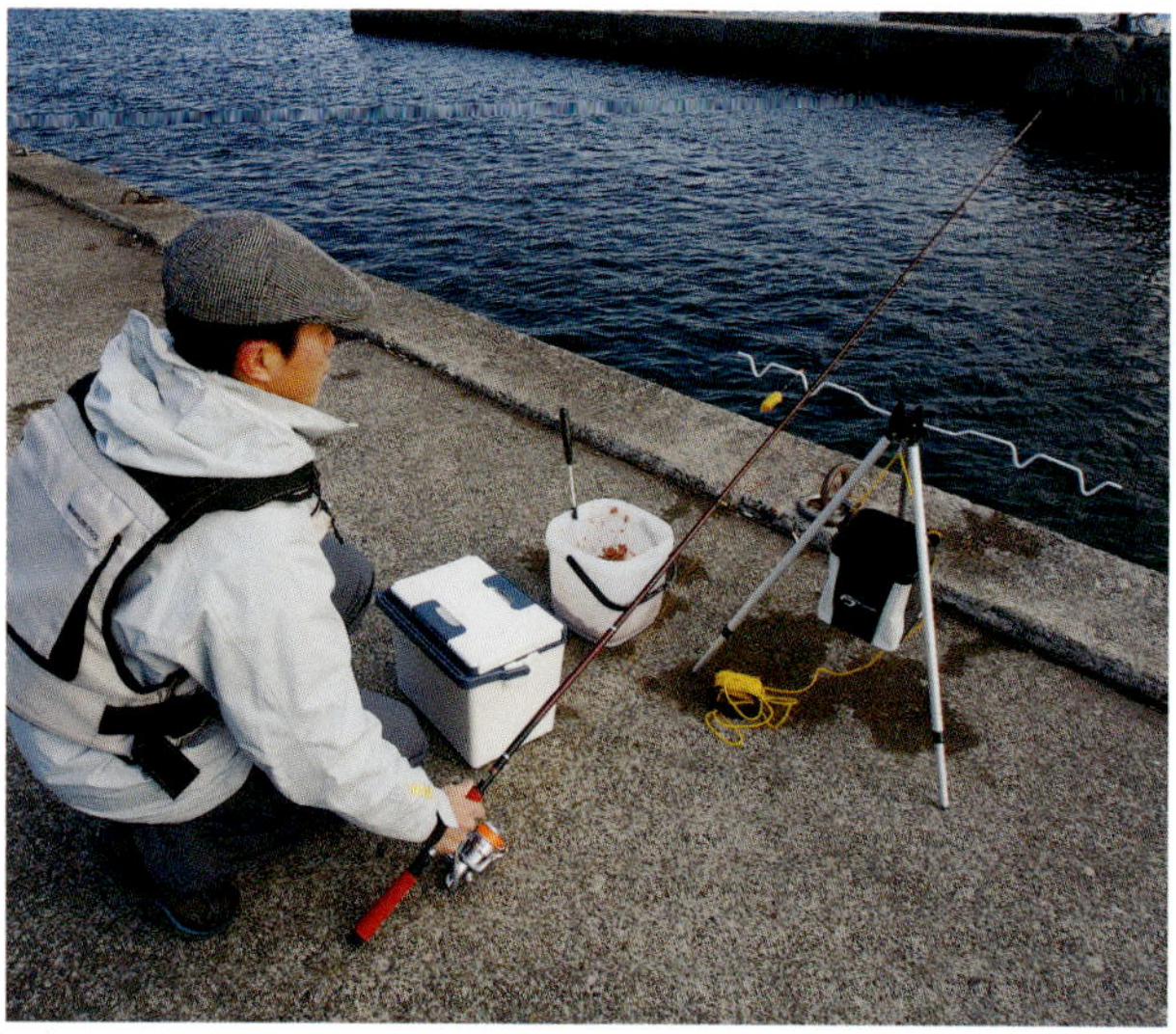

寄せエサを素早く詰められるセッティング

竿立ての近くにコマセバケツを置き、釣り竿を立てかけたらすぐにコマセカゴをコマセバケツの中に入れられるようにすると、寄せエサをスムーズに詰めることができる。

仕掛けを底まで落としてから探る

回遊魚《かいゆうぎょ》が泳ぐタナ（水深）は、魚種や、その日の状況によって変わる。目で見えるくらいの浅いタナを泳いでいれば、そこに仕掛けを下ろしてやればいいが、見えないときはいったんオモリを海底まで下ろしてから、寄せエサを振り出しながら徐々に引き上げていくのがセオリー。

一度釣れたタナを覚えておくと、効率よく釣り続けることができる。オモリが海底に着いた状態から何回リールのハンドルを巻いたところで釣れたかを記憶して、次の仕掛けの投入からは、そのタナを集中して探ろう。

釣れるタナを探るのが大切

サビキ釣りは、魚が群れているタナに仕掛けを留めることが重要だ。仕掛けを落としている最中にアタリがなければ、いったんオモリを底まで沈めて、徐々に巻き上げて探ってみよう。

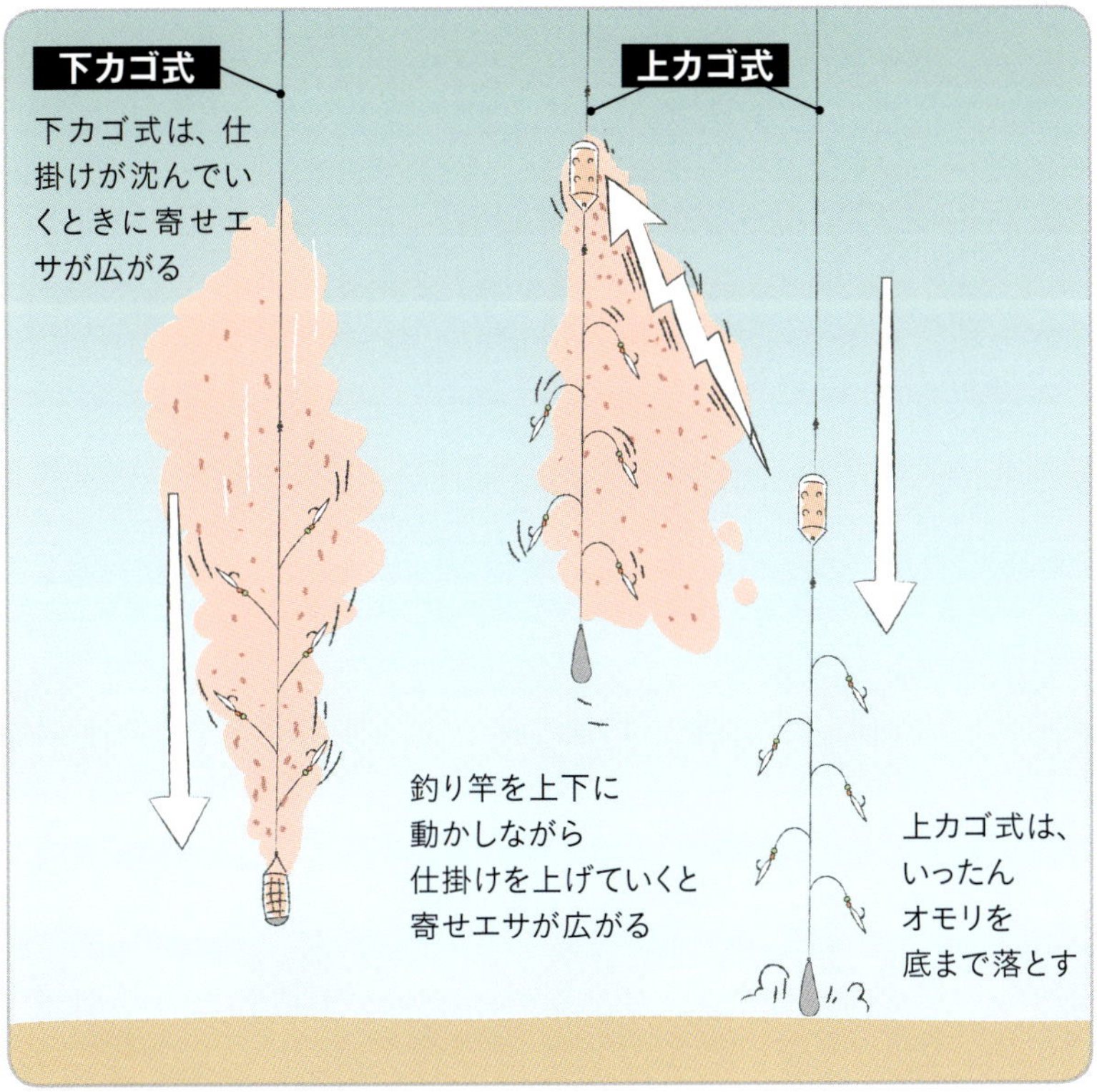
下カゴ式
下カゴ式は、仕掛けが沈んでいくときに寄せエサが広がる
上カゴ式
釣り竿を上下に動かしながら仕掛けを上げていくと寄せエサが広がる
上カゴ式は、いったんオモリを底まで落とす

仕掛けを底まで落としてから探る

上カゴ式の場合は、仕掛けを引き上げるときに、寄せエサの煙幕の中にサビキバリが入る。竿先を上下に動かしながら、仕掛けを徐々に上げよう。一方、下カゴ式は、仕掛けを下ろしている最中がチャンス。仕掛けをタナまでおろしてしばらく待ち、アタリがなければ再投入する。

掛かったハリに注目

一番下のハリばかりに魚が掛かるときは、少し仕掛けを沈め気味にすると、複数のハリに魚が掛かるようになる。

西野's ADVICE

魚種やその日の状況でタナは変わる!

魚種によってタナは異なり、たとえば、カタクチイワシとアジを比べると、前者のほうが浅いタナを泳いでいることが多い。また、大型の魚ほど深いタナを泳ぐ傾向があるので、水面近くに魚が見えているときでも、あえて仕掛けを沈めてみるといい。

また、天気もタナを変えるひとつの要因。光量が少ない朝夕や曇りの日は、全体的にタナが浅くなる。これは魚の警戒心が弱まるとともに、エサとなるプランクトンなどが水面近くに浮いてくるからだと考えられる。

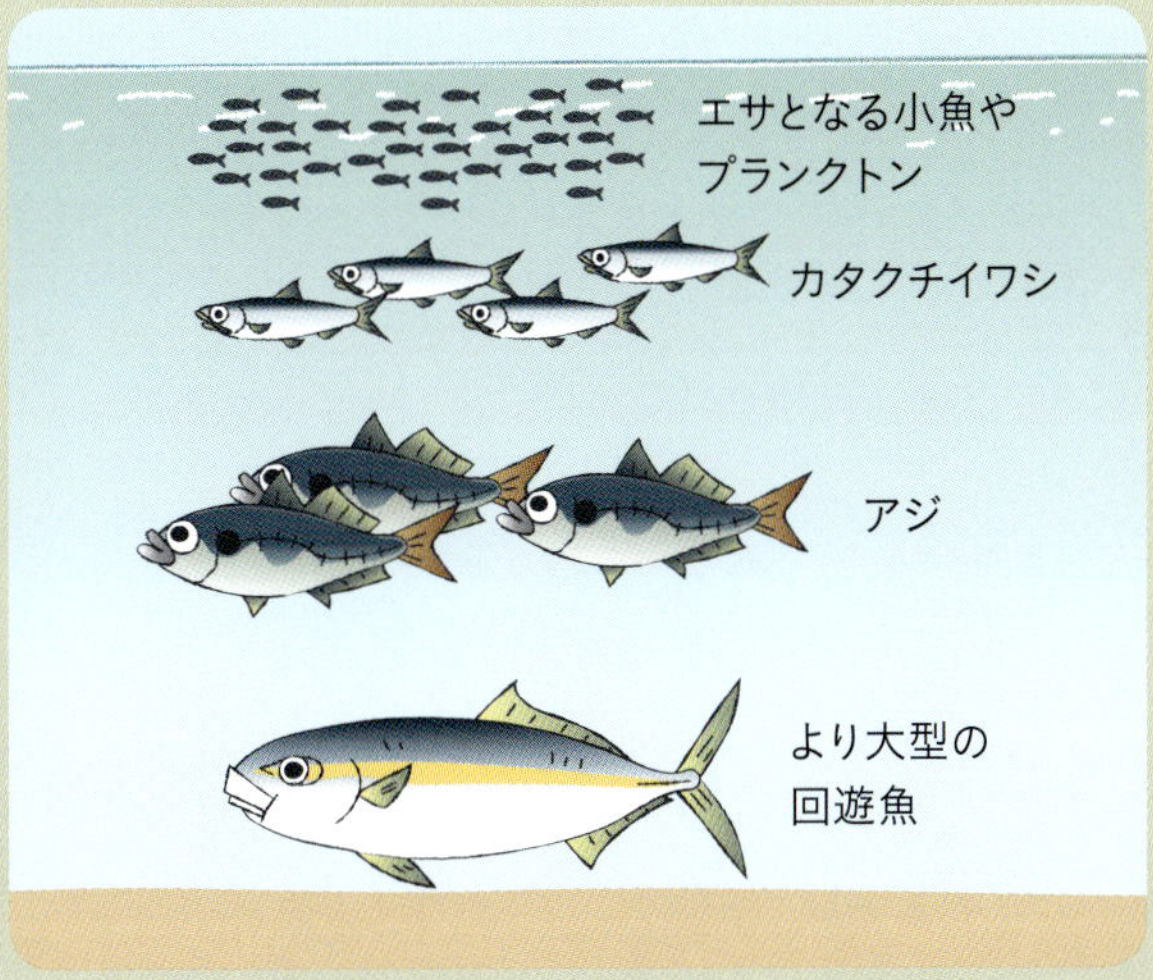
エサとなる小魚やプランクトン
カタクチイワシ
アジ
より大型の回遊魚

LINK 釣果を左右する自然条件（➔ P.37）

サビキ釣りの準備

市販仕掛けを使うのでセッティングは簡単だが、ちょっとしたコツは覚えておこう。また、コマセカゴに寄せエサを詰める作業をスピーディに行えるようになると、手返しは格段にアップする。

❶ミチイトの先端にスナップサルカンを結ぶ

ミチイトにシモリ玉（99ページ）を通しておくと、サルカンが竿の先端のガイドに引っ掛かることが避けられる。

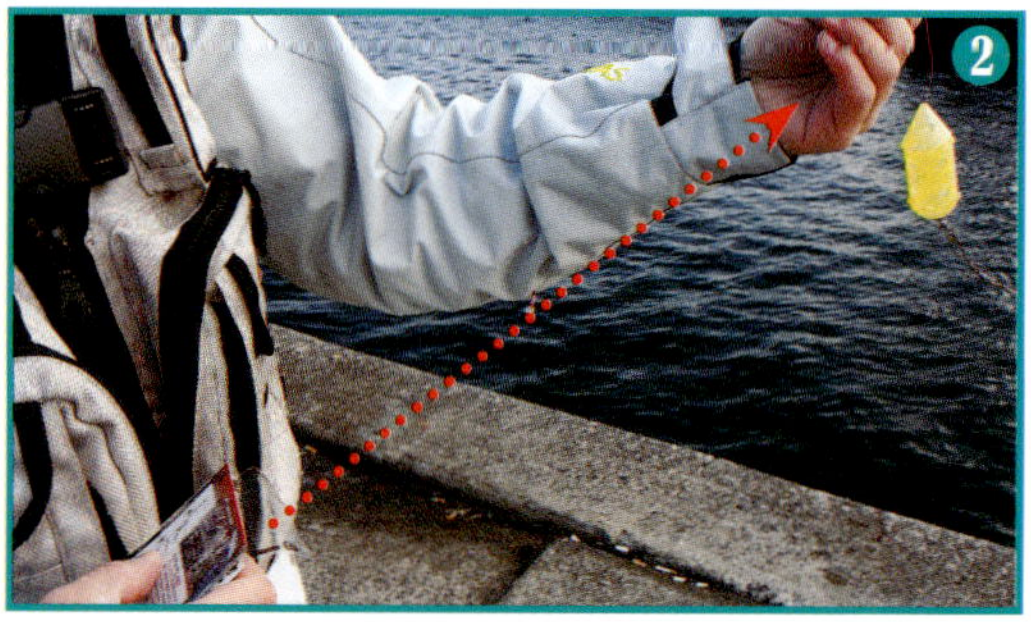

❷釣り竿に仕掛けを取り付ける

釣り竿を伸ばし、スナップサルカンにサビキ仕掛けをつなぐ。イトの折りグセは手で引っ張って直しておこう。

❸寄せエサをつくる

冷凍アミコマセは袋に入れた状態で解凍し、袋から出して、水っぽくならないよう海水を混ぜずに崩す。

❹寄せエサをコマセカゴに詰める

専用シャベルや箸、スプーンを使って、寄せエサをコマセカゴに詰める。詰める量は八分目を目安にしよう。

❺コマセカゴの穴の開き具合を調整する

プラスチック製のコマセカゴの場合は、上下のパーツをまわして、穴が半分くらい開いているようにする。

西野's ADVICE

寄せエサを調整する

アミコマセは時間がたつと水っぽくなってコマセカゴに詰めづらくなる。専用の配合エサなどを少量ずつ加えて、水っぽくなりすぎないように調整するといい。

サビキ釣りの流れ

釣れていても釣れなくても、寄せエサをコマセカゴから振り出して魚を寄せ続けることが大切。3〜4回釣り竿をあおると寄せエサがなくなるくらいに、コマセカゴの穴の開き具合を調整しよう。

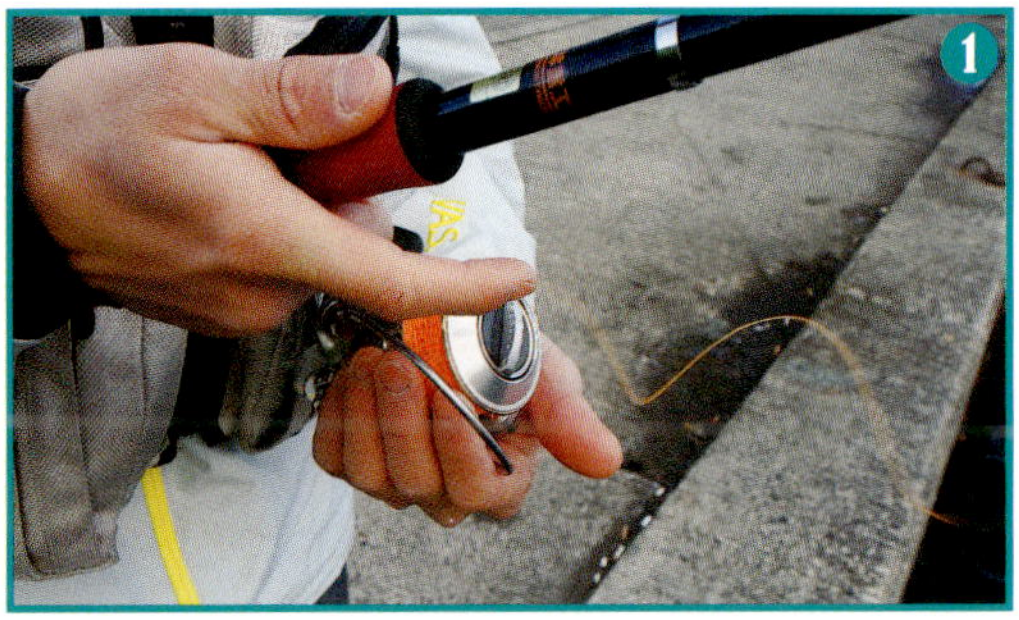

❶仕掛けを投入する

ミチイトを放出して、魚がいるタナまで仕掛けを落とす。タナがわからないときは、いったん着底させよう。

❷釣り竿をあおる

仕掛けがタナに到達したら、ミチイトの出を止めて、竿を軽く2〜3回あおって寄せエサを振り出す。

❸アタリを待つ

釣り竿をあおったら、仕掛けを数秒止めてアタリを待つ。アタリがなければ再度寄せエサを振り出して誘う。

❹アタリがあったら巻き上げる

手元にプルプルと振動が伝わったら、釣り竿を斜め上向きに構え、リールを巻いて仕掛けを引き上げる。

❺魚を取り込んでハリを外す

竿先を上げて魚を取り込む。竿を立てかけ、仕掛けを張った状態で、絡ませないように魚を外そう。

西野's ADVICE

ヒシャクで寄せエサをまくのも手!

水面近くに魚の群れが見えるときは、いちいちコマセカゴに寄せエサを詰めるより、水面に直接、寄せエサをまいたほうが効率がいい。ヒシャクは必ず用意しよう。

LINK リールの使い方（➡P.27）／ヒシャク（➡P.54）

もっと釣るためのひと工夫

仕掛けと釣り方を少し変えれば釣れ具合も変わってくる！

初心者でも釣《ちょう》果《か》が得られるサビキ釣りだが、経験者との釣果の差は大きく出るものだ。ほかの釣り人と比べて、あまり釣れていないと感じたときは、タナを見直すとともに、釣り方を工夫してみよう。

追い食いを誘う

サビキバリには、多いものは6本以上のハリが付いている。1回の投入で数多くの魚をいっぺんにハリ掛かりさせて、効率よくたくさん釣り上げよう。

釣れた魚が暴れることで
仕掛けが動いて
寄せエサが出るとともに
サビキバリが踊る
!!
!!

1匹釣れたら少し待つ

1匹ハリ掛かりすると、その魚が暴れることで仕掛けが踊り、ほかの魚への誘いになる。そのままの状態で少し待つことで、追い食い（ほかの魚が食い付くこと）が期待できる。

「多点掛け」を狙って数を伸ばそう！

1回の投入で、2匹、3匹と複数の魚をハリ掛かりさせる「多《た》点《てん》掛け」が、サビキ釣りの醍醐味。上のように追い食いを待てばよいのだが、知っておきたいコツがある。それは、重めのオモリを使うこと。オモリが軽すぎると、魚が暴れることで仕掛けが絡み、使い物にならなくなる。とくに魚の食い気があるときは、太めのハリスを使った仕掛けにしよう。

ただし、サバなどの激しく暴れる魚は、1匹ずつ取り込んだほうが、仕掛けのトラブルを避けられて、かえって数が伸びる。

タナを徐々に上げていく

大型埠頭《ふとう》など、水深の深い釣り場では、毎回底付近まで仕掛けを下ろしていると時間がかかる。寄せエサの効果で徐々に魚を水面近くに誘い上げて、手返しアップを図ろう。

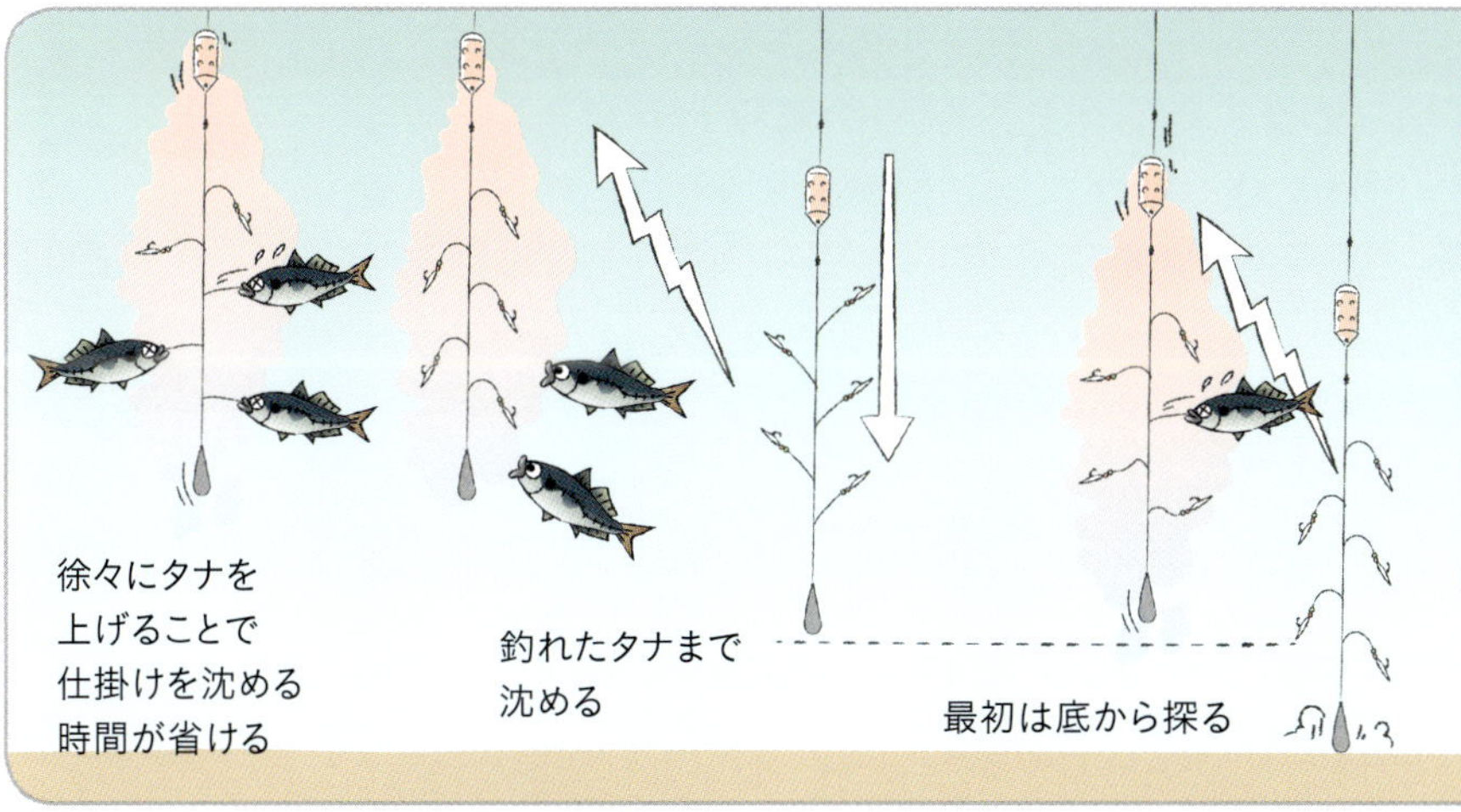
徐々にタナを
上げることで
仕掛けを沈める
時間が省ける
釣れたタナまで
沈める
最初は底から探る

タナを上げて手返しアップ!

一度釣れたら、次の投入では少し上のタナで寄せエサを振り出し、魚を浅いタナへと徐々に誘導する。これを繰り返すと、浅いタナで釣れるようになる。

仕掛けを見直す

周囲の釣り人より釣れていないときは、仕掛けを変えてみよう。異なる装飾のサビキ仕掛けを使うほか、ハリのサイズを小さくしたり、ハリスの太さが細いものにしたりするのがひとつの手だ。

オモリを変える

オモリが軽すぎて仕掛けが流されると釣りづらい。潮の流れが速いときは、2～3号重いものに交換しよう。

OWNER
スーパーパニック
OWNER
ハイパーパニック

仕掛けを変える

スキンと魚皮で魚の反応が大きく変わることがある。それでも釣れないときは、写真のような極小バリの仕掛けが有効だ。

STEP UP

「泳がせ釣り」にチャレンジ!

アジやイワシがよく釣れるエリアでは、これらの小魚を捕食するために、スズキやイナダなどの大物が回遊してくることが少なくない。釣った小魚をエサに大物を狙う「泳がせ釣り」にもチャレンジしてみよう!

79ページで紹介した底狙いに対して、スズキやイナダを釣るときは、アジやイワシのタナの少し下側を狙うのがコツ。専用のセット仕掛けもある。

LINK 魚種やその日の状況で変わるタナ（➜ P.93）

ウキサビキでステップアップ！

少し遠くを回遊する魚たちも射程に入る！

一般的なサビキ釣りでは、差し出した竿先の真下しか探ることができないが、ウキを付けて軽く投げれば、探れる範囲は圧倒的に広がる。多くの釣り場で人気の釣り方なので、ぜひマスターしよう！

ウキサビキの魅力

仕掛けを投げられるので、足元が浅い釣り場でも対応できるのが利点。また、なかなか堤防のきわまで寄ってこない群れも、ウキサビキなら狙える。

沖に魅力的なポイントが点在する釣り場では、ウキサビキのほうが安定した釣果が期待できる。また、遠投しなくても、潮の流れに乗せて足元から沖へと仕掛けを流せば広範囲を探れる。

広範囲の群れが射程に入る！

ウキサビキとは、サビキ釣りの仕掛けに大型のウキを組み合わせたもの。軽く投げることで、広い範囲を探ることができるのがメリットだ。また、足元から潮の流れがあるときは、竿下に仕掛けを落とし、ウキを潮の流れに乗せて沖を探ることもできる。

ただし、いくつか注意が必要。まず、ほかの釣り人の仕掛けと絡まないよう、正確に投げること。ほかの人の仕掛けが潮に乗ってどう流れていくかも観察しよう。とくに混雑した釣り場では、隣の釣り人と十分な間隔をおいて釣り座を決めること。

ウキサビキ仕掛けのパーツ

まずは市販の完成仕掛けを使ってみよう。これで仕掛けの構成を理解して、次からは自分でセットしてみる。ベテラン釣り人が使っているウキやサビキ仕掛けを参考にするのもいい。

SASAME

使用するウキ

浮力が強く、遠くでもよく見える大型のウキが使われる。夜釣り用に、化学発光体をセットできるタイプもある。

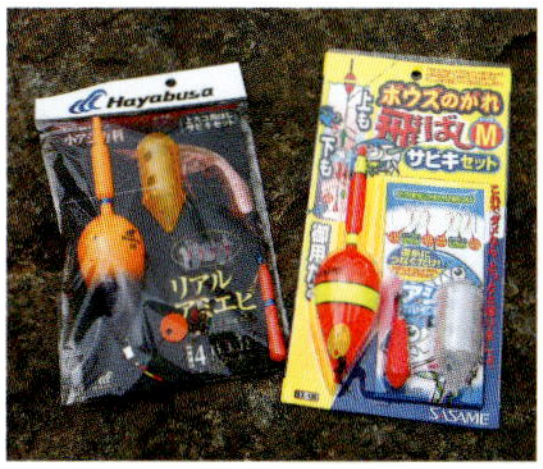
Hayabusa
SASAME

市販の完成仕掛け

「飛ばしサビキ」などという名前で売られている完成仕掛け。まずはこれを使おう。

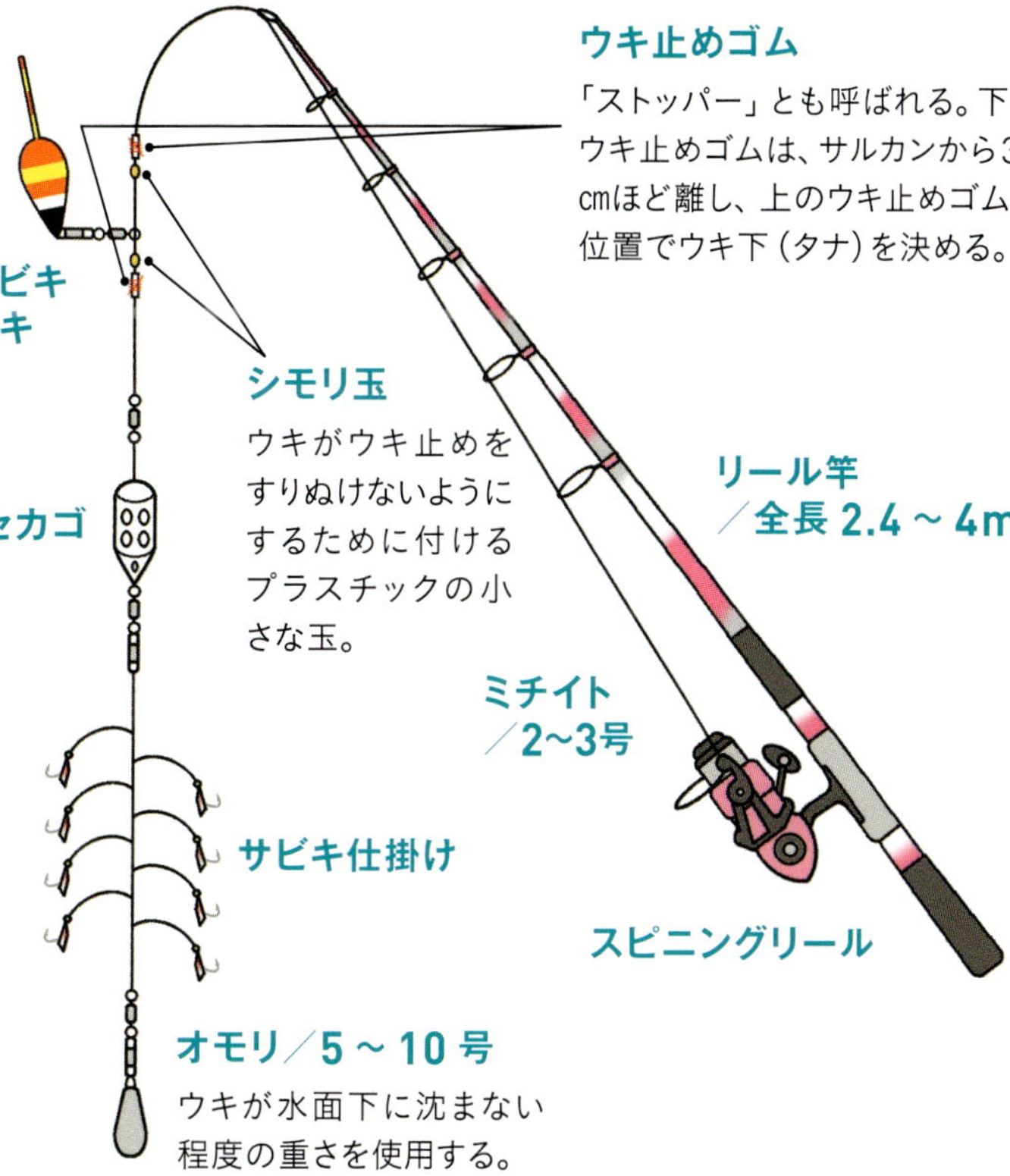
ウキサビキ専用ウキ
コマセカゴ
サビキ仕掛け
スピニングリール
ミチイト／2~3号
リール竿／全長 2.4 ~ 4m

ウキ止めゴム

「ストッパー」とも呼ばれる。下のウキ止めゴムは、サルカンから30cmほど離し、上のウキ止めゴムの位置でウキ下（タナ）を決める。

シモリ玉

ウキがウキ止めをすりぬけないようにするために付けるプラスチックの小さな玉。

オモリ／5 ~ 10 号

ウキが水面下に沈まない程度の重さを使用する。

ウキサビキのコツ

投げ方は難しくないが、無理して遠投しようとするとトラブルが起きやすい。釣り方自体は一般的なサビキ釣りと同様。釣り竿をあおって寄せエサを振り出し、魚を集めることが大切。

釣り竿をあおる

仕掛けがタナに到達したら、竿を大きくあおって寄せエサをコマセカゴから振り出す。これをときおり行いながら流そう。

仕掛けの投入はふんわりと

飛距離よりも正確性を重視して、肩の力を抜いて投入する。仕掛けの着水直前にミチイトの出を止めるのを忘れずに。

LINK 仕掛けの投入方法（➜ P.29）

COLUMN 04

沖堤防へ行ってみよう!

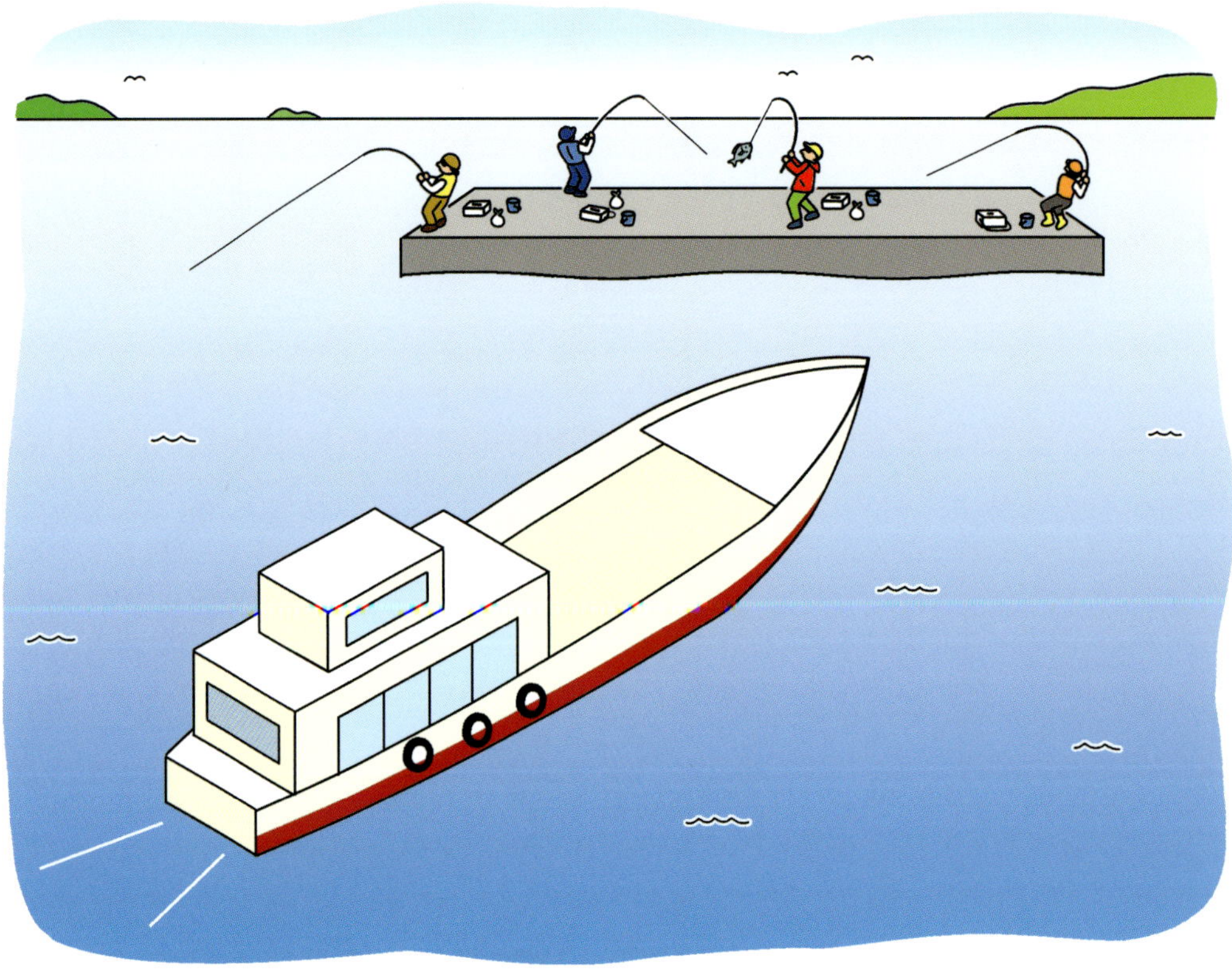

沖堤防とは、その名の通り、歩いて渡ることができない、沖に設置された堤防のこと。おしなべて潮がよく当たり、釣り人の数も少ないので、地続きの堤防より高い釣果が期待できる。

沖堤防へは渡船を利用して渡る。料金は場所（港からの距離）などにより、大人ひとり1,000〜3,000円といったところ。子どもや女性に割引料金を設定しているところもある。沖堤防へ向かう、ほんのちょっとのクルーズが、気分を盛り上げてくれる。

渡船の利用にはいくつか注意がある。乗船時刻に遅れないことはもちろんだが、予約の要不要、ライフベストや履物といった装備の制限など、はじめてだと戸惑うこともあるので、事前に説明を受けておこう。また、沖堤防にはトイレがないのが普通。渡船を近くに停めて、船のトイレを利用させてくれるところもあるが、食事や飲み物の面倒までは世話してくれないと考えたほうがいい。

もっとも、こうした問題も、一度利用して理解すれば気にならなくなる。堤防釣りに慣れてきたら、ステップアップの場として、沖堤防に訪れてみてはいかがだろうか。

PART 5

ルアー釣り入門

人工的につくられたルアー（擬餌《ぎじ》バリ）を、自分で操作して魚を誘うのが、ルアー釣りの醍醐味。上達すればするほど釣果《ちょうか》がアップするのが楽しい。活きエサを触ることに抵抗のある人にもおすすめ！

5-1

ルアー釣りの魅力とは

積極的に魚を誘って食いつかせるのが醍醐味!

人工的なルアー（擬餌《ぎじ》バリ）を、釣り竿やリールの操作で動かし、魚を誘うのがルアー釣りのおもしろさ。ルアーを思い通りにアクションさせ、魚が食いついたときの満足度はとても高い。

竿先を小刻みに動かしたり、リールのハンドルを巻くスピードを変えてみたり。ルアー釣りは、さまざまな操作をしてルアーをアクションさせる、エサ釣り以上にアクティブな釣り方といえる。

テクニックを駆使して魚を誘う楽しさ

ルアーとは、金属やプラスチックなどでつくられた擬餌《ぎじ》バリのこと。多くのルアーは放っておくだけではアクションせず、臭いなどもしないので、釣り人が積極的に動かし、魚を誘わなければ釣れない。ここがエサ釣りと大きく異なる点であるとともに、この釣り方の魅力につながっている。

また、活《い》きエサを使う釣りでは、釣りに行く前に毎回エサを購入する必要があるが、ルアー釣りでは道具をそろえてしまえば、釣具店に寄らずに釣り場に直行できる。思い立ったらすぐ釣りに行けるのも、この釣りのよさといえる。

代表的なルアー釣りの対象魚

ルアーが模している小魚などをエサとする魚が主な対象魚。軟らかい素材でできたソフトルアーであれば、虫《むし》エサやエビ、カニなども模すことができるので、対象魚の幅が広がる。

▲メバル

根まわりに群れるメバルは、体長3～5㎝の小魚やエビ、カニなどをエサにする。軽量なタックル(釣り道具)で楽しめ、とくに夜間に釣りやすくなる。

▼アジ

メバルと並び、専用のルアー竿があるくらい人気の対象魚。夕方から明け方にかけての暗い時間帯が狙い目。

▶アオリイカ

エギ(餌木)と呼ばれる、日本古来の擬餌バリで釣れる。コウイカやカミナリイカなどとともに、食べておいしい人気の釣りもの。

▲カサゴ

根や岩礁の隙間などに棲息し、近くを通るルアーに積極的に食いついてくるどん欲な魚。

◀ムラソイ

カサゴと同じく障害物まわりを好む。夏場はより浅いところにいるので、釣りやすくなる。

▼スズキ

海のルアー釣りを代表する魚。最大で体長1mほどにもなる。港湾など、都市部から近いところで釣れる、意外と身近な対象魚。

▲小型回遊魚

ワカシやソウダガツオ、サバなどの小型回遊魚は、小魚を積極的に捕食する。主に夏から秋にかけてが好シーズン。

LINK 堤防釣りの対象魚(➜P.13)／堤防釣りの基本的なポイント(➜P.16)

ルアー釣りの竿を選ぶ

汎用タックルがおすすめ。対象魚に合った長さを選ぼう！

チョイ投げ釣りに使うボート竿なども使えるが、おすすめはルアー釣り専用竿。狙う魚に応じて、ルアー竿の長さや強さは決まってくるが、初心者は取りまわしのよい短めのルアー竿を選ぼう。

ルアー竿の種類

メバルやアジ、アオリイカなどには専用竿もあるが、対象魚が決まるまでは、ブラックバス用やスズキ用などの、対応範囲の広いルアー竿がおすすめ。

▼短めのルアー竿
全長6フィート（1.8m）前後の、軟らかめのルアー竿。メバルやアジ、カサゴなど、小型の魚に対応する。

▶長めのルアー竿
全長8〜9フィート（2.4〜2.7m）のスズキ用ルアー竿。スズキや小型回遊魚、アオリイカといった、パワフルで、ルアーを遠投する必要性が高い対象魚には、これくらいの長さと硬さがあるといい。

汎用性の高いルアー竿ではじめよう

最初から「アジしか狙わない」「アオリイカが釣りたい」と、対象魚が明確になっているのなら、専用竿が一番。だが、まだそこまで考えが及んでいない初心者には、汎用性の高いタックル（釣り竿とリール、ミチイト）をおすすめしたい。上のような2タイプがあれば、多くの魚種を狙うことができるはず。

汎用タックルは廉価だが、安価すぎるものは品質に不安がある。タックルは、ルアーを積極的に操作するために大きな役割を果たすので、ルアー竿とリールで合計1万円以上を目安にしよう。

ルアー竿選びの基準

重いルアーを遠くまで飛ばしたり、大型の魚を狙ったりするなら、長く、強い（硬い）ルアー竿が必要だ。価格の違いはパーツなどのつくりに反映されるので、よくチェックしよう。

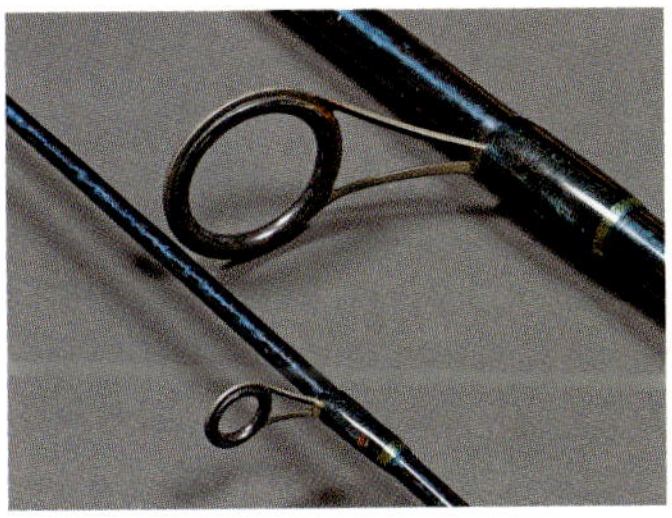

パーツのつくり

ガイドの品質は重要。耐久性に優れた「SiC」などの高性能ガイドを採用した釣り竿がおすすめだ。

強さ

ルアー竿の強さは、さまざまな基準で表示される。釣具店でよく説明を聞いて購入するのがベストだ。

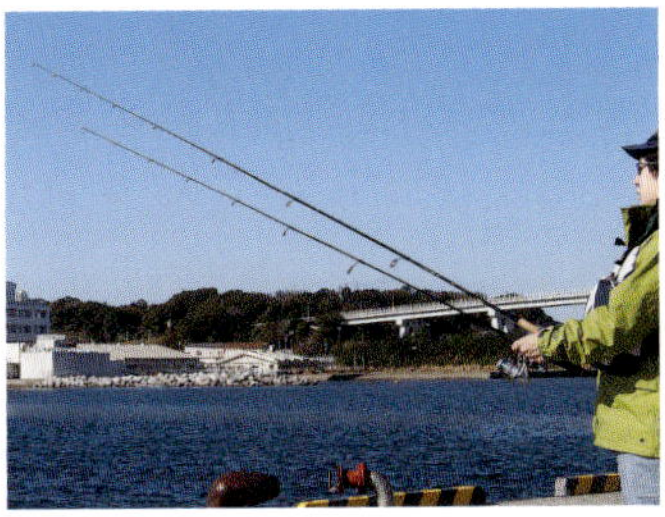

全長

初めてルアー釣りをするなら、短めの竿（写真下）がおすすめ。取りまわしがよく、基本を習得しやすい。

西野's ADVICE

ミチイトはまめに交換

キャスト（仕掛けの投入）とリーリング（リールのハンドルを巻いてミチイトを巻き取ること。リトリーブともいう）を繰り返すルアー釣りでは、エサ釣り以上にミチイトの消耗が激しい。ナイロンやフロロカーボンのミチイトは、定期的に交換しよう。PEは耐久性が高いので、通常の使用なら1～2シーズンはもつが、0.6～0.8号といった極細のものは、そこまでもたない。とくに障害物まわりを探る釣りでは、ミチイトが擦れて傷つくことが多いので、こまめに交換したい。

ミチイトを購入する際に、リールを持ち込めば、巻いてくれる釣り具店は多い。自分で巻くときは、写真のような専用器具があるときれいに巻ける。

リールとミチイト

汎用性の高いスピニングリールがおすすめ。ミチイトはナイロン製が、初心者には使いやすい。

リールのサイズ

小～中型のスピニングリールを選ぶ。巻けるミチイトの量のほか、リール竿とのバランスも大切なので、釣具店のスタッフとよく相談して決めよう。

ミチイトのタイプ

用途に応じてナイロン、フロロカーボン、PEラインを使い分けるが、最初はしなやかで扱いやすいナイロンがいい。ただし、遠投したいなら断然PEが有利だ。

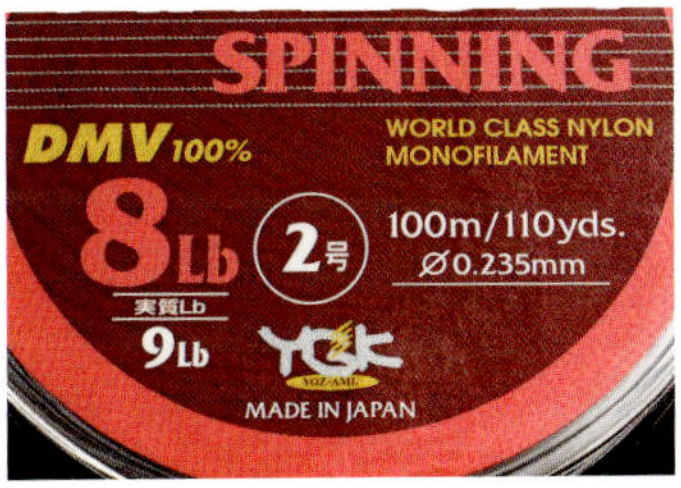

ミチイトの太さ

ナイロンやフロロカーボンは、強度が表示されているのが一般的。写真で「8lb」と表示されているのは、8ポンド（おおよそ4kg）の荷重に耐えるという意味だ。

LINK PEライン（➡P.69）／釣り竿の強さ（➡P.49）

ルアーの選び方と使い方を理解しよう!

ルアーの特徴や性能を理解して対象魚に合ったものを選び、状況に合わせて使い分けることが、ルアー釣りの難しさであり、おもしろさでもある。まずは基本的な分類から覚えていこう。

ルアー釣りの仕掛け

仕掛けはシンプル。ただし、ミチイトにPEラインを使用するときは、1～1.5mほど、ナイロンやフロロカーボンの先イト（リーダー）を結んだうえで、ルアーを接続する。

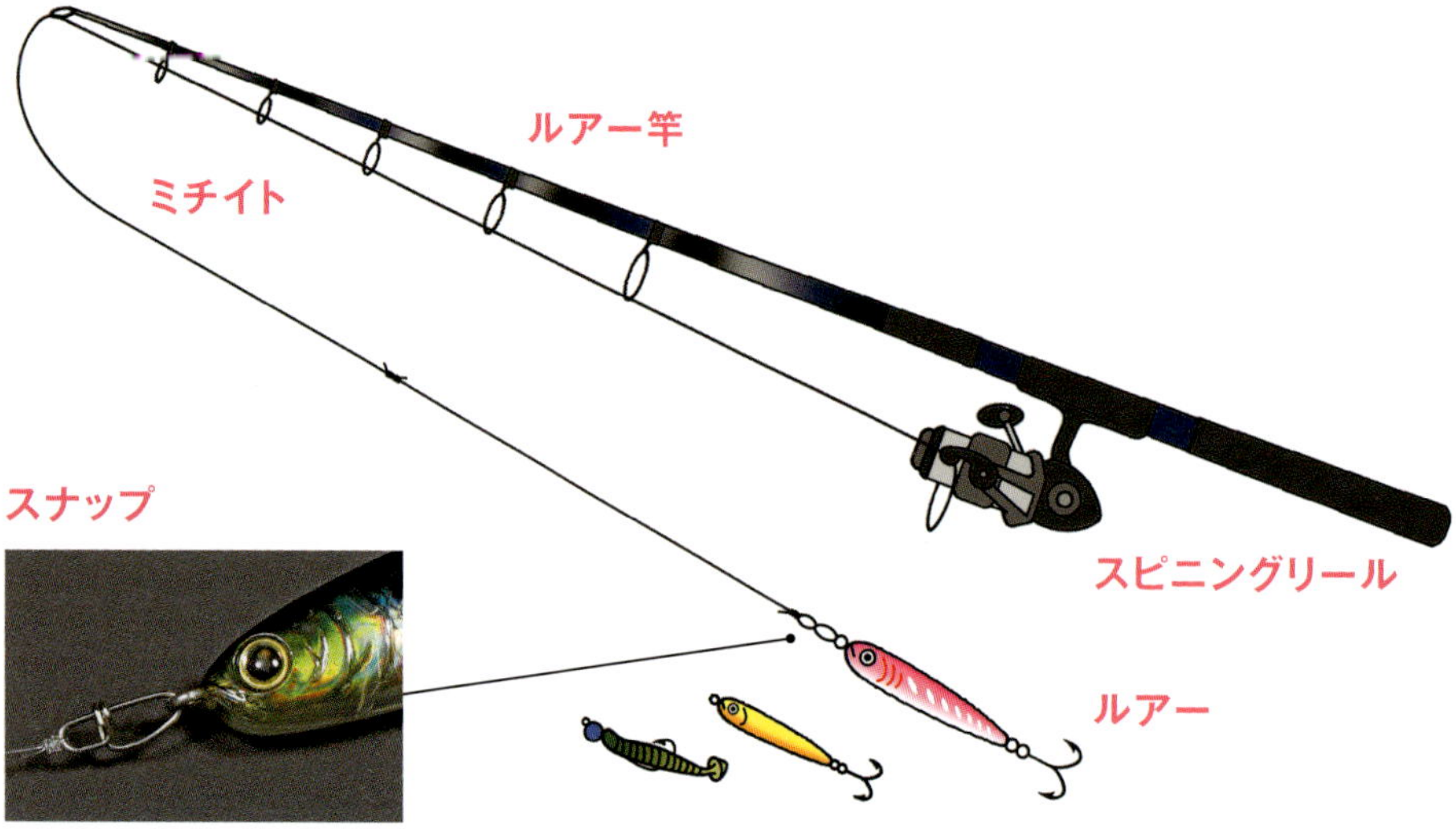

多彩なルアーを使いこなそう!

ルアーにはさまざまな種類があるので、初心者には、どれを選んだらいいのか見当もつかないもの。初めてルアーを購入するなら、ルアー釣りに詳しい釣具店へ行き、釣り場や釣りたい対象魚を伝えて、店員さんにおすすめのルアーを教えてもらうのがベストな方法といえる。

大切なのは、購入時に、そのルアーの特性（浮くのか、沈むのか、どれぐらいのタナを泳ぐのか、など）や、基本的な使い方を聞いておくことだ。あとは釣り場で実際に使ってみて、一種類ずつ使いこなせるようになろう。

堤防釣りで一般的なルアーのタイプ

下の3タイプのうち、手軽に使えるのはソフトルアー。とくにメバルやアジ、カサゴ狙いでは多用される。どのタイプでも、魚が食べているエサの大きさに合わせてサイズを選ぶのが基本。

メタルジグ

鉛でできた、サイズの割に重いルアー。遠くまで飛び、速く沈む。小型回遊魚狙いでよく使われ、より深いタナを探るときにも有効だ。遠投できるのが最大のメリット。

ミノープラグ

小魚の形をしたルアー。放っておくと浮くタイプ・沈むタイプのほか、リールを巻くことで潜る深さが異なるタイプが各種ある。バイブレーションプラグ（119ページ）は、比重が高いので、より深いところも探れる。

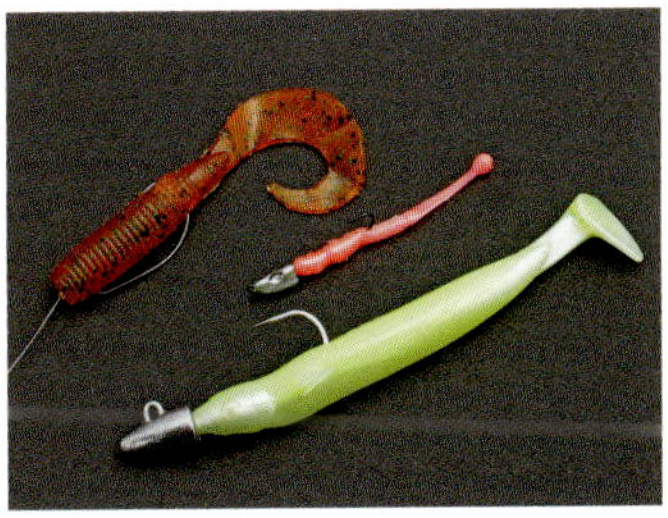

ソフトルアー

軟らかい素材でできたルアー。形状はさまざま。ジグヘッドと呼ばれるウエイト付きのハリ（中・下）をセットして使うことが多い。組み合わせるジグヘッドや、スプリットショットリグ（108ページ）のガン玉の重さを変えることで、さまざまなタナを探れる。

それぞれのルアーの特徴

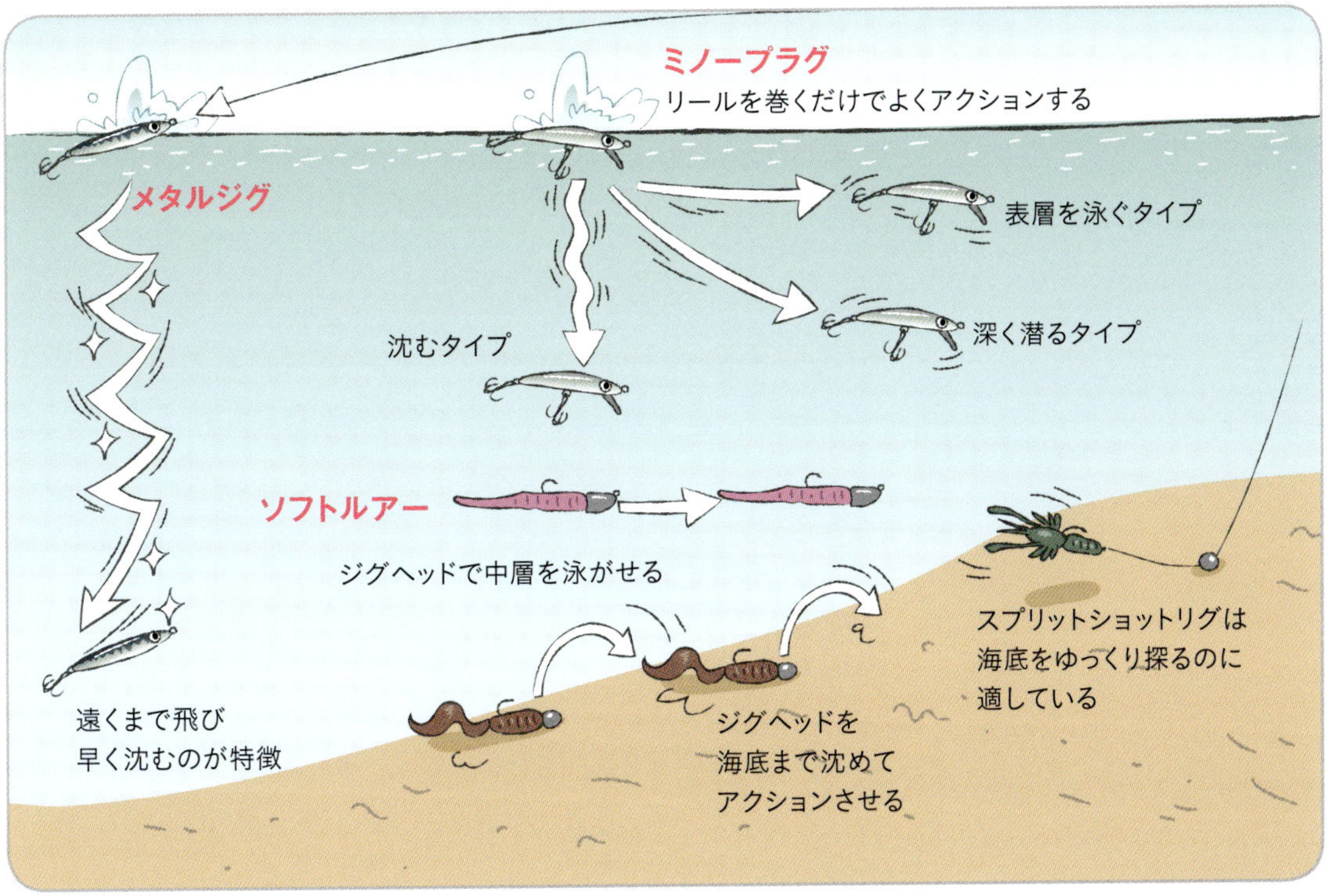

ラインシステムの組み方

ミチイトにルアーを直接結ぶのではなく、先イト（太めのナイロンなどのイト。リーダーとも呼ぶ）を介してつなぐことを、「ラインシステムを組む」という。その方法を解説しよう。

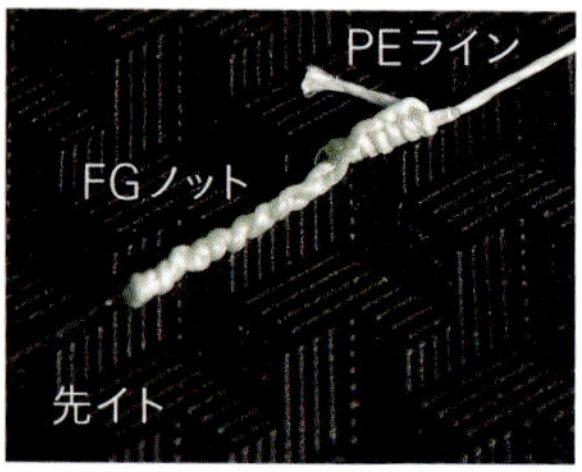

PEラインを使うときは先イトを結ぶ

たとえば1号のPEラインを使用するときは、16～20ポンド（おおよそ4～5号）の先イトを結ぶ。先イトには、伸びがあってクッションの役割をしてくれるナイロンがおすすめだ。先イトの適切な長さは、釣りものによって異なるが、1～1.5mを目安にしよう。

先イトの結び方にはさまざまなものがあるが、代表的なのは右のイラストの「FGノット」だ。

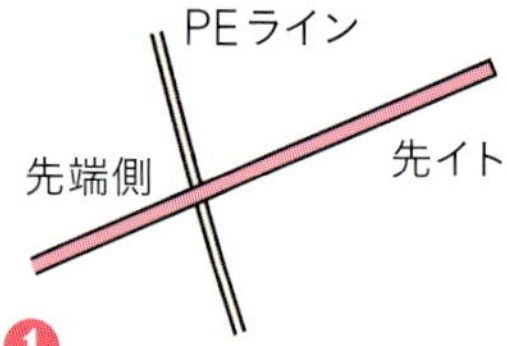

❶
PEラインを軽く張った状態にして、先イトと交差する。PEラインの結びしろは30cm程度とっておく。

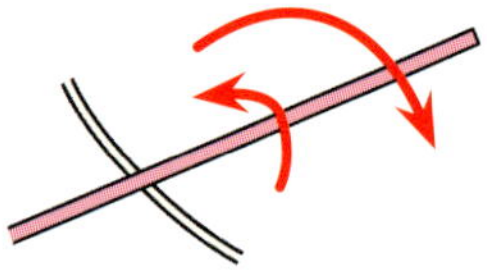

❷
PEラインの下側を先イトの上に、PEラインの上側を先イトの下に移動して巻き付ける。

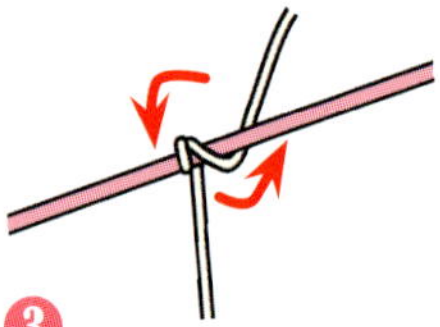

❸
PEラインの下側を先イトの下を通して上に、PEラインの上側を先イトの裏を通して下に移動して巻き付ける。

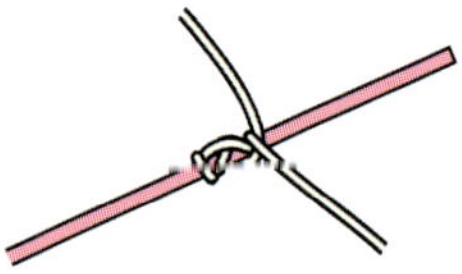

❹
❷～❸を繰り返す。最初の数回は、巻き付け部分が緩みやすいので、ズレないように注意。

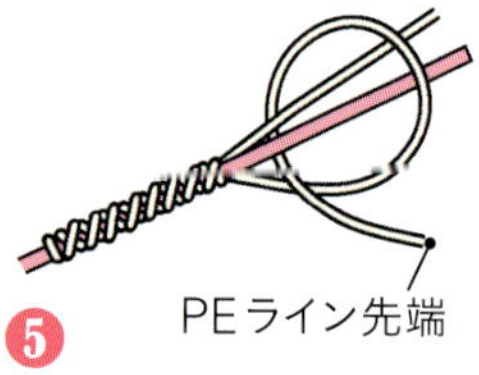

❺
10～15回巻き付けたら、先イトの先端とPEラインの本線を束ねて、PEラインの端イトで結び止める。

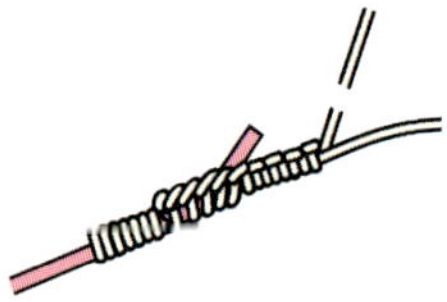

❻
PEラインを引き絞り、❺の結びを10回ほど行って、先イトの余りをカット。最後にPEラインの余分をカットする。

ソフトルアーのセット方法

ソフトルアーは、専用のハリを装着して使うのが一般的。ハリには、オモリが付いている「ジグヘッド」と、付いていない「ワームフック」がある。それぞれの基本的なセット方法を覚えておこう。

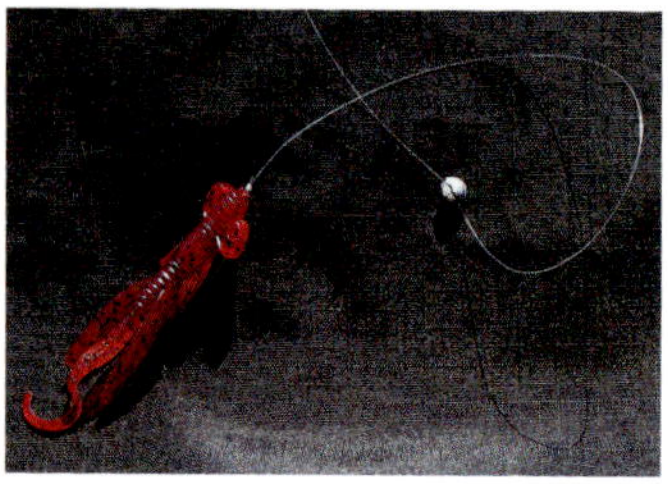

ガン玉を使うスプリットショットリグ

スプリットショットリグとは、ソフトルアーをワームフックに刺し、フックの上10～30cmのところにガン玉を取り付けた仕掛けのことだ。

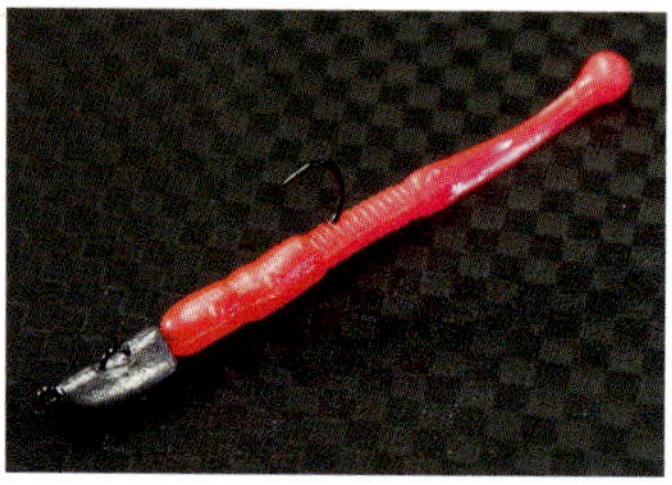

ハリにまっすぐ刺すのが重要

ソフトルアーが曲がった状態でハリを刺すと、使用中に回転したり、きちんとアクションしなくなったりする。必ずまっすぐ刺そう。

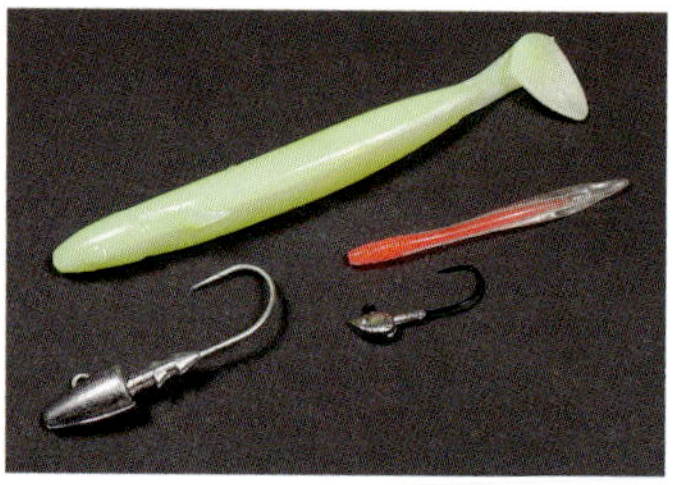

ソフトルアーに合ったサイズのハリを選ぶ

サイズが合わないと、ハリ掛かりが悪くなる。パッケージに、適合するハリのサイズが記載されているので、それを参考にするといい。

ルアー釣りの基本動作

ひと言でいえば、「ルアーを投げて、巻く」ができれば、ルアー釣りは成り立つ。リーリング（リールを巻くこと）の最中に竿先を動かして、ルアーに不規則なアクションを加えることができれば一人前だ。

❶ルアーの投入

チョイ投げ釣りとは違い、ルアー竿を振りかぶったときの反動を活かして投げるのが、ラクな投入のコツ。

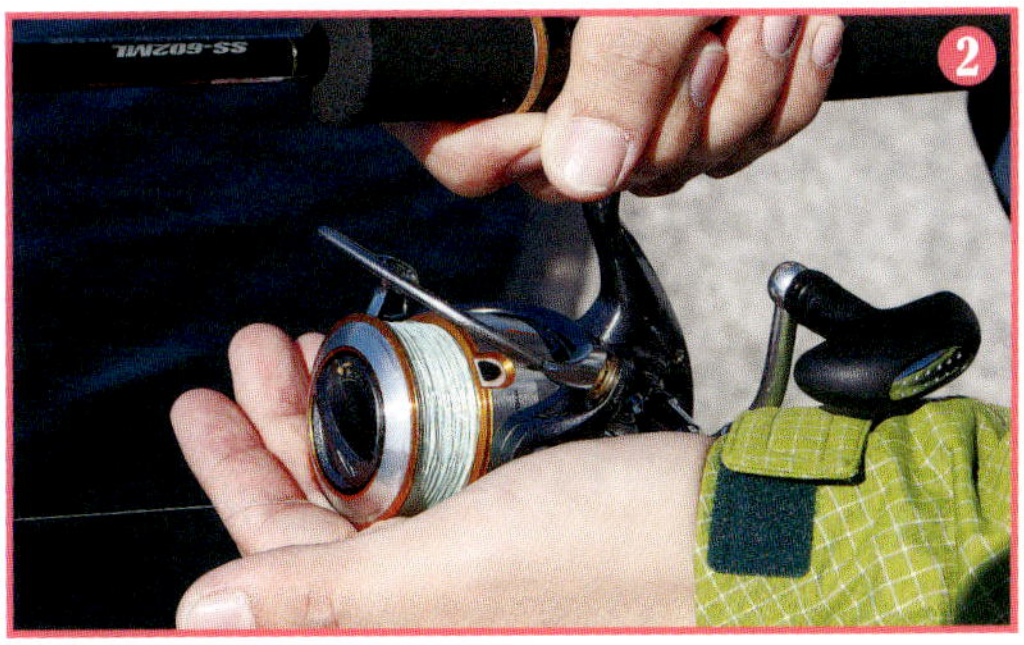

❷ミチイトの出を止める

着水直前にミチイトの出を止める。その後、ルアーを沈めたいときは、ミチイトを再度放出することもある。

❸リーリングでルアーを引く

リールを巻いてルアーを引き寄せる。引くスピードを変えることで、アクションに変化が生まれる。

❹竿先を動かして変化をつける

竿先をチョンチョンと動かすと、それに反応してルアーの動きは変化する。リズムや強さをいろいろ試そう。

❺アタリがあったらあわせる

アタリは明確なものが多い。ゴン！と手元に衝撃がきたら、即座に竿先を上げるなどしてあわせよう。

STEP UP

ルアーの泳ぎを確認する

使っているルアーが、どんなスピードでどんな泳ぎ方をするのか、竿先を動かすと動きにどんな変化が生まれるのか、足元でルアーを泳がせて確認しよう。

カサゴ、ムラソイの釣り方

海底の障害物まわりを丹念に探るのがカギ!

カサゴやムラソイといった根魚《ねざかな》は、海底の障害物のまわりに潜んでいる。ソフトルアーを海底まで落とし、テンポよく探るのがセオリー。底まで見通せる浅い場所も見逃さずにしっかり探ろう。

カサゴ、ムラソイ狙いのポイント

障害物が多いほど、根魚《ねざかな》がいる可能性は高くなる。ただし、起伏が激しすぎると根《ね》掛《が》かりしやすくなるので、狙いを定めてルアーを投入することが大切になる。

▶磯や大岩まわりが有望

周囲に岩礁帯や、大小の岩がゴロゴロと点在している堤防がおすすめ。水深1m程度までが釣りやすい。水中の根（海底の障害物）などを目で見て確認できるところであればベスト。

◀ムラソイは超浅場も狙い目

ムラソイは夏の産卵期になると、水深50㎝にも満たない浅場に入ってくることがある。

初夏以降がシーズン

カサゴやムラソイが堤防の近くの浅場に入ってくるのは初夏から秋口。堤防から狙いやすい。

ソフトルアーでじっくり誘う

根魚《ねざかな》は障害物の影に隠れ、近くを通るエサをじっと待っていることが多い。ポイントをルアーが瞬時に通過するのではなく、ここぞと見極めた場所で、小刻みにルアーを動かして誘うのがコツになる。わずかな水の流れでもゆらゆらと動く、エビなどを模したソフトルアーがおすすめ。

カサゴ、ムラソイ狙いのタックル&ルアー

ブラックバス用のタックルが流用できる手軽さも、根魚狙いのいいところ。ソフトルアーは、1〜5gのメバル用ジグヘッドが使いやすい。スプリットショットリグは5B〜1号のガン玉が標準だ。

◀ルアー

全長4〜5㎝の、小型のソフトルアーが有効。浅い場所では軽めのジグヘッドやガン玉を使おう。

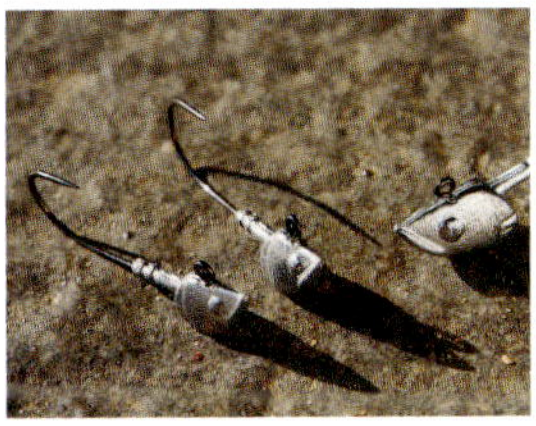

根掛かりを減らす工夫

軽いジグヘッドのほうが根掛かりは減る。着底を感じ取れる範囲で軽くしよう。

▶タックル

ブラックバス用スピニングタックルがおすすめ。全長6フィート（1.8m）前後で、強さは「ミディアムライトアクション」と表示されたものを基準にしよう。軟らかすぎるとかえって使いづらい。ミチイトは8ポンド（2号）程度のナイロンが扱いやすい。これを50mほど小型スピニングリールに巻いておく。

カサゴ、ムラソイ狙いの基本

堤防のきわや根のまわりを丹念に探ればよいので、遠投しなくても十分に釣りになる。とくにムラソイは、足元の大岩や根の狭い隙間などにソフトルアーを落とし込むだけで釣れることも多い。

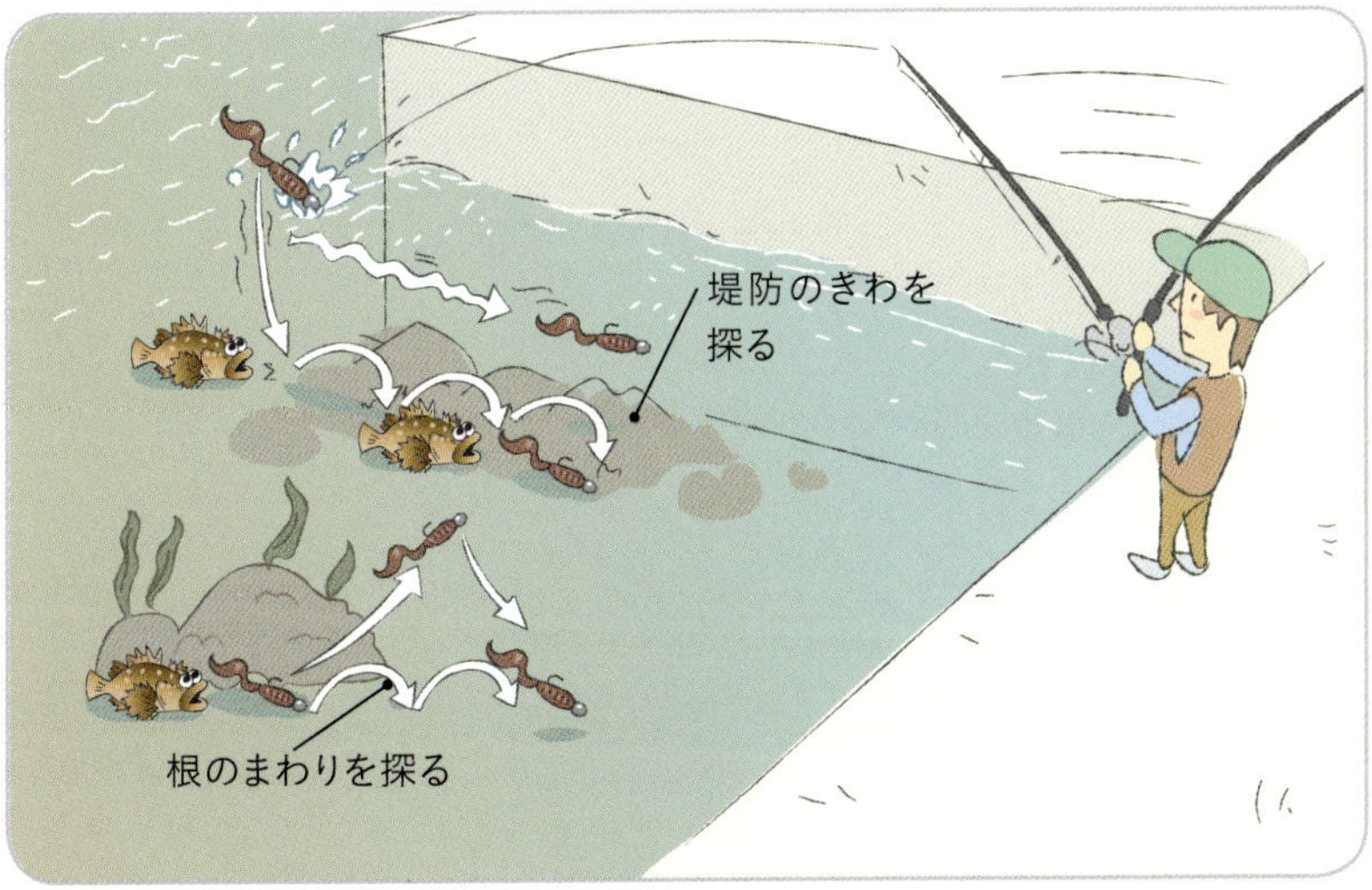

障害物のきわを探る

堤防のきわは好ポイント。堤防と平行にソフトルアーを投入し、底付近をゆっくり引いてくるほか、足元にまっすぐ落とし込むのも有効だ。周囲の根を探るときは、根掛かりを恐れずに、ギリギリを狙おう。

LINK ルアーのタイプ（➜P.107）

5-5

アジ、メバルの釣り方

小型のルアーで群れがいるタナを探ろう!

回遊魚であるアジと、根《ね》まわりに着くメバル。魚の性格は異なるが、タックルやルアーは共通するものが多いので、両狙いで楽しめる。夜間を含め、夕刻から朝方にかけて釣りやすくなるのも同様。

アジ、メバル狙いのポイント

アジ狙いは潮《しお》通し（潮の流れ）のよい場所が好ポイント。サビキ釣りなどで好釣果《こうちょうか》が聞かれるところがいい。メバルは、周囲に根《ね》などがあるところほど期待できる。

▶潮通しのよい場所

堤防の先端や漁港の出入り口付近など、潮がよく流れる場所がおすすめ。サビキ釣りの釣り人が多いところでは、邪魔にならないように気を配ろう。

◀小魚がいると期待度が高まる

アジやメバルがエサにする、体長3～4㎝の小魚の群れが確認できると、釣れる可能性が高まる。

軽量なタックルで釣れる

根のまわりに群れているメバル。体長20㎝前後が平均なので、軟らかいルアー竿で楽しめる。

人気急上昇中！軽量ルアーの対象魚

根魚よりもさらにライトなタックルで釣ることができるアジやメバル。一年中狙え、テクニックの向上に結果が応えてくれる醍醐味から、近年、人気を集めている。とはいえ、けっして難しい釣りではなく、明け方・夕方、それに夜間の釣りであれば、比較的簡単に釣ることが可能だ。

アジ、メバル狙いのタックル&ルアー

アジ用、メバル用、それぞれの専用竿がベストだが、一方の専用竿でどちらの魚種も対応は可能。ルアーは極小のソフトルアーがおすすめ。ほかに小型のメタルジグ、ミノープラグも使われる。

▼タックル

全長6〜7フィート（1.8〜2.1m）の専用竿と小型スピニングリールの組み合わせがベスト。胴がしっかりしたトラウト用のルアー竿も使える。ベテランは複数のタイプのミチイトを使い分けるが、初心者にはナイロンがおすすめ。2〜3ポンド（おおよそ0.6〜0.8号）が標準になる。

Berkley
Gulp!
Saltwater

◀ルアー

1〜2gのジグヘッドと、全長5㎝前後のソフトルアーの組み合わせがポピュラー。

夜釣りに必要な装備

夜釣りはもちろん、夕刻・明け方の釣りでも、ヘッドランプは必ず用意しよう。

アジ、メバル狙いの基本

アジもメバルも、釣れるタナ（水深）を探すことが大切。ジグヘッドを重くしたり、リールを巻くスピードを遅くすると、より深いタナにルアーを泳がせることができる。夜間は浅いタナも有望だ。

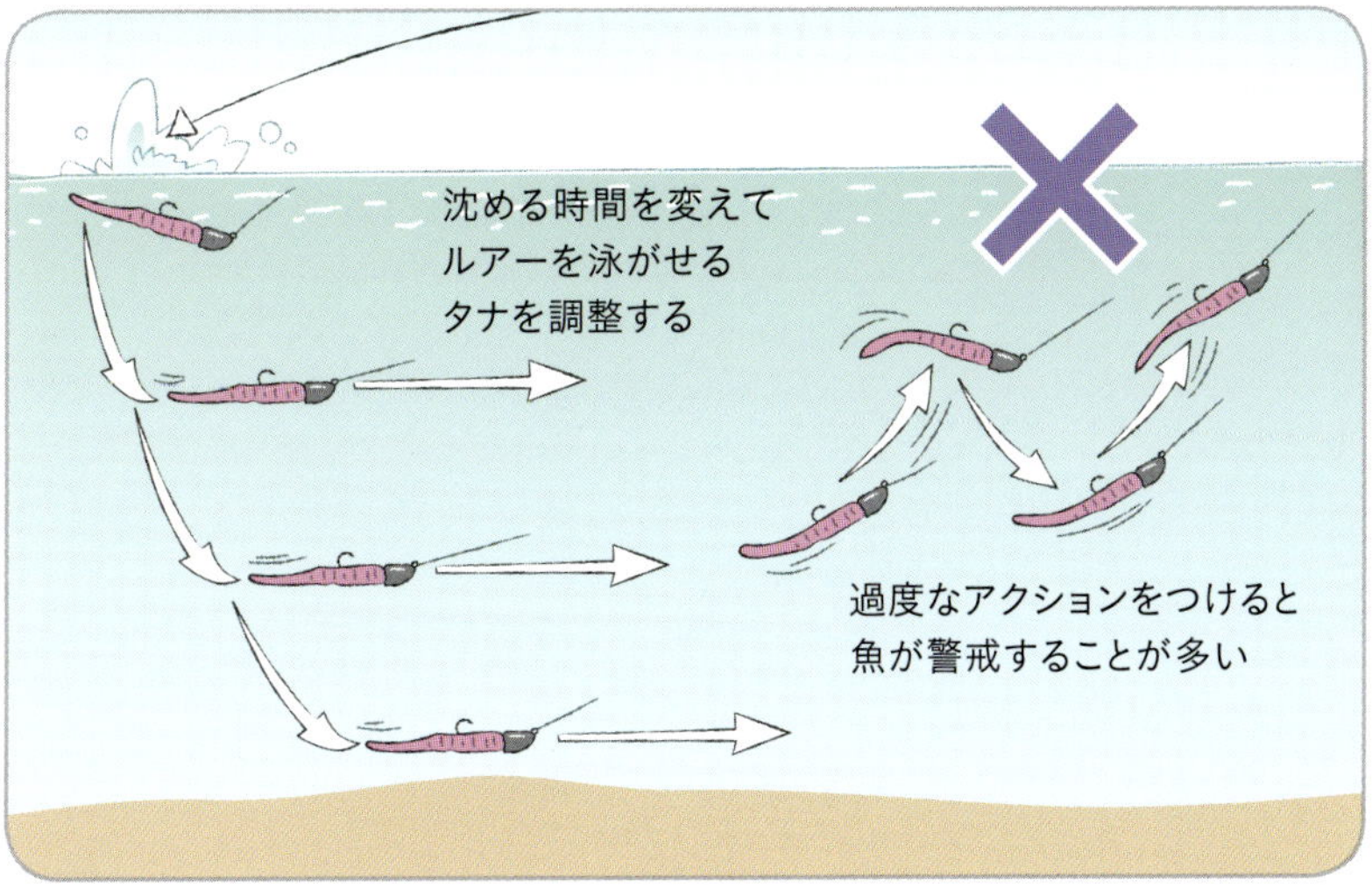
沈める時間を変えて
ルアーを泳がせる
タナを調整する
過度なアクションをつけると
魚が警戒することが多い

リーリングでタナを探る

一定のスピードでリーリング（リールを巻くこと）し、同じタナを長く泳がせるのがコツ。派手なアクションをつけると、警戒してかえって食わない。夜間は常夜灯まわりがベスト。水面近くまで魚が浮上していることも多い。

5-6

小型回遊魚の釣り方

群れが近づくタイミングを見逃すな!

ワカシ、ソウダガツオなどの小型回遊魚は、一般的に夏から秋口にかけて岸に近づいてくるが、地域によって異なるので、情報収集がなにより大切。射程に入れば、釣るのは難しくない。

小型回遊魚狙いのポイント

外海に大きく突き出し、足元から水深がある堤防がベスト。毎年、同じ時期に小型回遊魚が近づく堤防は各所にあるので、事前に情報を集めておこう。

▶堤防の先端周辺がベスト

潮通しがよく、沖へルアーを届かせるのに有利な、堤防の先端周辺や岸壁の角などが一番のポイント。ただし、状況次第では港内で釣れることもあるので、広範囲をチェックしてみよう。

◀鳥山があったら期待度大!

小型回遊魚などに追われた小魚の群れと、それを狙う海鳥の姿が見られたら、その付近に投入！

ルアーを遠投して群れを狙おう！

小型回遊魚はエサを求めて泳ぎまわっているので、エサとなるイワシなどが堤防の近くにまわってきたときがチャンス。沖にいる群れの周囲にルアーを届かせることが最大のカギだが、もちろん、港内にこれらの魚が入り込んでくることもある。大型埠頭《ふとう》など、水深が深いところが有望。

引きの強さが魅力

小型回遊魚とはいうものの、体長50～60㎝も望める。スピード感のある引きを味わおう。

小型回遊魚狙いのタックル&ルアー

遠投しやすいメタルジグが有効。特定のサイズや色、動きにしか反応しないことも多いので、各種用意しておくといい。タックルも、遠投がしやすいよう、長めのルアー竿を基準に選ぼう。

◀ルアー

メタルジグが多用される。重さ8～25gをそろえておこう。カラーは各3色ほどは欲しい。

ハリのセッティング

ハリがボディ頭側に付いたもの（上）は、ハリがイトと絡みづらいのがメリット。

▶タックル

専用竿もあるが、硬めのスズキ用ルアー竿でも対応できる。全長は長いほうが有利だが、取りまわしを考えて8～9フィート（2.4～2.7m）ではじめてみよう。ミチイトは1号前後のPEで、先イトは16～20ポンド（4～5号）・1～1.5mが標準。リールはドラグ性能が優れる中級機種以上がおすすめ。

小型回遊魚狙いの基本

まずは群れがいるところまでルアーを届かせることが大前提。魚の居場所がよくわからないときは、潮の流れが変化しているところを狙ったり、ルアーを沈めてみたりするのが手になる。

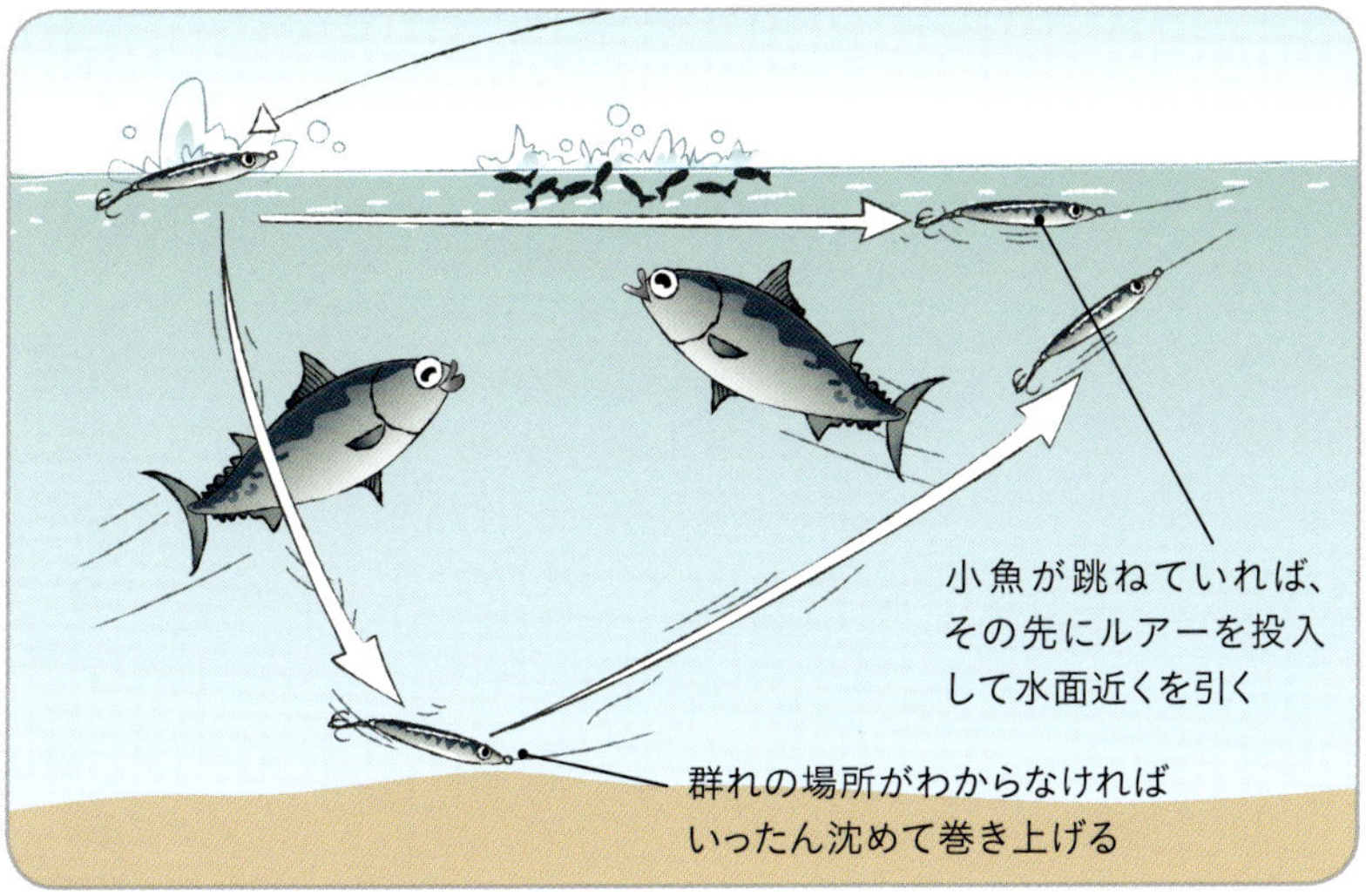
小魚が跳ねていれば、その先にルアーを投入して水面近くを引く
群れの場所がわからなければいったん沈めて巻き上げる

食い気があれば表層狙い

小魚が跳ねる姿が見え、群れの場所が想定できれば、群れが移動する前方にメタルジグを投入。素早くリールを巻いて水面近くを引いてこよう。ときおり竿先を操作（109ページ）して不規則な動きを演出しよう。

LINK ルアーのタイプ（➔P.107）

5-7

アオリイカ、コウイカの釣り方

日本古来のルアー「エギ」で狙う！

食べておいしいアオリイカは、大人気の釣りもの。活きアジをエサにする釣り方もあるが、近年はエギを使った釣りがポピュラー。同じタックルで、釣り方を少し変えれば、コウイカも狙えるぞ！

アオリイカ、コウイカ狙いのポイント

アオリイカは根《ね》が点在する場所、コウイカは砂や泥の底を好む傾向がある。釣り場の条件は大きく異なるが、いずれもエサとなる小魚が多いところが狙い目。

▶根が点在するところが有望

アオリイカ狙いは、周囲に根があるところが釣りやすい。海藻などが生える根のまわりを泳ぎ、獲物を見つけると一気に近寄ってくる。一方のコウイカは、なんの変化もなさそうな湾内の漁港などでも十分に狙える。

◀堤防上の墨を見逃さない

釣り上げられたアオリイカやコウイカが吐き出した墨。堤防の上にこの跡があれば、実績ポイント。

大型も望める！

いずれのイカも、産卵期の春先は大型狙い、生まれた仔イカが成長する秋は数釣りが楽しめる。

イカの仲間はエギで誘って釣る！

エギは、アオリイカやコウイカの仲間を狙うために生まれた日本古来の擬餌《ぎじ》バリが原型となっている。エギのサイズ、色、そしてアクションのつけ方などによって釣果《ちょうか》に明確な差が生まれることが、この釣りの醍醐味。もちろん、食べておいしいイカであることも、大きな魅力といえる。

アオリイカ、コウイカ狙いのタックル&ルアー

スズキ用のルアー竿でも対応できるが、やはり「エギングロッド」と呼ばれる専用竿が使いやすい。エギは、大型狙いでは3～3.5号、小型が多いときは2.5～3号を目安に選ぼう。

▼タックル

全長8～9フィート（2.4～2.7m）の専用竿がベスト。対応するエギの重さが表示されているので、それを目安に選ぶ。ミチイトは0.8号のPEが標準。フロロカーボン2.5号程度の先イトを、1.5mほど結んでおこう。リールは小型のスピニングリールを使用。ドラグ性能に優れたものがおすすめだ。

◀ルアー

エギにはさまざまなタイプやカラーがある。釣り場で実績の高いものを釣具店で聞いてそろえるのがいい。

底を探る仕掛け

底付近にいるコウイカを狙うときは、写真のようにオモリを接続するのも手。

アオリイカ、コウイカ狙いの基本

アオリイカ狙いでは、いったん海底まで沈めたエギを跳ね上げて誘うのがカギ。一方、コウイカ狙いでは海底を中心に探る。エギを底付近でズルズルと引っ張るのも効果的。

エギをいったん
底まで沈めて
竿を鋭くあおりながら
跳ね上げる
ミチイトを張った状態でエギを沈める。着底後のアタリが多いので、つぎに竿をあおる動作があわせになる
コウイカ狙いでは底をズルズルと引き
ときおり軽く跳ね上げて誘う

大きくあおって誘う

アオリイカ狙いの場合、エギをいったん沈めたら、竿先を大きく、鋭く数回振り上げてエギを跳ね上げる。その後、ミチイトを張ったまま沈め、底に着ける。これを繰り返すのがもっとも効果的。

LINK ドラグの調整（➡P.27）／ルアーのタイプ（➡P.107）

スズキの釣り方

身近な場所に棲息する ルアー釣りの代表的対象魚

「シーバス」とも呼ばれるスズキは、海のルアー釣りを代表する対象魚。港湾などに数多く棲息《せいそく》しているので、都市部からすぐの堤防や埠頭《ふとう》で釣ることができる。やりとりの激しさも大きな魅力。

スズキ狙いのポイント

スズキは、人の生活圏に近い湾の奥や、河口付近に数多く棲息する。ほぼ一年中釣れるが、地域によってシーズンが異なるため事前のリサーチが大切だ。

▶湾奥の堤防がおすすめ!

東京湾をはじめ、大阪湾や名古屋港の周辺など、大きな湾の奥が狙い目。水面が常夜灯などで照らされ、エサとなる小魚が集まると、より釣りやすくなる。

◀障害物まわりも狙い目

スズキは日中、堤防のきわや障害物の影に隠れていることが多い。正確にルアーを投入して狙おう。

意外と身近な対象魚

大都市のすぐ目の前の海で釣れるスズキ。体長1mにもおよぶ大型が釣れることもある。

タイミングが合えば釣れる確率が高まる！

ルアーによく反応し、激しいファイトを味わわせてくれるスズキは、人気の対象魚。とくに港湾部には、食い気のあるスズキがエサを求めて集まってくるので、初心者でも比較的釣りやすい。もっとも有望なのは夜間。常夜灯《じょうやとう》で照らされた水面の周囲を探るのがセオリーになる。

スズキ狙いのタックル&ルアー

スズキのルアー釣りは人気が高いので、タックルも豊富にそろっている。ルアーはミノープラグを中心に、バイブレーションプラグ、メタルジグなど、数多くのタイプをそろえて使い分けよう。

▼タックル

全長8～9フィート（2.4～2.7m）の専用竿を選ぶ。スズキ用のルアー竿は汎用性が高いので、ほかの釣りにも流用可能だ。ミチイトはナイロン8ポンド（2号）前後、もしくはPE 1～1.5号を目安にしよう。PEを使う場合は、5号程度のフロロカーボンなどの先イトを1～1.5mつないでおくこと。

◀ルアー

上からミノープラグ、バイブレーションプラグ、メタルジグ。全長9㎝前後のものが多用される。

ルアーのサイズ

スズキが食べているエサのサイズに合わせるのが基本。大型ルアーもあるといい。

スズキ狙いの基本

ミノープラグやバイブレーションプラグを投入し、一定の速度で引いてくるのが基本。アクションに強弱や変化をつける工夫よりも、ルアーをポイントに正確に投入することを重視しよう。

橋脚などのきわを探る
夜間は常夜灯の明暗の境目にルアーを通す

ポイントを正確に狙う

橋脚などがあれば、そのきわをルアーが通るように引いてくる。常夜灯があるところは、明るいところと暗いところの境目が好ポイント。堤防のきわは、ルアーを引っ張りながら歩いて（上）探るのが手。

LINK ルアーのタイプ（➡ P.107）

COLUMN 05

夜釣りの楽しみ方

魚のなかには、日中は障害物の影や深い場所に隠れ、あたりが暗くなると行動範囲を広げる種がいる。たとえば、ルアー釣りの主な対象魚のひとつであるスズキは、その代表格。こうした魚を釣るには、当然、夜釣りが有利になる。

だが、夜釣りには危険も多い。周囲がよく見えなくなるので、たとえ足場のよい堤防であっても、つまづいて転んだり、危険な魚が釣れたのがよくわからずに触ってしまったりといった事故が起こりえる。

こうしたトラブルを未然に防ぎ、夜釣りを楽しむためには、まず明るいうちに釣り場に訪れ、周囲の状況をよく確認しておくことが第一。常夜灯などの近くであれば、安全性を確保しやすいし、そもそも常夜灯まわりは夜釣りの好ポイントでもある。

つぎに、ライト類をいくつか用意すること。ライト類は、両手が自由になる、頭に装着するタイプのヘッドランプなどが必須。それに加えて、コンパクトなハンドライトを予備として用意しておこう。1カ所の釣り座でじっくり釣る場合は、周囲を広く照らすランタンタイプのライトもあるといい。

PART 6

探り釣り入門

堤防はそれ自体が魚の隠れ家。そのことを最大限に利用するのが探り釣り。魚がいそうなポイントを、足を使ってどんどん探っていくのは、宝探しに似た楽しさがある。主な対象魚は、アイナメやカサゴなどの根《ね》魚《ざかな》たちだ。

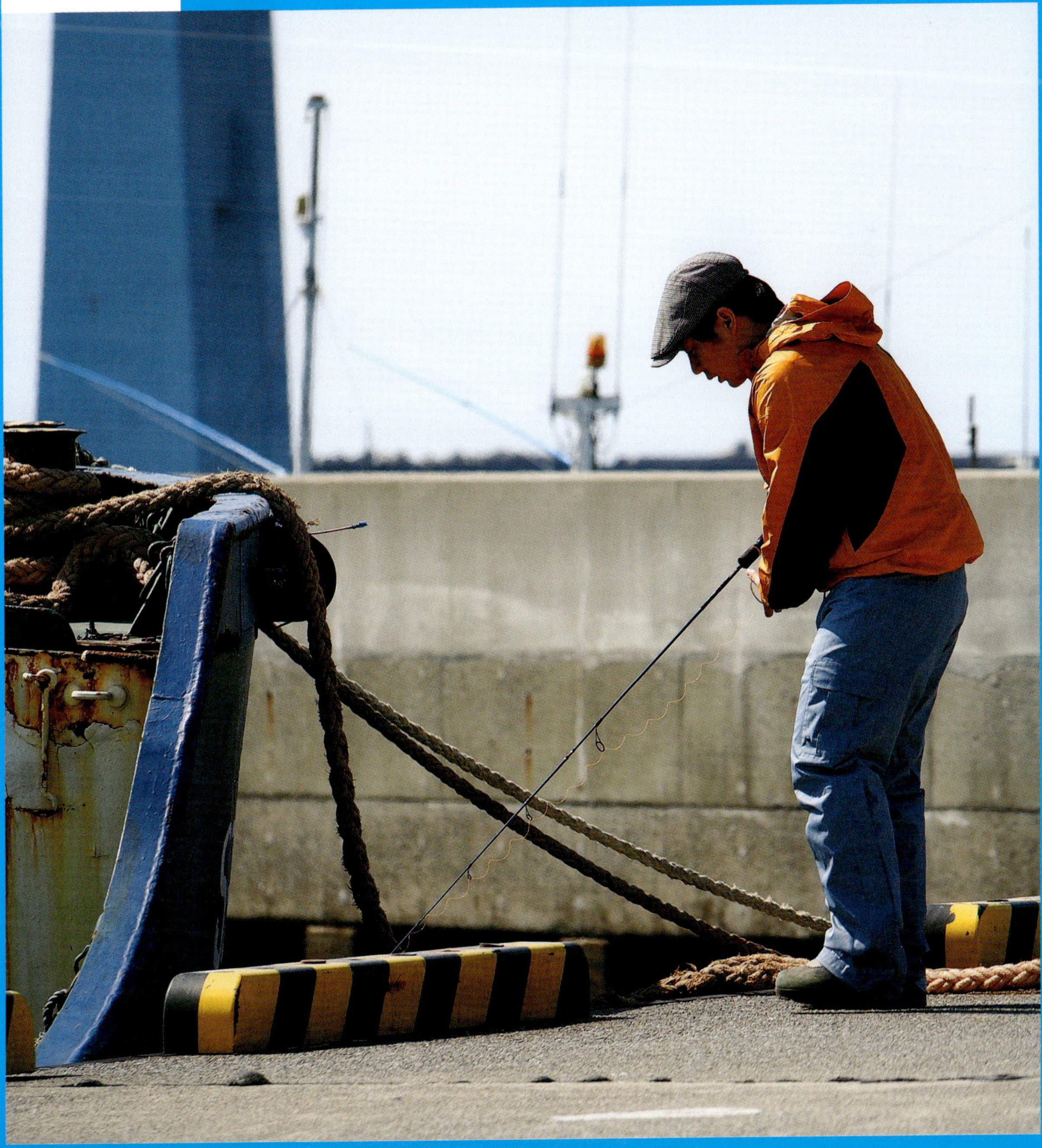

探り釣りの魅力とは

障害物まわりに潜む魚を直撃する積極的な釣り

探《さぐ》り釣りとは、堤防のきわや障害物まわりにエサを落とし込み、魚の目の前にエサを届ける釣り方。寄せエサを使わず、魚が潜んでいそうなポイントをどんどん探っていくことが釣果《ちょうか》のカギになる。

係留された船と堤防の隙間は、ほかの釣り方ではなかなか手が出せないため、魚が釣られずに残っていることが多い。こうした穴場的なポイントを直接探れるのが、探り釣りの強みだ。

歩いてつぎつぎと有望ポイントを探る

探《さぐ》り釣りは、寄せエサで魚を集めたり、仕掛けを投げてアタリを待ったりするのではなく、自分からどんどん動いてポイントを攻める、いわば積極的な釣り。

本書で冒頭から述べているように、堤防はそれ自体が魚の着き場。堤防のきわをはじめ、足元付近にたくさんのポイントがある。「ブラクリ」と呼ばれるオモリの付いた仕掛けで、その近くに潜む魚の目の前までエサを送り届けるのが、この釣り方の特徴。仕掛けを遠投する必要がないので、初心者でも難なくはじめることができる。

代表的な探り釣りの対象魚

堤防のきわや障害物まわりに棲《せい》息《そく》する魚たちが主な対象。消波ブロックの隙間などにも、数多くの魚が潜んでいる。体長 20cm以下の小型が多いが、大型のアイナメなどが釣れることもある。

カサゴ

根まわりを好む魚の代表格。岩礁帯の隙間など、狭いところにも潜んでいるので、ていねいに探ってみよう。

アイナメ

秋口から冬場にかけて大型が望める。堤防のきわのほか、周囲にある小さな根などの障害物を探るのがコツ。

ベラ

ベラの仲間には、写真のササノハベラのほか、キュウセンやニシキベラなどがいる。ササノハベラは岩礁帯まわり、キュウセンは砂地底まわりでよく釣れる。

ギンポ

岩礁帯を好み、消波ブロックの隙間などにも棲息している。江戸前の天ぷらネタとしては高級な部類に入る、おいしい魚。

カワハギ

とくに足元から水深のあるところでは、カワハギも望める。小バリを使った繊細な仕掛けを使う。

CHECK

堤防のきわには大物も潜む!

堤防のきわを狙う釣り方として、ベテランに人気があるのが、ハリスやハリにガン玉を打っただけの軽量な仕掛けをゆっくり落とし込み、大型クロダイなどを狙う「ヘチ釣り」などと呼ばれる釣り方。ブラクリ仕掛けを使った探り釣りでも、こうした大物と出会える可能性はあるので、油断しないようにしよう。

LINK 堤防釣りの対象魚(➜P.13)/堤防釣りの基本的なポイント(➜P.16)/ブラクリ仕掛け(➜P.126)

探り釣りの道具を選ぶ

釣り場や狙うポイントに応じて竿の長さを選ぼう!

取りまわしのいい、短めの釣り竿がおすすめ。穴釣り（消波ブロックや岩礁の隙間を探る釣り方）専用の竿もあるが、仕掛けを投げることもあるなら、ブラックバス用のルアー竿などが使いやすい。

探り釣りに向く竿の種類

仕掛けを落とし込むだけなら、穴釣り用の竿と両軸リールの組み合わせが使いやすい。仕掛けを軽く投げるなら、軽量なルアー竿とスピニングリールを選ぼう。

▼穴釣り用の竿

全長1～1.5mと短く、軽量な専用竿。価格は2,000円程度と安い。両軸リールと組み合わせるのが基本。

▶短めのルアー竿

6フィート（1.8m）以下の、ブラックバス用のルアー竿。ルアー釣りはもちろん、チョイ投げ釣りなどにも使える汎用性の高さが、初心者にはうれしい。

足元を探るには短い竿が使いやすい

探《さぐ》り釣りに使いやすい釣り竿の条件は、取りまわしやすい長さと、ハリ掛かりした魚を障害物から一気に引き離せる強さがあること。ルアー竿のなかから選ぶときは、硬めのものがおすすめだ。

リールは、ルアー釣りのように遠投したり、激しくハンドルを巻いたりしないので、性能にそれほどこだわらなくていい。タイプも、スピニングリール、両軸リールともに使用可能だ。ただし、ミチイトを放出したり止めたりするのは、両軸リールのほうがラク。仕掛けを落とし込む最中のアタリもとりやすい。

竿選びの基準

足元付近を中心に探るので、短めの竿が使いやすいが、長めの竿にもメリットはある。足元が浅く、沖で深くなっているような釣り場では、長めの竿のほうが有利なこともあると知っておこう。

穂先の軟らかさ

写真のように穂先がしなやかな竿はアタリが明確にわかり、魚がエサを食い込むのを妨げない。

長い竿のメリット

足元付近が浅い堤防（131ページ）では、長めの竿で、少し沖に仕掛けを落とし込む必要がある。

短い竿のメリット

堤防のきわギリギリに、正確に仕掛けを落とし込むには、短めの竿のほうがやりやすい。

西野's ADVICE

浅場ではノベ竿の探り釣りも楽しい!

足場の低い堤防から浅いポイントを探るには、ノベ竿も大活躍する。重い仕掛けは扱いづらいので、1号程度のブラクリ仕掛け（127ページ）がおすすめ。敏感な穂先はアタリを感知しやすく、ハリ掛かりすれば小型の魚であっても釣り竿が大きく曲がるので、やりとりも楽しめる。ただし、あまりに繊細なノベ竿では破損の恐れがあるので、硬めの渓流竿や万能竿などを使おう。

仕掛けをゆっくり落とし込んだり、竿先を細かく動かしたりするといった、繊細な誘いがしやすいのもノベ竿の利点だ。

リール選びの基準

ほかの釣りにも流用しやすいスピニングリールで対応できるが、両軸リールも利点が多い。

リールのサイズ

仕掛けを投げても送り出すミチイトの長さはせいぜい20mだが、イト巻き部分の径が小さすぎるとミチイトの巻きぐせがつきやすいので注意しよう。

両軸リールも有効

親指でクラッチと呼ばれる部分を押すだけでミチイトを放出でき、ハンドルを回せば出が止まる。落とし込み釣りには有利な機能だ。

ミチイトはナイロン

堤防のきわや、仕掛けを軽く投げて探る場合は、ナイロン2号が目安。消波ブロックの隙間などを探るときは、3号程度の強めのミチイトを使おう。

LINK ノベ竿（➡ P.22）／渓流竿・万能竿（➡ P.48）

探り釣りの仕掛け

仕掛けは超シンプル！自分でつくることも可能

一般的な探《さぐ》り釣りの仕掛けは、ブラクリ仕掛けと呼ばれるもの。タイプはいくつかあるが、どれもオモリに短いハリスが直接付けられたシンプルな仕掛けなので、自分でつくることもできる。

探り釣りの仕掛け

ミチイトの先に直接、ブラクリ仕掛けを結ぶだけと、仕掛けの構成はいたってシンプル。スナップなどを使うと根《ね》掛《が》かりしやすくなるので、じかに結ぶほうがいい。

ブラクリ仕掛けが使いやすい！

対象魚やポイントによってはハリスやハリにガン玉を取り付けただけの仕掛けも使われるが、初心者にも使いやすいのはある程度の重さがあるブラクリ仕掛け。涙型のオモリに短いハリスが付けられたタイプが一般的で、ほかに、消波ブロックの隙間などにスムーズに落ちていく丸形タイプや、沈下中にアクションするものがある。

浅いところや潮《しお》の流れの緩いところでは、1〜1.5号程度の軽めのものが使いやすく、ゆっくり沈むために魚へのアピール度も高い。逆に、深いところまで一気に沈めたいときは2〜3号を使おう。

仕掛けのタイプと特徴

オモリが涙型をしたものがポピュラー。ひらひらとアクションしながら沈下するタイプは、魚へのアピール度が高い反面、消波ブロックの隙間などに落とし込むと根掛かりしやすい。

アクションするタイプ

左右に揺れながら沈下するタイプは、堤防のきわや、軽く投げて探るときに、広範囲にアピールできる。

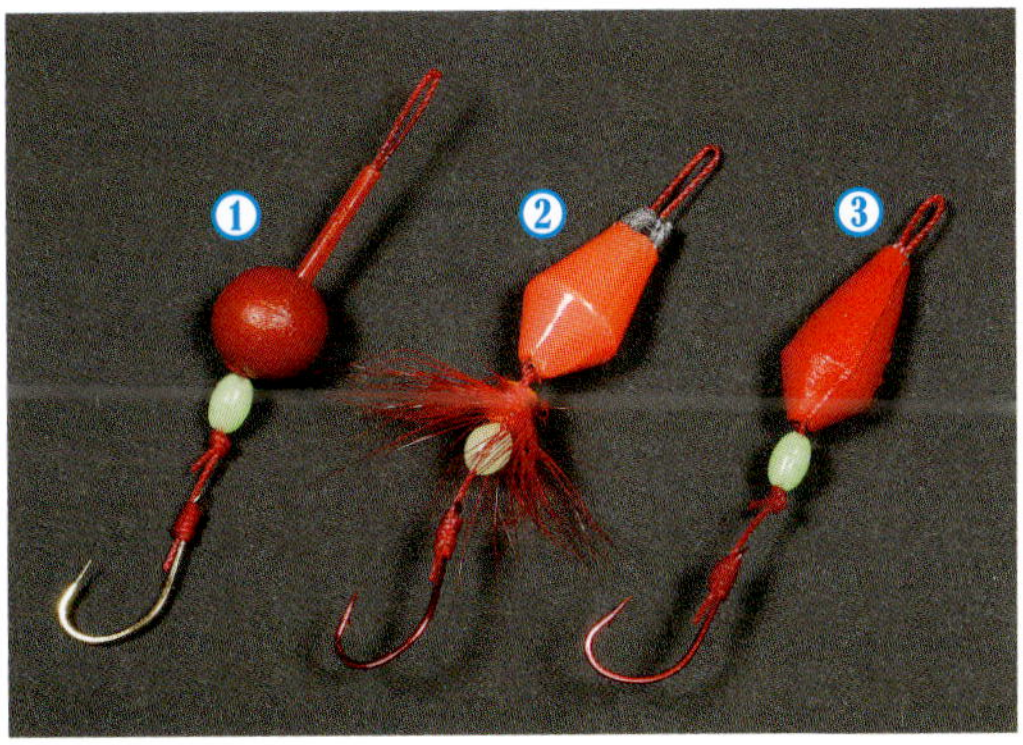

一般的なブラクリ仕掛け

丸形オモリ（①）と、涙型のオモリ（②、③）。根魚が興味を示すといわれる、赤やオレンジ色が一般的だ。

自分で仕掛けをつくる

障害物まわりを探る釣りなので、仕掛けの消耗が激しいが、自作の仕掛けなら割安なので失っても痛手は少ない。ハリにハリスを結べるようになれば、ブラクリ仕掛けを自分でつくることができる。

中通しオモリを利用する

釣り具店で「撚（よ）り糸」という名称で売られているイトにハリを外掛け結びなどで結ぶ。ハリは丸セイゴの11～13号など。

イトに1cmほどに切った蛍光パイプ（ゴム管）を通し、8の字結びで（35ページ）輪をつくる。輪の長さは4～5cmが標準。

オモリは1～3号を用意。撚り糸の輪の部分を、中通しのナツメ型オモリに通し、オモリの上をペンチで潰して固定する。

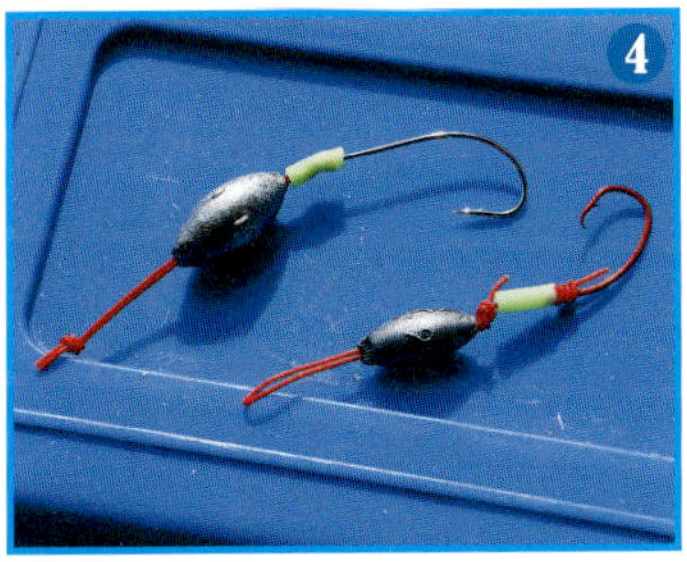

完成。根掛かりが多いところでは、市販品にならって丸形オモリを使うのも手。好みでオモリに塗装を施すのもいい。

LINK 外掛け結び（➜P.158）

探り釣りの装備とエサ

装備はコンパクトにまとめて移動しやすくしよう!

どんどん移動して数多くのポイントを狙う探《さぐ》り釣りでは、装備をすべて身につけたほうがいい。エサはいくつかの種類を用意したほうが望ましいが、虫《むし》エサだけあれば多くの魚種に対応できる。

探り釣りの装備

仕掛けがシンプルなので、小物類はすべて小型のショルダーバッグやライフベストのポケットに納まる。エサ箱はベルトに、玉網《たまあみ》は肩に掛けて移動しやすくしよう。

仕掛けケース

ブラクリ仕掛けは小型の仕掛けケースに収納。キッチン用の密閉容器も流用が可能。

エサ箱

ベルトなどに取り付けられるタイプを選ぶ。仕切りがあるものは複数のエサを入れられる。

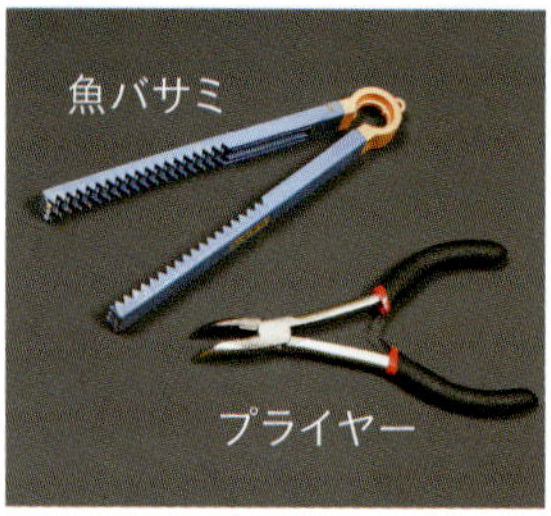

プライヤーと魚バサミ

数少ない装備の中でも必須のものはプライヤー。魚バサミもあると便利だ。

玉網

大型が望めるときは、4m程度まで伸ばせる柄が付いた、磯釣り用の玉網を用意しておこう。

最小限の装備で積極的に釣り歩こう！

探《さぐ》り釣りは、重さの違うブラクリが、それぞれ数個あれば十分なので、ルアーよりもコンパクトに収納できる。対象魚が大型でなければ、玉網《たまあみ》も不要。ズボンのベルトなどにエサ箱を付けて、軽快に釣り歩こう。

エサは虫《むし》エサがオールマイティ。アオイソメがあれば楽しめる。ただし、対象魚がある程度絞られていれば、それに合ったエサを使うと、より効率がよくなる。とくにカサゴなどの根魚《ねざかな》には身《み》エサが有効。オキアミがよく効くときもある。可能であれば2～3種類のエサを用意しよう。

探り釣りのエサとハリ付け方法

もっとも一般的なのは虫エサ。食い気があるときはタラシを短くしてハリ掛かりをよくし、アピール度を増したいときは数匹まとめてハリ付けしよう。身エサやオキアミも用意しておくといい。

身エサ

サバやサンマの身を、幅1cmほどにカットしたものを使う。ボリュームの大きさと皮のきらめきが魚にアピールし、とくに根魚によく効く。ハリは皮のほうから刺していったん抜き、もう一度刺して皮側にハリ先が出るように刺す。

虫エサ

安価なアオイソメで十分に釣れる。購入の際は、活きがよく、できるだけ太いものを選ぼう。ハリ付けは通し刺しが一般的だが、縫い刺しでも構わない。アピール度を高めたいときは複数のエサを付けるといい。

カニエサ

活きたカニエサは、クロダイやアイナメによく効く。エサ自体のボリュームが大きいので、ハリスやハリにガン玉を付けただけの仕掛けで自然に落とし込むのが使い方のコツ。甲羅の端にハリ付けするのが基本。

オキアミ

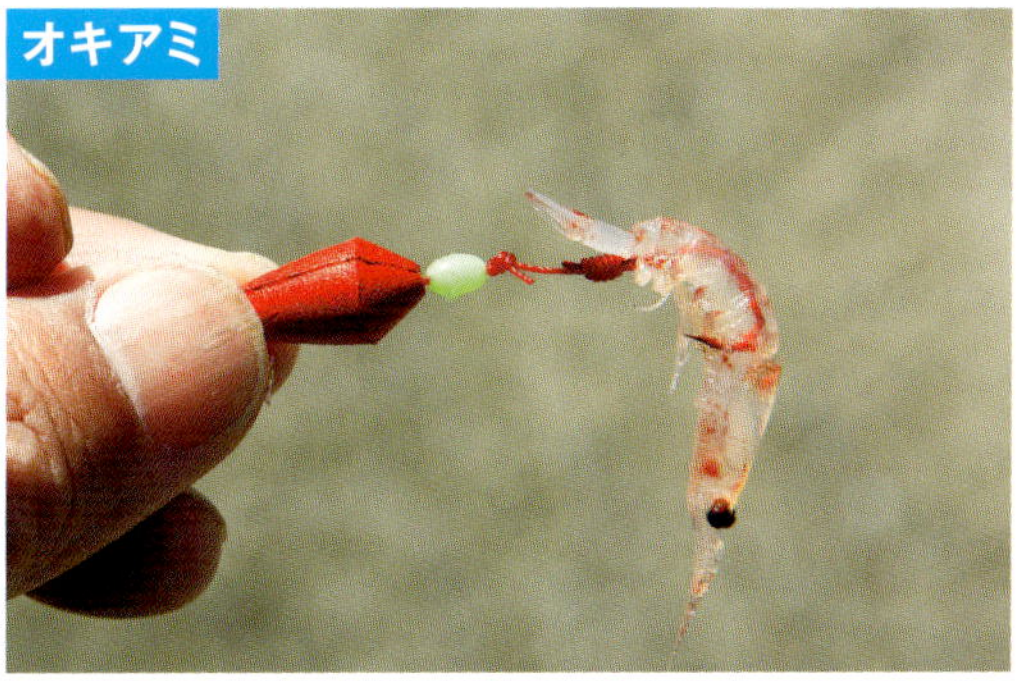

オキアミは多くの魚が好む。ただし、小魚が多いところではすぐにエサを食いちぎられてしまうのが難点。ハリのサイズに合わせて、大きめ（L～LLサイズ）のものを使う。複数付けると、集魚効果も期待できる。

西野's ADVICE

エサは現地で調達することも可能!

堤防の周囲に岩礁帯や岩がゴロゴロと点在している浜があれば、エサになるカニやフナムシを採取してみよう。夜間になると動きが鈍くなり、捕まえやすくなる。ほかに、堤防や岩礁帯に張り付いている貝類、淡水にいるサワガニや小型のザリガニも、釣りのエサとして使うことが可能。

岩礁帯などの水ぎわで、漬物石大の石をどかすと、その下にカニが溜まっていることが多い。この方法なら日中でもカニを獲ることができる。

LINK 釣りエサの種類（➜P.24）／ハリ付けの方法（➜P.25）

6-5

探り釣りの基礎知識

魚が居着いていそうなポイントをどんどん探ろう！

どこに魚が居着いているかを見極めることが、探《さぐ》り釣りの要点。そのうえで、そのポイントに仕掛けを正確に投入することが大切だ。まずは目に見える地形などの変化を、しらみつぶしに探っていこう。

探り釣りに適した釣り場

浅《あさ》場《ば》のほうが釣り自体は簡単だが、型のいい魚は深いところにいることが多い。堤防の規模と、エサとなる生物の有無をチェックして釣り場を選ぼう。

▶足元から水深のある堤防がおすすめ

潮通しのよさは魚の食い気に影響するので、漁港の奥などより、港の出入り口付近がいい。だが、大型船が係留される埠頭など、足元に水深がある堤防は、港の奥でもよく釣れる可能性が高い。

◀きわに貝類などが着いていると期待度大

岸壁に着いた貝類やカニなどは、波に当たることで落ちていく。これを狙って堤防に寄りつく魚は、とくに食い気が高いので釣りやすい。

ポイント探しがなにより重要！

魚の目の前にエサを届けるためには、魚の居場所を正確に見極める必要がある。堤防のきわは、全域が魚の隠れ家になりえるが、そのなかでも、切れ目や角、根《ね》、消波ブロックといった、なにかしらの変化のあるところを重点的に探ってみよう。

仕掛けを軽く投げて、堤防の周囲を探るのも手。とくに海底が砂《すな》地《じ》や泥で変化に乏しいところでは、小さな石積みや、捨てられたカキ殻《がら》が溜まったところなど、ちょっとした変化に魚が着いていることが多い。気になるところはすべて探っていこう。

探り釣りで狙いたいポイント

一見、のっぺりした岸壁も、よく見れば下のほうに凹《おう》凸《とつ》があったり、ブイやタイヤなどが取り付けてあったりと変化がある。わずかな変化も見逃さず、仕掛けを投入していこう。

堤防の角

堤防の角や先端付近は、潮の流れが変化してエサが溜まりやすい。

堤防の切れ目付近

堤防のブロック同士の隙間は水が通り、流れの変化が生まれやすい。

堤防のきわ

きわギリギリに仕掛けを落とす。凹凸があると、とくに期待できる。

係留船のきわ

日陰ができることで、警戒心が薄れた食い気のある魚がいる。

消波ブロックの隙間

積み上げられた消波ブロックの隙間は、魚の格好の隠れ家になる。

根のまわり

岩礁帯につくられた堤防は、岩礁と堤防の境目などが狙い目になる。

CHECK

堤防のつくりを知っておこう!

多くの堤防は、幅の広い土台の上に設置されている。土台が高く立ち上がっているところでは、長めの竿を使って、ほんの少し沖めに仕掛けを投入するだけで、より深いところまで探ることができる。また、土台の周囲に敷き詰められた砕石やコンクリートブロックのまわりも、魚の隠れ家になりやすいと覚えておこう。

長い竿を使うと
沖めの段の
部分を
探りやすい

空洞がある護岸では、そのなかに潜んでいる魚も多い。中層（海面と海底の中間あたり）で仕掛けを止めておくと食ってくることも。

海底までまっすぐな堤防が多いが、なかには階段状になっている堤防もある。足元だけでなく、沖めの段のきわも探ってみよう。

堤防のきわを探る方法

仕掛けをしっかり底まで落とし、軽く誘いを入れつつアタリを待つのがセオリー。堤防のきわでは、中層でも食ってくる。また、消波ブロックなどがあれば、その隙間に仕掛けを積極的に入れよう。

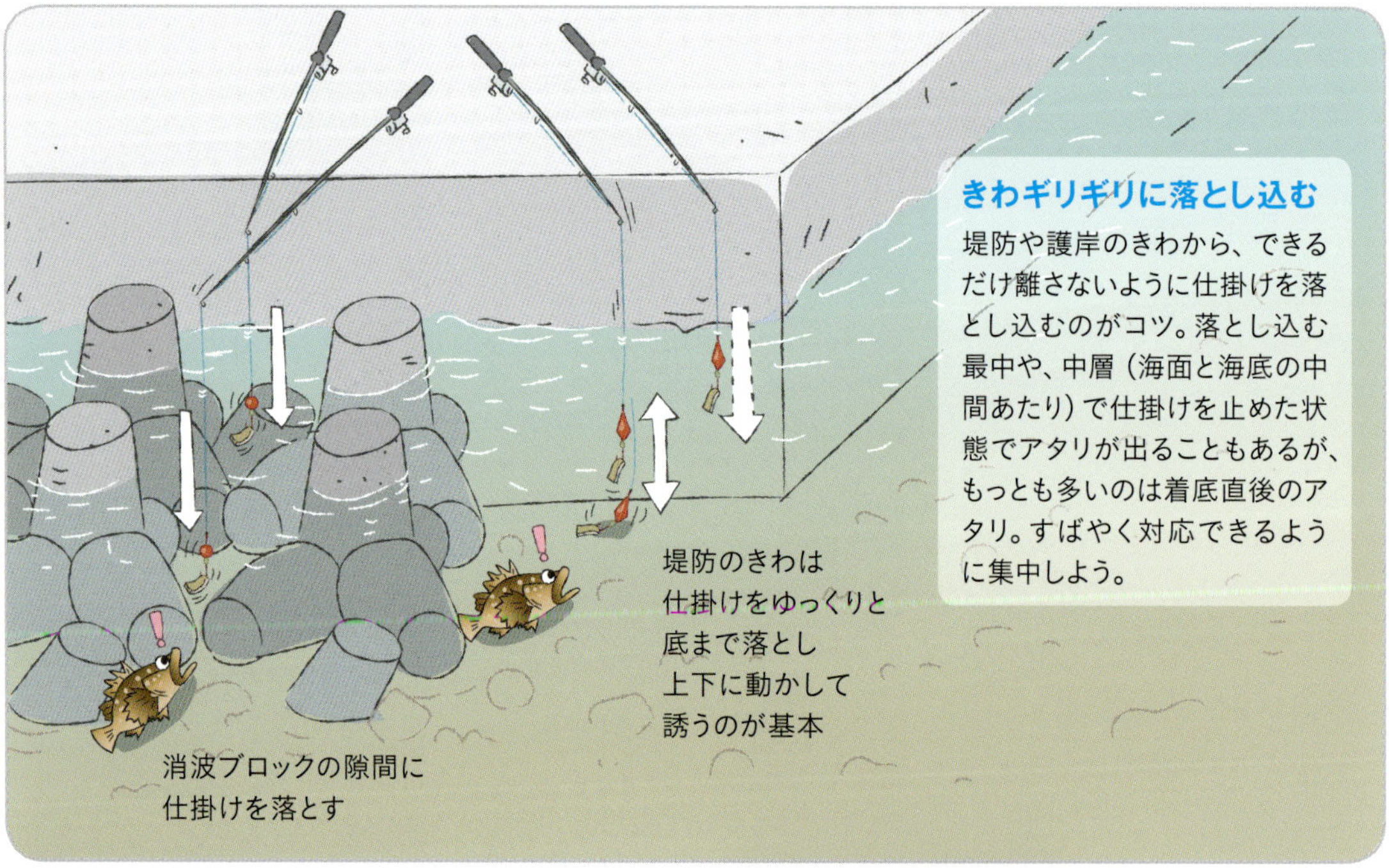
きわギリギリに落とし込む
堤防や護岸のきわから、できるだけ離さないように仕掛けを落とし込むのがコツ。落とし込む最中や、中層（海面と海底の中間あたり）で仕掛けを止めた状態でアタリが出ることもあるが、もっとも多いのは着底直後のアタリ。すばやく対応できるように集中しよう。
堤防のきわは仕掛けをゆっくりと底まで落とし上下に動かして誘うのが基本
消波ブロックの隙間に仕掛けを落とす

仕掛けを動かして誘う

仕掛けが底まで落ちたら、軽く竿先を上下に動かして、仕掛けを踊らせるのが効果的。

仕掛けをゆっくり落とす

イト巻き部分を軽く手で押さえ、ミチイトの出を調整しながらゆっくり、正確に落とすのがコツ。

STEP UP

落とし込む途中のアタリをとる

中層のアタリを取ることで大幅に釣果がアップすることもある。とくにメバルやクロダイといった、中層を泳ぎまわる魚を釣るには大切なテクニック。ハリスやハリにガン玉を打っただけの軽い仕掛けが有利だが、両軸リールのブレーキを調整して、仕掛けがゆっくり沈むようにすればよい。

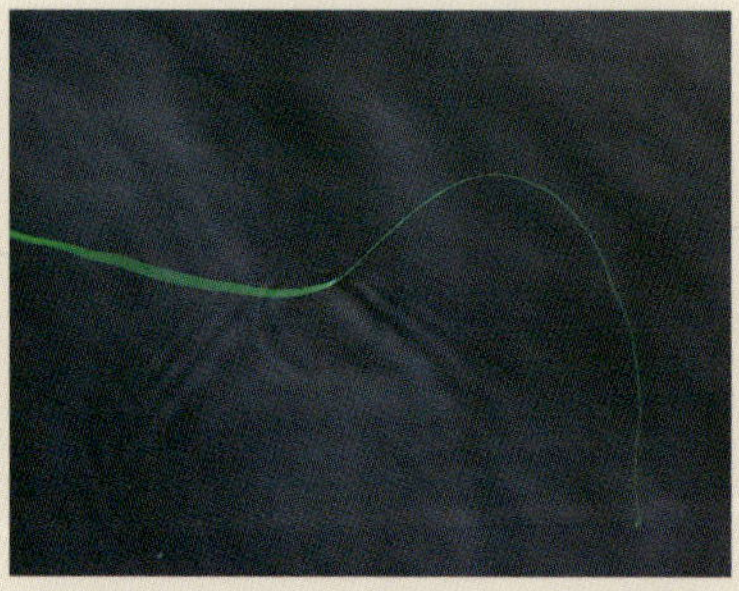

軽い仕掛けを使い、ミチイトの動きでアタリをとるには、色付きのミチイトが有利。わずかな動きの変化を見逃さずあわせるのがコツ。

根などのまわりを探る方法

堤防の周囲に点在する障害物まわりを探るには、仕掛けを軽く投げればよい。あまり遠くに投げると根《ね》掛《が》かりが増えるので、投げるのは 10m 程度にとどめ、足元までの間をじっくり探ろう。

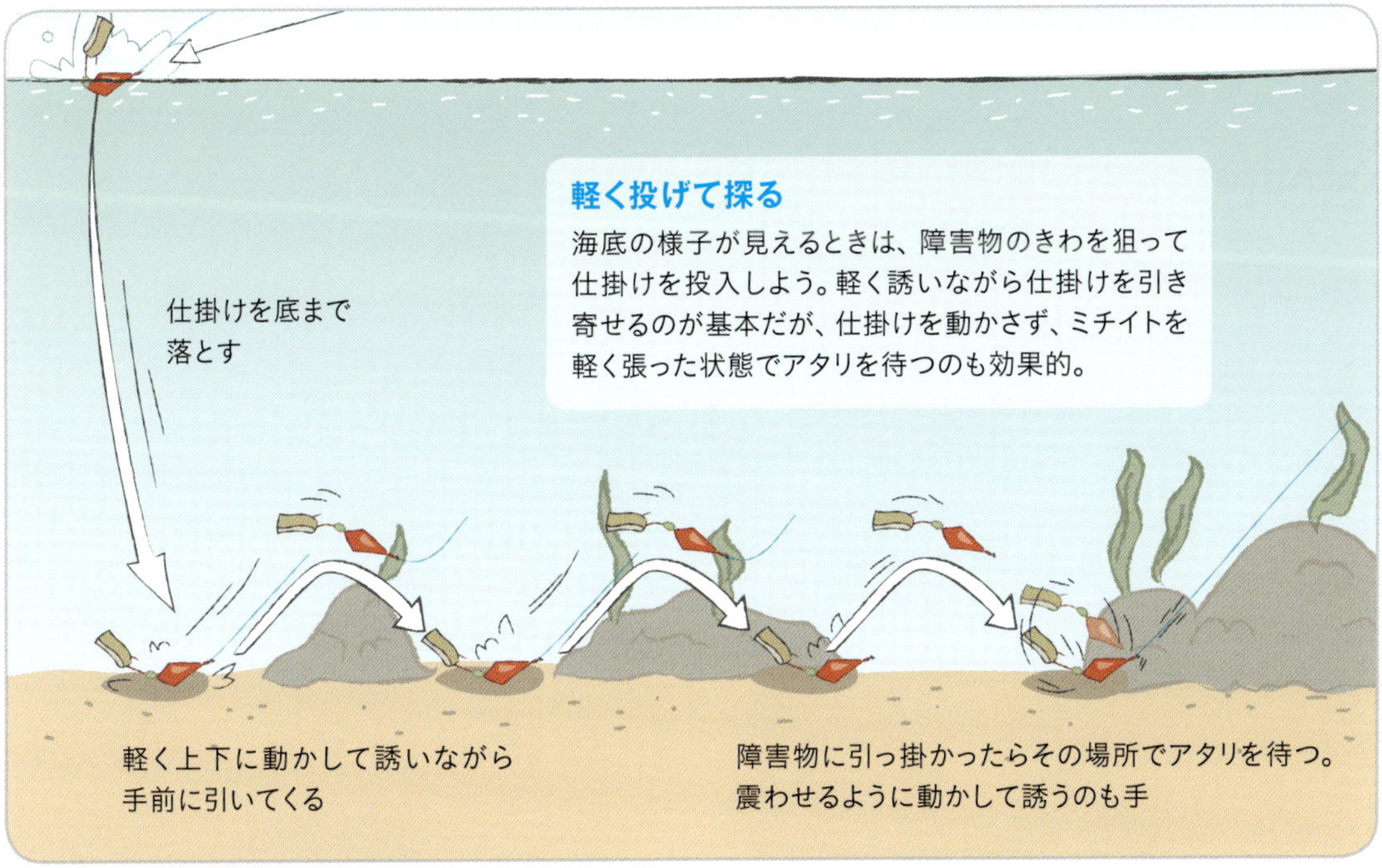
軽く投げて探る
海底の様子が見えるときは、障害物のきわを狙って仕掛けを投入しよう。軽く誘いながら仕掛けを引き寄せるのが基本だが、仕掛けを動かさず、ミチイトを軽く張った状態でアタリを待つのも効果的。
仕掛けを底まで落とす
軽く上下に動かして誘いながら手前に引いてくる
障害物に引っ掛かったらその場所でアタリを待つ。震わせるように動かして誘うのも手

誘いながら引いてくる

仕掛けが海底に着いたら、軽く竿先を動かして、仕掛けを踊らせながら引いてくる。

仕掛けを正確に投入

ブラクリ仕掛けを振り子のようにして投入すると、正確性が増す。失敗したら再投入しよう。

西野's ADVICE

やりとりは多少強引に!

とくに消波ブロックの隙間などで魚がハリ掛かりしたときは、いち早く巻き上げないと、魚がさらに奥へと潜り込んでしまい、取り込むことができなくなる。もし潜り込まれてしまったら、軽くミチイトを張ったまま、魚が隙間から出てくるのを待つのが唯一の手になる。

一気に竿を持ち上げるようにして、魚を障害物から引き剥がす。消波ブロックまわりなどでは、太いミチイトを使っていないと切られてしまう。

COLUMN 06

釣り場での食事

堤防釣りの楽しみのひとつに、青空の下でのランチタイムがある。持参したお弁当や買ってきたおにぎりなども、外で食べると、一段とおいしく感じられるもの。また、持ち寄ったものを仲間でわけるのも楽しみになる。

地元の食堂を利用するのもいい。漁港の近くなら、海の幸をふんだんに使った食事をいただける食堂も多い。魚は自分で釣れば手に入るとはいえ、堤防からは釣れないさまざまな魚を堪能できるのがこうした食堂を利用する楽しみのひとつ。自分で釣った魚をおいしく料理するヒントもえられるだろう。

近くにキャンプ場などがあれば、野外料理も楽しめる。釣った魚をその場で食べるのが一番だが、あらかじめ食材を用意して、自由に楽しめばよい。釣り場近くの市場で食材を仕入れるのも、いい考え。

アウトドア料理というと、ナイフや専用のクッカー（鍋）などが必要に思えるが、普段、家庭で使っている万能包丁や鍋で十分。コンロも、ホームセンターなどで手に入るカセットコンロで問題ない。釣りに専念するのもいいが、こうしたプラスアルファの楽しみを加えると、休日をより楽しめる。

PART 7

釣った魚を食べよう

自分たちで釣った魚を料理して食べるのは、釣りの大きな楽しみのひとつ。せっかく釣った魚だから、ぜひとも基本的なさばき方と料理法を覚えて、おいしく食べられるようになろう。

魚の持ち帰り方とさばき方

鮮度が落ちないようすばやく作業しよう！

釣った魚をおいしく食べるには、魚種に合った料理法も大切だが、それ以前に新鮮な状態で持ち帰り、鮮度を落とさず下ごしらえすることが重要。締め方と下ごしらえの方法を覚えよう。

魚を持ち帰るための道具

クーラーボックスのサイズは、釣れる魚の型や数を想定して選ぼう。アジやシロギスなどの小型〜中型の魚であれば容量16ℓ程度で十分。

氷をたくさん入れたクーラーボックス

たっぷりの氷がひたるくらいに海水を入れた「水氷」に釣れた魚を入れる。小型の魚なら、これですぐに絶命する。帰りは魚のみをビニール袋などに入れ、氷は残して海水を抜いておこう。

魚を締める道具

中型以上の魚を現場で締めるにはナイフ（下）が必要。アオリイカなどを締めるための専用具（上）は、両目の間に突き刺して使う。

すばやく締めるのが第一のポイント

釣れた魚の鮮度を落とさないようにするには、できるだけ早く締《し》める（絶命させる）ことが重要。バケツなどに活かしておくと、魚が暴れ、魚肉に含まれたうまみのもとになる成分が消費されてしまう。また、締めたあとは、魚肉の温度が上がらないように、氷を入れたクーラーボックスに入れて鮮度を保とう。

　中型以上の魚は、水氷《みずごおり》に入れてもすぐには絶命しないので、エラブタの上と尾ビレの付け根に切れ目を入れて血抜きしておこう。締めたあとに、腐敗しやすいエラや内臓を取り除いておくと完璧。

釣った魚を釣り場で締める

釣り場で血を抜いたり、腐敗しやすいエラや内臓を取り去ったりしておけば、より新鮮な状態で持ち帰ることが可能。家に帰ってからの下ごしらえも、格段に楽になる。

手で締める

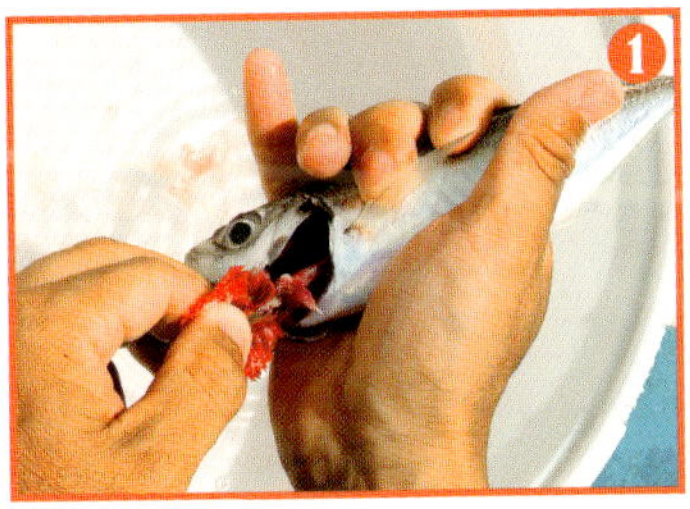

エラブタから指を突っ込み、親指と人差し指でエラをつまんで引っ張り出す。

エラをむしり取った状態。海水で血を洗い流したら、ビニール袋などに入れたうえでクーラーボックスへ。

ナイフを使って血抜きする

写真のようにエラの後ろにナイフを入れて血を抜く。エラブタにトゲなどがある魚の場合は、手を傷つけないように注意。

尾ビレの付け根にナイフを入れる。海水を張ったバケツなどに入れておくと、より早く血が抜ける。

下ごしらえの準備

自宅で下ごしらえする際は、魚が傷まないよう、また、素早く作業ができるようにしっかり準備をしておこう。魚種にもよるが、下ごしらえして冷蔵庫などに保管すれば、数日間は鮮度が保てる。

持ち帰った魚の扱い

クーラーボックスに入れたまま長時間たつと、氷が溶けて塩分濃度が下がり、浸透圧の影響で魚肉が水分を含んでしまう。ビニール袋などに入れ、氷に直接、魚の身が当たらないよう、新聞紙などを敷いておこう。

下ごしらえに必要な道具

まな板は大きめのほうが作業しやすい。包丁は文化包丁でもよいが、中型以上の魚をさばくには出刃包丁や柳刃包丁が欲しい。ウロコはウロコ落としのほか、魚種によってはステンレスタワシでこすり落とせる。

下ごしらえの方法

ウロコを落とし、エラと内臓を取り去ることが下ごしらえの作業。ウロコ落としは、小型の魚であれば、水を張ったボウルの中などで作業することで、ウロコが飛び散るのを防ぐことができる。

内臓を取る

胸ビレをつまみ、腹の肛門から魚の口に向かって包丁を入れる。胸ビレの間は硬いので、十分に注意して作業しよう。

流水をかけながら内臓を取り出す。血ワタ（背骨の下に付いた赤い部分）もきれいに取り除こう。

西野's ADVICE

ウロコ落としがあると便利!

ウロコの硬い魚は、専用のウロコ落としでウロコを落とすと作業がラク。ウロコが飛び散らない工夫がなされたウロコ落としもある。使い方は包丁を使う場合と同様で、ウロコを逆なでするように動かせばよい。包丁を使うより安全なのもメリットといえる。

ウロコを落とす

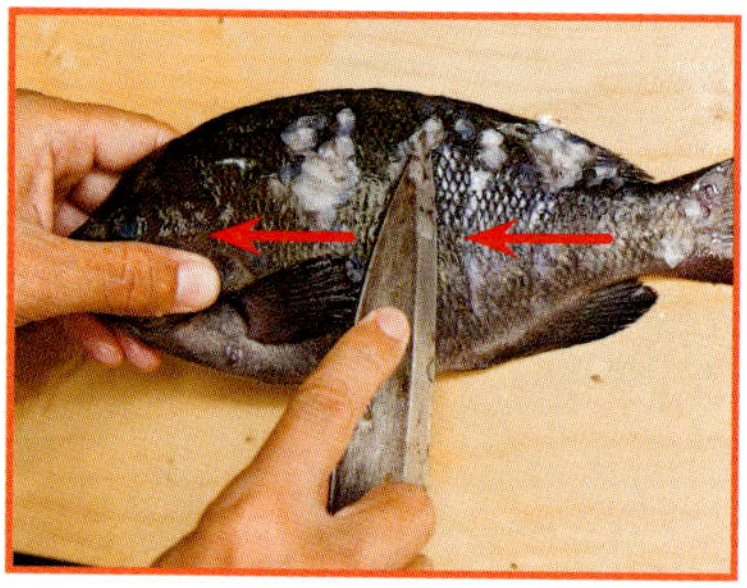

頭を押さえ、胴から頭へ、尾から胴へと、ウロコを逆なでするように包丁（もしくはウロコ落とし）を動かす。

細かい部分のウロコは、刃先を少し立てて落とす。最後に水洗いして終了。

エラを取り除く

エラの付け根をキッチンバサミなどでカットする。エラの上下を切っておこう。

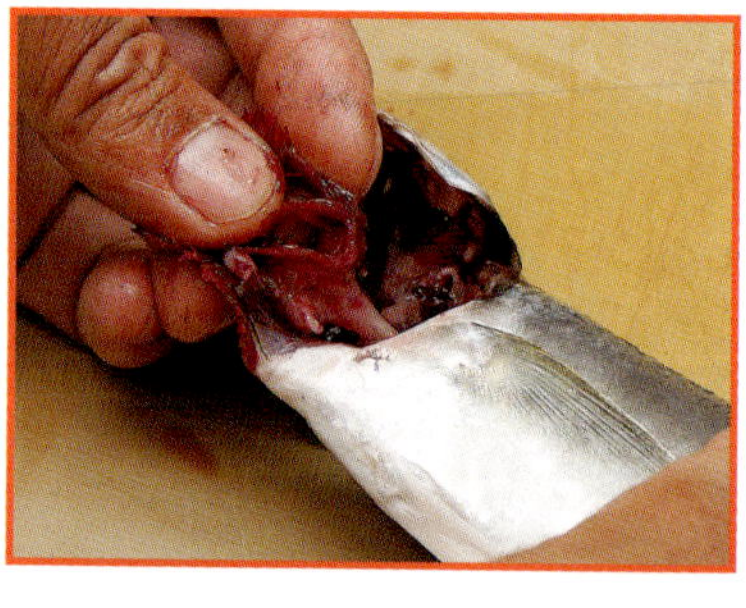

カットしたら、指かプライヤー（先の細いペンチ）でエラを引っ張り出す。

魚のさばき方

下ごしらえした魚を丸のまま調理する方法もあるが、とくに中型以上の魚では、左右の身を切り分ける「三枚おろし」にしたほうが料理の幅が広がる。ぜひともさばき方を覚えよう。

基本的なさばき方（三枚おろし）の手順

尾から尻ビレのきわの皮に切れ目を入れ、身を開いていく。次に写真のように腹を手で開き、中骨の上に包丁を入れ、腹骨の付け根を断つ。

魚の背が手前に来るように置き、頭側から尾側に向かって、包丁の刃先を2cmほど入れ、小刻みに動かして背ビレのきわに切り込みを入れる。

片手で身をめくるように持ち上げつつ、包丁を切れ目から差し入れて開いていく。無理に一度で切ろうとせず、何度かに分けて行う。

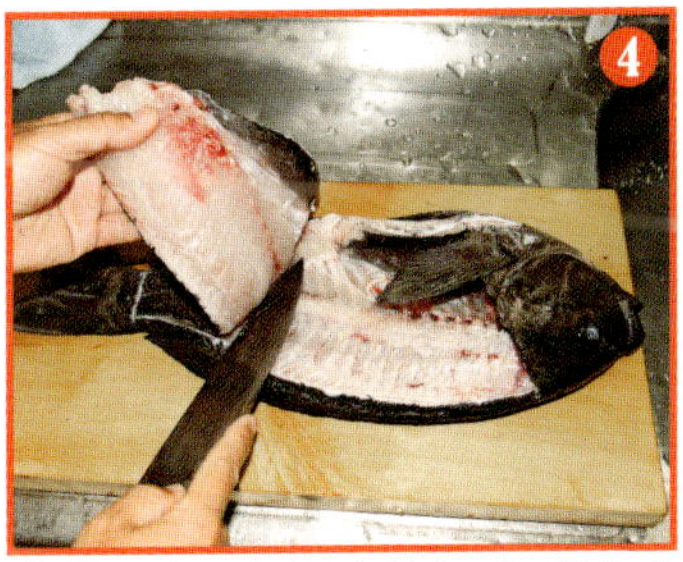

背骨の上に包丁を入れて、身をめくっていく。これで半身がとれたことになるが、この状態は「二枚おろし」と呼ばれる。

魚を裏返して、反対側の身も同様に切り分ける。背側に切れ目を入れる際、ここでは尾から頭に向かって包丁を動かすことになる。

両側の身と、中骨が付いた身の「三枚」におろした状態。中骨が付いた身は、アラ汁などの具に使うと、おいしくいただける。

2枚の身から腹骨をすき取る。包丁を斜めに寝かせて、腹骨のすぐ下に入れ、すくように引くのがコツ。腹骨もアラとして食べられる。

皮を下にして置き、血合い骨の位置を確かめて、その上下で切り分ける。骨抜きを使って血合い骨を抜くという方法もある。

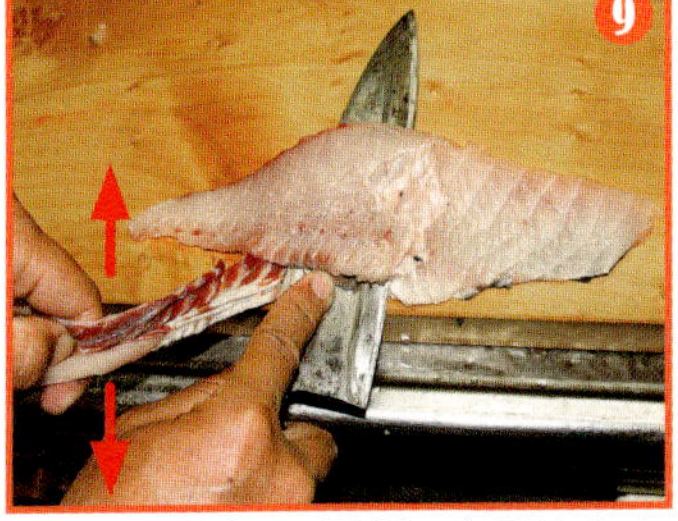

皮をひく場合は、尾側に包丁を入れてまな板と平行にした状態で固定し、皮を前後に引っ張ってはぐ。包丁を動かして切ろうとしないのがコツ。

メジナの刺身

**造りのほか、コブ締めや湯引きもおすすめ。
三枚におろしたあと、ひと晩ほど寝かせておくと、うまみが増す。**

定番メニューのつくり方

この魚でもOK!

スズキ、ヒラメ、イワシ、アジ、カワハギ、シロギス、カサゴ、イカ類

材料(2人分)

メジナ	1尾
大根	1/2本
大葉など	好みで
日本酒	少々
昆布	1/2枚程度

ONE POINT バリエーションを楽しもう

カワハギは肝和えがおすすめ。肝をさっと湯がいて細かくたたき、しょうゆを加えて身を和える。

つくり方

(下準備)

- メジナは三枚におろして腹骨をすきとる。
- 血合い骨を取り除き、湯引きにするぶんは皮をそのまま、残りは皮をひいておく。
- 大根や白髪ネギ、大葉などのつまを用意しておく。

1. 造りは身を薄くそぎ切りにする。
2. コブ締めは、そぎ切りした身を、日本酒をかけて軟らかくした昆布に挟んで冷蔵庫でひと晩寝かせておく。
3. 湯引きは、皮を上にして置き、熱湯をさっとかけて、皮が縮んだら氷水にくぐらせ、水気をよく拭いてから切る。
4. 皿に盛りつけてでき上がり。ワサビしょうゆのほか、酢味噌などとも相性がいい。

メバルの塩焼き

塩焼きは、その魚がもつおいしさをシンプルに味わえる。
鮮度のよい魚は、塩を控えめにするのがコツ。

この魚でもOK!

アジ、カサゴ、シロギス、イシモチ、カレイ、カマス、ウミタナゴ、ベラ

材料（2人分）

メバル ……… 2尾
塩（自然塩）……… 少々
日本酒 ……… 少々

ONE POINT 塩焼きに使う塩は自然塩がおすすめ！

海水から作られた自然塩は、料理にコクとうまみをくわえてくれる。まろやかな味わいだ。

つくり方

（下準備）

- メバルはウロコとエラ、内臓を取り去る。腹を割くときは、盛りつけたときに下になる側の胸ビレの下あたりに切り込みを入れると見栄えがいい。
- 皮がはじけて開かないよう、飾り包丁を入れてもよい。そうすることで身の厚い部分にも火が通りやすくなる。
- 大型の魚の場合は、金串などを使って皮に穴を開けておくと、焼いたときに皮が部分的に膨れて焦げるのを防げる。

1. 冷蔵庫で1時間ほど寝かせておき、日本酒で軽く洗ってから塩を振る。この状態で30分ほど置いておくと、塩がメバルの身になじむ。塩が湿っているときは、電子レンジにかけたり、フライパンで軽く炒るなどしてサラサラにしておくと、塩振りがしやすい。
2. あらかじめよく熱しておいた焼き網にメバルを乗せ、強火の遠火でじっくり焼く。表側4に対して裏側6の割合で焼くと、皿に盛ったときに焦げ目が目立ちにくい。

カワハギのムニエル

白身魚ならどんなものでも合う料理法。
淡泊な身はシンプルに、クセのある身には香草などを加えるといい。

この魚でもOK!

スズキ、ヒラメ、イシモチ、カレイ、アイナメ、メジナ、ベラ

材料（2人分）

カワハギ	2尾
塩こしょう	少々
小麦粉	少々
食用油	少々
バター	少々
しょうゆ	少々
ベビーリーフ	適量

ONE POINT 香草を加えて香り豊かに

メジナやスズキなど、身に多少の臭いがある魚には、タイムやフェンネルなどがマッチする。

つくり方

（下準備）

- カワハギは皮をはいで三枚におろし、腹骨をすき取る。
- スズキやヒラメといった大型の魚の場合は切り身にする。魚は皮の内側にうまみが凝縮しているので、カワハギなどの皮の硬い魚を除いて、皮ごと料理するのがおすすめ。
- 身に塩こしょうを振って下味を付け、30分ほど置いて味をなじませる。好みで、塩こしょうにガーリックパウダーなどを加えてみよう。

1. カワハギの身の全面に小麦粉を薄くまぶし、油を熱したフライパンに入れて中火で焼く。片面が焼けてきたら、ひっくり返して反対側を焼く。皮付きの魚の場合は、皮を弱火からじっくり焼きはじめるとパリッと仕上がる。
2. 仕上げにバターを落として、全面がパリッとなるように焼く。
3. 焼き上がった身を、ベビーリーフを散らした皿に盛り、残った油にしょうゆを加えてソースにする。レモン汁を加えるのもおすすめ。

シロギスの天ぷら

身と衣を冷やしておくのが、上手に揚げるコツ。
体長30㎝を越えるような魚は食べやすい大きさに切ってから揚げよう。

この魚でもOK!

イシモチ、メゴチ、マハゼ、サヨリ、カサゴ、アジ、ギンポ、イカ類

材料（2人分）

シロギス	10尾
野菜	お好みで
卵	1個
小麦粉	250〜300cc
片栗粉	少々
冷水	250cc

ONE POINT　揚げる油にこだわりを

サラダ油にごま油を3割ほど加えると、風味が増すとともに、油が劣化しにくくなる。

つくり方

（下準備）

- シロギスは頭を落とし、三枚におろす要領で腹か背いずれかの皮をつなげたまま身を開き、中骨を取り除く。
- 下ごしらえがすんだら、その他の天ダネ（野菜など）とともに、冷蔵庫で1時間ほど寝かせ、冷やしておく。
- だし汁・日本酒・みりん・しょうゆを、4：1：1：1程度の割合で混ぜて煮立て、天つゆをつくる。好みで大根おろしやおろしショウガを添える。

1. 冷水と卵、小麦粉を混ぜて衣をつくる。卵と冷水を混ぜた中に、小麦粉をふるってから入れて、サッと混ぜる。さらに片栗粉少々を加えると、サックリと揚がる。あまり混ぜすぎないのがコツ。
2. 衣のなじみがよくなるよう、シロギスの身の全面に軽く小麦粉を振ってから、衣にくぐらせる。
3. 中温（170〜180℃）でさっと揚げる。途中で一度ひっくり返し、周囲の泡が小さくなるまで揚げる。油を切って皿に盛りつけ、でき上がり。

カレイの煮付け

**白身魚をおいしくいただく定番料理。
イワシやサバといった青魚は、ショウガなどの香味野菜をたっぷりと。**

この魚でもOK!

メバル、カサゴ、アイナメ、ベラ、ギンポ、ウミタナゴ、イワシ、サバ

材料（2人分）

カレイ	2尾
しょうゆ	3/4カップ
みりん	1カップ
日本酒	1カップ
ゴボウ	1/4本
ショウガ	適量

ONE POINT 試してみたい煮付けのバリエーション

細かく切った梅干しの身を加えて爽やかな味わいに。ほか、味噌を加えて煮付けるのもいい。

つくり方

（下準備）

- カレイはウロコをよく落とし、エラと内臓を取り去る。内臓を取る際は、盛りつけたときに下になる側に切れ目を入れるといい。また、大きめのカレイの場合は鍋やフライパンに入るサイズに切っておく。
- よく水洗いして、キッチンペーパーなどで水気をしっかり拭き取っておく。
- 身の厚い部分にも火が通りやすいよう、×印に飾り包丁を入れておく。

1. 皮の色が少し変わる程度にお湯をかけ、ウロコの残りや臭みを取る。
2. 浅い鍋かフライパンでしょうゆ、みりん、日本酒を煮立ててからカレイを入れる。
3. アルミホイルの落としぶたをして、ときどき煮汁をかけながら10分ほど煮る。切って下ゆでしたゴボウを加えて、さらに3分ほど煮る。
4. 煮汁にツヤととろみがでてきたらでき上がり。子持ちカレイの場合、卵は火が通りにくいので、煮る時間を長め（15分ほど）にとろう。

イワシのフライ

**魚種を選ばずおいしくいただけるのがフライのよさ。
ハーブやカレー粉などで下味をつけてバリエーションを楽しもう。**

この魚でもOK!

アジ、サバ、スズキ、カワハギ、シロギス、イシモチ、イカ類

材料（2人分）

イワシ	6〜8尾
塩こしょう	少々
小麦粉	適量
卵	1個
パン粉	適量
付け合わせの野菜	好みで

ONE POINT ひと味違ったフライをつくろう

身に大葉をまいたり、パン粉に粉チーズを加えたり。カレー粉をまぶすのもアイデア。

つくり方

（下準備）

- イワシは頭を落とし、開いて中骨を取る。大きめのものは包丁で腹骨をすき取っておく。
- パン粉は中目タイプでよいが、サクサク感を出したい場合は荒目、衣を薄くしたい場合は細目を選ぶ。また、乾燥パン粉は香ばしく、生パン粉は口当たりが軟らかくなる。
- ソースとレモンのほか、タルタルソースやケチャップ、マヨネーズなども好みで用意。

1. イワシの身をバットなどにならべ、塩こしょうを振って下味をつける。ハーブ類などを加えるのもいい。下味をつけたら、しばらく置いて味をなじませる。
2. 身に付いた余分な水分をペーパータオルなどで拭き取る。小麦粉をはたき、溶き卵にくぐらせてからパン粉をまぶす。
3. 中温できつね色になるまで揚げる。揚がったらペーパータオルなどの上に置き、余分な油を落としてでき上がり。

カレイの唐揚げ

**身離れがよくなって食べやすいのが唐揚げのいいところ。
カラリと上手に揚げればヒレや小骨も食べられる。**

この魚でもOK!

メバル、アイナメ、カサゴ、サバ、カワハギ、ハゼ、シロギス、イカ類

材料（2人分）

カレイ	2尾
塩こしょう	少々
片栗粉	適量
サニーレタス	適量

ONE POINT 青魚には竜田揚げもおすすめ

竜田揚げとは、しょうゆとみりんに漬けた身に、片栗粉をまぶして揚げたもの。とくにサバなどの青魚は、身にクセがあるので、竜田揚げに向いている。

つくり方

（下準備）

- カレイはウロコを落とし、内臓とエラを取り去る。大きめの魚は、フライパンにおさまるよう、頭を落としてしまうのも手。
- 身の厚い部分に火が通りやすいよう、皮に飾り包丁を入れておく。カサゴやアイナメなど身が厚い魚は、背ビレのきわに切れ込みを入れるといい。
- 片栗粉を使うとサクサク感が強くなるが、代わりに小麦粉を使うと、しっとりとした仕上がりになる。

1. 下ごしらえしたカレイに塩こしょうを振って下味をつける。しばらく冷蔵庫に入れて味をなじませる。
2. 余分な水分を拭き取って、片栗粉をまぶし、最初は低温でじっくりと、最後に油の温度を上げてパリッと揚げる。大きめの魚はひっくり返さず、お玉などで上から油をかけながら揚げたほうがきれいに仕上がる。
3. 7～8分ほど揚げたら、ペーパータオルなどの上に乗せて油を落とし、サニーレタスを敷いた上に盛りつけてでき上がり。

サヨリの干物

素材のうまみを凝縮させ、保存性が高まる調理法。
新鮮なうちに加工することが、おいしい干物づくりのコツだ。

この魚でもOK!
アジ、イワシ、サバ、カマス、カレイ、カワハギ、カサゴ、シロギス

材料（2人分）

サヨリ……10尾
塩（自然塩）……適量

ONE POINT みりん干しにも挑戦してみよう

塩水を使う代わりに、みりん・酒・しょうゆを2：1：1、それに大さじ2ほどの砂糖をよく混ぜたタレに漬け込み、干す前に白ごまを振ったものがみりん干し。アジやイワシ、サバなどの青魚によく合う調理法だ。

つくり方

（下準備）

- サヨリはウロコを落としてから頭まで開くか、エラの後ろに包丁を入れて頭はそのまま残す「片袖開き」にして、内臓を取り去る。シロギスなど、細長い魚は片袖開きにすることが多い。小型のものは内臓を取るだけで、開かなくてもいい。
- サバや大きなアジなど、大型の魚は三枚おろしにする。腹骨は付いたままのほうが、身が割れずに仕上がりがきれいになる。

1. 1ℓの水に30〜40gの塩を入れた塩水に5分ほど浸け、汚れが浮いてきたら塩水中でよく洗う。
2. 新しくつくった塩水に1時間ほど浸ける。浸ける時間は魚種やサイズによるので、身を少し切り取って火を通して味見してみるといい。
3. 軽く水気を拭いてから、ザルや干し網に並べて、風通しのよいところで半日ほど干す。干物は冷蔵庫で1週間くらいは保存が効く。
4. 焼きすぎるとパサパサになるので、さっと焼き上げるのがコツ。

ウミタナゴのハーブ焼き

気になる魚の臭みを消し、風味がアップ。
ハーブ（香草）をたっぷり使って香り高く仕上げよう。

この魚でもOK!

カサゴ、メバル、アイナメ、メジナ、スズキ、イシモチ、ベラ、カレイ

材料（2人分）

ウミタナゴ	2尾
ハーブ	適量
オリーブ油	適量
塩こしょう	少々

ONE POINT ハーブは使い過ぎると逆効果

ハーブを加えすぎると、魚の風味が消されてしまう。とくにドライハーブは、水分が抜けているので、生ハーブの1/3程度の量で十分に香りがつく。

つくり方

（下準備）

- ウミタナゴはウロコを落とし、エラと内臓を取り去っておく。内臓を取る際は、皿に乗せたときに下になる側に切れ目を入れるといい。
- 下ごしらえしたウミタナゴに塩こしょうを振る。ハーブ入りの塩を使ったり、粉末ハーブを加えてもいい。
- おすすめのハーブはローズマリー、セージ、オレガノ、フェンネルなど。

1. ハーブの香りが魚に移るよう、ハーブをオーブンの天板に敷き、その上に魚を置いて、さらにその上にもハーブを乗せる。腹の中にハーブを詰めるのも、ひとつの方法。
2. 全体にオリーブ油をかけまわしてから、オーブンで皮がパリッとなるように焼き上げる。
3. 皿に盛りつけてでき上がり。シンプルにそのまま、もしくはレモンを絞って食べるのがおすすめだ。好みで、しょうゆをさっとかけていただくのもいい。

ベラのマリネ

**唐揚げを、酢をベースにした汁に浸けるマリネ。
豆アジやハゼなどの小魚を使えば骨まで食べられる。**

この魚でもOK!
アジ、イワシ、ハゼ、サヨリ、ヒイラギ、カワハギ、イシモチ、メバル

材料（2人分）

ベラ	5～6尾
タマネギ	1/2個
ニンジン	1/2本
塩こしょう	少々
片栗粉	適量
油	適量
ブロッコリー	適量

＜マリネ液＞

サラダ油	大さじ5
酢	大さじ5
塩こしょう	少々

つくり方

（下準備）
- ベラはウロコを落とし、エラと内臓を取り去って三枚におろし、腹骨をすき取っておく。小魚はウロコ、エラ、内臓を取るだけでいい。
- 下ごしらえした魚に塩こしょうを振り、30分ほど置いて味をなじませる。
- タマネギは薄くスライスし、ニンジンは千切りにする。
- マリネ液の代わりに、しょうゆと酢、トウガラシなどを混ぜた液を使うと南蛮漬けになる。

1. マリネ液の材料をよく混ぜ合わせ、タマネギ、ニンジンを入れておく。好みで薄くスライスしたレモンを加えるのもおすすめ。
2. 塩こしょうしたベラに片栗粉をまぶし、170～180℃の油でカラリと揚げる。味が染み込みやすいように、揚がったベラを熱いうちにマリネ液に入れ、2～3時間漬ける。皿に盛り、湯がいたブロッコリーを添える。
3. 浸けてからすぐに食べてもよいし、ひと晩ほど冷蔵庫に寝かせて味をなじませてもおいしい。

サバのホイル蒸し

魚のうまみを閉じ込める手軽で簡単な料理法。
いろいろな味付けを工夫してみよう。

この魚でもOK!

カサゴ、メバル、アイナメ、スズキ、カワハギ、ヒラメ、メジナ

材料（2人分）

サバ	半身
野菜類	好みで
味噌	大さじ1
マヨネーズ	大さじ2
塩こしょう	少々
バター	少々
ブロッコリー	適量

ONE POINT　野菜は少なめのほうが失敗が少ない

野菜が多すぎると、野菜から水分が出て水っぽくなる。野菜同士が重ならない程度に敷こう。

つくり方

（下準備）

- サバは三枚におろして腹骨をすき取り、半身を2枚程度に切ってから、塩こしょうを軽く振る。小型の魚はウロコ、エラ、内臓を取るだけでいい。
- 玉ねぎ、にんじん、キノコ類など、好みの野菜をスライスしておく。
- 味噌とマヨネーズを混ぜ、味噌ダレをつくっておく。クセのない白身魚などは、白ワインや日本酒だけを振りかけてホイル蒸しにするのもいい。

1. アルミホイルに軽くバターを塗り、その上に玉ねぎやにんじん、キノコ類を敷き、サバの切り身を乗せる。
2. サバの上に味噌ダレをかけ、アルミホイルで包む。しっかり口を閉じて、オーブントースターや魚焼きグリルなどで15分ほど焼く。
3. アルミホイルに包んだまま皿に乗せ、湯がいたブロッコリーを添えてでき上がり。アルミホイルの口を開けてさらに軽く焼くと、味噌ダレがこんがりと焼き上がり、香ばしい仕上がりになる。

メジナの漬け寿司

新鮮な魚があってこその、究極の釣魚《ちょうぎょ》料理。
多少のクセがある魚は漬《づ》けにするとおいしくいただける。

この魚でもOK!
アジ、ワカシ、スズキ、アイナメ、カサゴ、カワハギ、イカ類

材料（2人分）

メジナ	1尾
酢飯	適量

＜漬け汁＞

しょうゆ	大さじ5
みりん	大さじ5
和がらし	少々

＜合わせ酢（米5合分に対し）＞

酢	1/2カップ
砂糖	30g
塩	20g

つくり方

（下準備）

- メジナはウロコを落とし、エラ、内臓を取って三枚におろす。腹骨をすき取り、血合い骨の上下で切り分けて、大きく切りそろえた「さく」にとる。
- さくを薄くそぎ切りして、漬け汁に30分ほど漬けておく。アジやワカシなどの青魚は、少し厚めに切るといい。
- シャリにする米は硬めに炊く。ヌカ臭さが残らないように、しっかり洗ってから炊くことも大切。

1. 漬け汁からメジナの身を取り出し、ペーパータオルなどで水気を切っておく。
2. シャリをつくる。ご飯を飯台に入れ、よく混ぜた合わせ酢をしゃもじで受けながら掛ける。酢が下側にたまらないようにしゃもじでご飯を下から上に返しながら、しゃもじで縦に切るようにして混ぜる。
3. 利き手の指先に手酢（酢と水を同量入れたもの）を少量付けて、シャリとネタを取って握る。5×2.5㎝程度の大きさを目安にしよう。

[ビギナーのためのQ&A]

Q1 使った釣り具の汚れなどはどうするの？

A 水洗いして陰干しするのが基本。リールにグリスを注せばベスト！

海で使った釣り道具には塩分が付くので、それを洗い流すことが大切。とくにリール竿のガイドやリールなどの金属製品は、十分に洗おう。風呂場でお湯のシャワーをかけるのもいいが、リールについては、温水をかけることで内部のグリスが溶け出してしまうこともあるので避けること。

洗ったあとは日陰で干す。釣り竿は水が抜けるよう、竿尻の栓を抜いて立てかけておくといい。

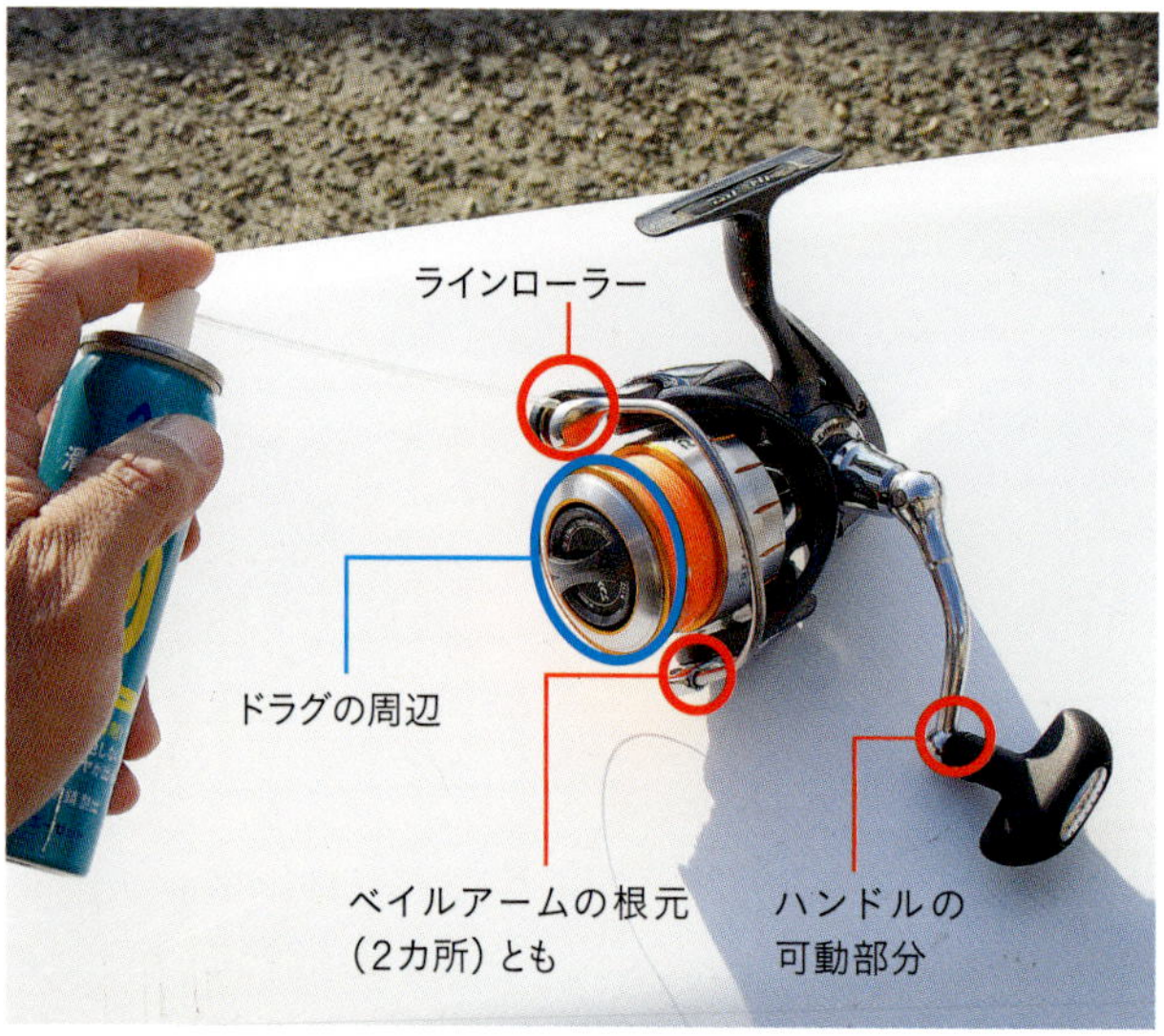

ラインローラー
ドラグの周辺
ベイルアームの根元
（2カ所）とも
ハンドルの
可動部分

リールは、洗ったあとにグリスなどを注しておくと完璧。ハンドルとベイルアームの可動部、ラインローラーなど（○部分）に少量注しておこう。ただし、ドラグ周辺（○部分）には注さないこと。

竿尻の栓はスクリュー式になっている。外したあと、なくしてしまわないように注意しよう。

ガイドの根元はサビの原因となる水が溜まりやすい。乾いたタオルで水分を拭きとっておこう。

Q2 リールのハンドルは左右どちらに付けるのが正解？

A 利き手と反対側の手でハンドルを握るのが一般的

どちらの手でリールのハンドルを巻くかは、慣れの問題。ベテランのなかには、利き手側にハンドルを付け、まず利き手で釣り竿を握って仕掛けを投入し、仕掛けが着水（着底）したら釣り竿を利き手と反対側の手に持ち替えるという人もいる。そのほうが利き手の負担が減らされる利点があり、とくに両軸リールを使う釣りでは、利き手側にハンドルを付けるのを好む人が多い。

ただし、一般的には釣り竿は利き手で握ったほうが操作しやすい。右利きなら、リールのハンドルは左側に付けておこう。自分で左右を付け替えることが可能だが、リールの購入時に釣具店で頼むのが手っ取り早い。

右ハンドルを左ハンドルに付け替える場合、まず左側のキャップを回して外す。

ハンドルを抜いて、反対側から差し込む。その後、キャップを右側に付け替えて完了。

Q4 釣り竿が折れたら直せる？

A 穂先なら直せるが、釣り具店に依頼するのがベスト！

穂先が数cm折れたという程度であれば、先端をカッターナイフなどできれいに整え、ノベ竿ならリリアン（穂先に付いているパーツ）を、リール竿ならそこにトップガイド（先端用のガイド）を取り付ければ直すことが可能。もっとも、その際にパーツを買いに釣具店へ行くことになるのだから、まずは釣具店のスタッフに相談してみよう。振り出し竿の中間が折れた場合も、パーツを取り寄せて修理できることが多い。

Q3 リールの故障は直せるの？

A まずは釣り具店に相談。自分で直すのは難しい

リールは複雑な構造をしているので、壊れたときに自分で直すのは、よほどのベテランでないかぎり無理だと考えたほうがいい。大切なのは、壊さないようにすること。塩水対応のリールであれば、海水を被ってもあとで真水で洗い流せばよいが、砂を噛むと致命的なので注意しよう。

Q5 釣り道具の賢い収納方法を教えて！

A しまい込まないほうが取り出しやすい。小物類はまとめておこう

釣り道具に限らないが、押し入れや物置の奥にしまい込んでしまうと、取り出すのが難しくなって、そのうち存在すら忘れてしまう。室内にスペースがあればの話だが、できるだけ目の届く範囲に収納するのがベストだ。

オモリやハリ、ミチイトなどは、まとめてプラスチックケースなどに入れておくといい。

外から見える透明のプラスチックケースに収納すれば、どこになにがあるかわかりやすい。ラベルを貼るのもよい。

釣り竿は立てかけて収納。数本をベルトでまとめておくと、倒れにくくなる。専用のロッドラックも便利。

オモリや接続具などの小物類はチャック付きの小袋に、号数ごとにわけて収納するのもいいアイデア。

ケースに入りきらない長い棒ウキや仕掛けのセットなどは、写真のようなカゴに入れてまとめておこう。

Q6 クーラーボックスの正しい使い方って？

A 夏場は直射日光に注意。氷の選び方も大切！

氷を入れて使うクーラーボックス。断熱性が非常に高い製品もあるが、直射日光が当たっていると、どうしても内部の温度が上がってしまう。とくに夏場は、日陰に置いたり、上からシートをかけたりして、極力、日光が当たらないようにしよう。

使う氷は、家の冷蔵庫で作った氷を入れていけば安上がりだが、1kg以上ないと、釣り場に着いたら溶けていたということになりがち。早く冷やしたいのなら砕氷、長もちさせたいのなら板氷を購入しよう。

クーラーボックスの上に、断熱性のあるマットをかけておくと、温度上昇が防げる。

水氷をつくるのに時間はかかるが、氷を袋に入れたまま入れると、より長もちする。

Q7 余ったエサはどうやって処分すればいい？

A 冷蔵や冷凍で保存すれば、次回に再使用できる

エサの種類を問わず、ごく少量であれば釣り場で海に捨ててしまっても問題はないが、量が多くなると海を汚す原因になる。海釣り施設をはじめ、ゴミ捨て場が整備された釣り場以外では、面倒でも家に持ち帰り、生ゴミとして処分しよう。

アオイソメやイシゴカイは、冷蔵庫で保存することもできる。1～2日もたせたいという程度なら、エサを買ったときのパックのまま、冷蔵庫に入れればよい。長期保存する場合は、海水に入れておき、2～3日に1回は海水を交換しよう。なお、いずれの場合も、死んだエサが交じっていると、元気なエサまで弱ってしまうので、保存前に選別することが大切。オキアミやアミエビなどは、冷凍保存ができる。

Q8 釣り場で遭遇する危険な生物について教えて！

A 毒のある魚には触れないことが原則。虫対策も忘れずに！

釣れる魚の中には、毒のあるトゲをもつ魚種もいる。ゴンズイやハオコゼは、その代表格だ。もし釣れてしまったら、ハリスを切って海に戻してしまうのがもっとも安全な対処法。万一トゲに刺されてしまったら、すみやかに病院で見てもらおう。

これらのほか、フグのように食べると中毒を起こす魚種もいる。日ごろから図鑑などを見て、魚種に詳しくなるのが一番だが、どんな魚か、食べられるのかどうかなどが分からなければ、再放流したほうがいい。

背ビレと胸ビレに毒のトゲをもつ**ゴンズイ**。毒は死んでも失われないので、堤防の上に放置しておくのは厳禁だ。

ハオコゼは背ビレに毒のトゲをもつ。体長10㎝前後と小型だが、刺されると数時間は激痛に苦しむことになる。

その名の通り、毛虫のように見える**ウミケムシ**は、チョイ投げなどで釣れてくる。体毛が毒針になっていて、刺さると毒が注入される仕組みになっているため、毒針を抜いても毒が残る。決して触れないように。

知っておきたい！釣り用語集

ア

アタリ　魚がエサに食いついたときに、竿先やミチイト、ウキ、手元などに現れる変化を指す。「魚信《ぎょしん》」とも呼ぶ。

あわせ　アタリに応じて、釣り竿を立てたり、リールのハンドルを巻いてミチイトを張ることで、ハリを魚の口のまわりに貫通させること。

イ

活《い》き締《じ》め　釣った魚をおいしく食べるために、急所をナイフで刺すなどして、素早く絶命させること。

イトフケ　ミチイトがたるんだ状態を指す。イトフケが多すぎると、アタリが伝わらなかったり、あわせが効かなかったりする。

ウ

ウキ　アタリをとるためのパーツ（釣り具）。ほかに、仕掛けを一定の水深にとどめる、潮の流れに乗せて流す、さらには仕掛けを投げやすくするといった、さまざまな役割を果たす。玉ウキ、棒ウキ、シモリウキなどがある。

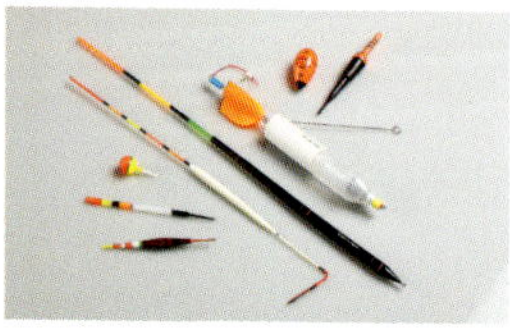

ウキゴム　ミチイトにウキをセットするためのゴム管。

ウキ下　ウキからエサまでの、ミチイト・ハリスの長さを指す。潮や風などに仕掛けが流されるとイトが斜めになるので、ウキ下とタナ（探る水深）がつねに同一になるわけではないことに注意。

エ

エギング　エギ（餌木）を使ってアオリイカなどを釣ることを指す造語。ほかに、ルアー釣りのジャンルでは、アジング（アジ釣り）、メバリング（メバル釣り）などといった造語が多い。

枝《えだ》バリ　幹イトの途中に、木の枝のように接続したハリス（枝ハリス、もしくは枝ス）の先に結んだハリのこと。サビキバリなどがこれにあたる。

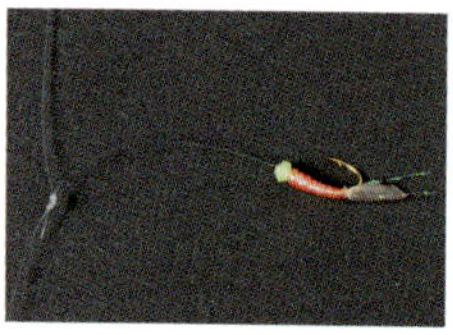

エラ洗《あら》い　ハリ掛かりした魚が、首を左右に振りながら水面で飛び跳ねて、ハリを外そうとすること。スズキのエラ洗いがよく知られている。

オ

大潮《おおしお》　月や太陽の引力の影響で、潮の干満差は変化する。もっとも干満差の大きいときが大潮で、満月と新月のときに起こる。

オマツリ　自分の仕掛けが、ほかの人の仕掛けと絡まってしまうことを指す。自分の仕掛けが絡まってしまうことは「手前マツリ」などという。

オモリ　仕掛けを沈めるためのパーツ。ほかに、重さを変えることで、ウキの浮力や、仕掛けが沈むスピードを調整できる。形状はガン玉、板オモリ、ナス型とさまざまだ。サイズと重さの関係は左の表を参照。

カ

ガイド　リール竿についている、ミチイトを通すための環状のパーツ。

ガン玉・オモリの重量

ガン玉の場合		オモリの場合	
4	0.2g	1号	3.75g
3	0.25g	2号	7.5g
2	0.31g	3号	11.25g
1	0.4g	5号	18.75g
B	0.55g	8号	30g
2B	0.75g	10号	37.5g
3B	0.95g	12号	45g
4B	1.2g	15号	56.25g
5B	1.85g	18号	67.5g
6B	2.65g	20号	75g

リングとガイドフット（脚）から成り、リングには抵抗の少ない素材が使われている。

カエシ　ハリに付けたエサが脱落しにくいようにするための引っ掛かり部分。「アゴ」などとも呼ばれる。また、カエシのないハリのことを「スレバリ」と呼ぶ。

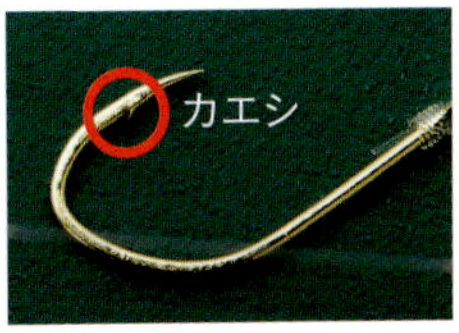

カケアガリ　海底の斜面の変化を指す。魚のエサとなる生物が溜まりやすく、海底付近を回遊する魚のルートにもなることが多いので、好ポイントとされる。

活性《かっせい》　釣りにおいては、魚の食い気を表す言葉。食い気がある状態を「活性が高い」と表す。

ガン玉《だま》　割れ目のある球状の小型オモリ。取り外しがしやすいよう、ゴム板が割れ目に取り付けられているものもある。

キ

擬餌《ぎじ》**バリ**　サビキバリやルアー、エギなど、エサに似せて作られた釣りバリの総称。

キャスティング　仕掛けやルアーを投入すること。

魚礁《ぎょしょう》　魚を集めるため、ブロックや鋼材などを海底に沈めたもの。周囲に魚礁を配した釣り施設もある。

ケ

渓流竿《けいりゅうざお》　ノベ竿の一種。本来は渓流でヤマメやイワナなどを釣るための竿だが、堤防釣りにもよく使われる。

消《け》**し込**《こ》**み**　魚がエサをくわえて深いところへ泳ぐことで、ウキが勢いよく水中に引き込まれること。

ケミホタル　ウキや竿先に取り付けて、夜間でもアタリを取りやすくするための化学発光体。「ケミホタル」は商品名だが、この名が通称となっている。

コ

小潮《こしお》　干満による潮位差が小さいときを指す。

コマセエサ　水面にまいたり、コマセカゴに入れたりして魚を集める寄せエサの別称。「コマセ」ともいう。

五目釣《ごもくつ》**り**　対象魚を絞り込まず、何種類もの魚を狙うこと。

サ

竿尻《さおじり》　竿の下端や、グリップ（持ち手）のあたりを指す。

先《さき》**イト**　ミチイトと、仕掛けやルアーの間に結ぶイト。ショックを吸収したり、擦れて切れるのを防いだりするために、ミチイトよりも太いイトが使われるのが普通。ルアー釣りでは「リーダー」とも呼ばれる。

誘《さそ》**い**　仕掛けやエサ、ルアーを、釣り竿を操作するなどして動かし、魚が食いつくきっかけを与えること。

サルカン　ミチイトと仕掛けの間に取り付ける接続具。イトや仕掛けが縒れるのを防いでくれる。「ヨリモドシ」「スイベル」などともいう。

シ

時合《じあ》**い**　魚の活性が高まる時間帯のこと。潮の流れや日照の変化、エサ生物の存在など、さまざまな要素に影響される。

潮止《しおど》**まり**　潮の流れが止まる、満潮・干潮の前後の時間帯を指す。

潮目《しおめ》　複数の潮の流れがぶつかるところ。エサ生物が溜まりやすいので、好ポイントとされる。

ス

捨《す》**て石**《いし》　堤防の基部などに沈められた基礎石のこと。堤防の直下から、数10m沖まで敷き詰められていることが多い。根魚の好ポイント。

スナップ　ミチイトと仕掛けやルアーなどを接続するパーツ。ワンタッチで開閉する。これとサルカンが一体になったものが、スナップサルカン（写真）。

スプール　リールのイト巻き部分。

ソ

袖《そで》**バリ**　ハリのタイプの一種。小物釣りで多用される。

外《そと》掛《が》け結び　ハリにハリスを結ぶ方法のひとつ。結び方が理解しやすく、素早く結べるのが利点とされる。

ハリの軸にハリスを添え、折り返して環をつくる。ハリを持ち替え、ハリスが交差している部分を親指と人差し指で押さえておく。

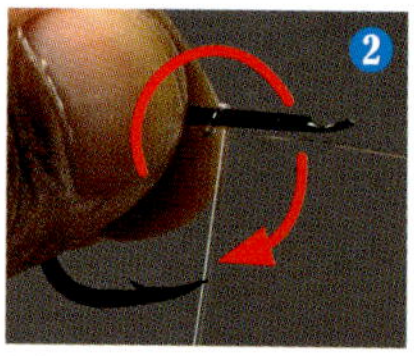

添えたハリスとハリの軸に、ハリスの先端側を5回ほど巻き付ける。1回巻くごとに、指で押さえるようにすると、きれいに巻ける。

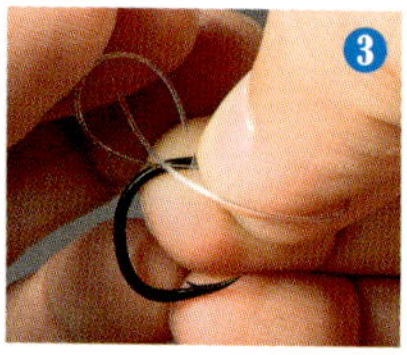

❶でつくった環のなかに、ハリスの先端を通して軽く押さえ、本線側を引いて結ぶ。その後、端イトと本線側を引っ張って、さらに引き絞る。

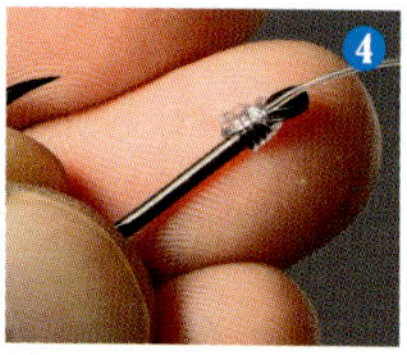

端イトを5㎜ほど残してカットしたら完成。写真のように、ハリスの本線がハリの内側（ハリ先側）から出ていることを確認しておこう。

ソフトルアー　プラスチックワームなど、軟らかい素材でできたルアーを指す。

タ

ターゲット　釣りにおいては「対象魚（狙う魚）」のこと。

タックル　釣り具のこと。釣り竿、リールのほか、竿立てやクーラーボックスなども含まれる。

タナ　水深のこと。「魚のいるタナ」は狙う魚の泳層を指し、「タナを深くする」はエサをより深い層に沈めることを意味する。

玉《たま》網《あみ》　魚を取り込むための網。「タモアミ」「タモ」とも読む。堤防釣りでは、釣り座から水面まで届く4.5m以上の柄があるものが必要。枠径は45～55㎝が目安。柄は振り出し式が一般的だ。

タラシ　❶エサをハリ掛けしたときに、ハリから垂れ下がった部分。❷仕掛けを投げるときの、竿先から仕掛けまでのミチイトの長さ。

チ

釣《ちょう》果《か》　釣れた魚の数や大きさのこと。釣りの成果。

チョン掛《か》け　エサやソフトルアーの一部にハリを掛けること。エサやソフトルアーの動きを損なわない。

ツ

継《つ》ぎ竿《ざお》　複数の節を継いで使う釣り竿のこと。先端から伸ばしていく「振り出し竿」ほどコンパクトにならないが、竿の調子を損なわない設計がしやすい。

釣《つ》り座《ざ》　釣りをする場所のこと。「釣り座を構える」などと使う。

テ

テンション　「緊張」などを表す英語だが、釣りにおいては、「ラインテンション」、すなわちミチイトの張り具合を表すときに使われる。

ト

ドラグ　「引っ張る」を表す英語だが、釣りにおいては、ミチイトが強く引っ張られたときに、自動的にスプールが回転してミチイトを送り出すリールの機能、およびそのパーツを指す。

ナ

ナイロン　一般的な素材名だが、釣りにおいてはミチイトの素材を表すために多用される。柔軟性に優れるので扱いやすい。

中《なか》潮《しお》　干満の差が、大潮と小潮の中間程度のときを指す。

ネ

根《ね》　海底にある岩礁や海藻、ブロックなどの障害物。根魚の好ポイントであるほか、大きな根には回遊魚も着きやすい。

根《ね》掛《が》かり　仕掛けが水中の障害物などに引っ掛かってしまうこと。

根《ね》魚《ざかな》　カサゴやムラソイ、アイナメ、メバルなど、根の周囲に棲息する魚の総称。

ノ

ノベ竿《ざお》　リールを付けず、竿先にミチイトを結びつけて使う釣り竿。本来は全体が1本でできている釣り竿を指すが、振り出し竿や継ぎ竿であっても、ノベ竿と呼ぶのが一般的。

ハ

バラす　ハリ掛かりした魚に逃げられること。「バレる」ともいう。

ハリス　ハリを結ぶイトのこと。ハリが結ばれた状態で売られているものもある。

ヒ

PE《ぴーいー》　ミチイトの素材のひとつ。高密度ポリエチレンなどを編み合わせたもの。ほかの素材に比べて、伸びが極端に少ないので、遠くのアタリなども手元まで伝わりやすい。

一重《ひとえ》結び　イトにコブをつくるときの結び方。「止め結び」とも呼ぶ。釣りでは、穂先のリリアンにコブを作るときに使う。

フ

船道《ふなみち》　漁港の出入り口など、船の通り道となるところを指す。「ミオ筋」ともいう。深く掘り下げているところが多く、その両側にできるカケアガリが好ポイントとなっている。

フロロカーボン　ナイロンと並ぶ、釣りイトの素材。フッ素と炭素を材料にしたもので、比重はナイロンよりも高く、張りがあって伸びが少ない。耐摩耗性に優れることから、ハリスに向く素材とされる。

ヘ

ベイルアーム　スピニングリールに付いている半円状の金属環。「ベイル」とも呼ぶ。

ホ

ポイント　釣りにおいては、主に魚のいる場所や狙う場所を指す。

穂先《ほさき》　釣り竿の先端部分。

ポンド　重さを表す単位。釣りにおいては、主にルアー釣りでラインの強度を表す単位として使われる。1ポンド＝約453.6g。

マ

まづめどき　日の出、および日の入り前後の薄暗い時間帯のこと。一般的に魚の活性が高まるとされる。まづめどきに釣りをするためには、ライト類が必須。

ミ

幹《みき》イト　サビキ仕掛けなどで、枝ハリスを付けるための、幹となるイトを指す。

ミチイト　竿先、もしくはリールから仕掛けまでの間のイト。ルアー釣りでは「ライン」と呼ぶのが一般的。エサ釣り用のミチイトは号数(太さ)で、ルアー用は強度（ポンド数）で表すのが普通。左の表は、ナイロン製のミチイトを例に、その関係を表したものだが、製品により差がある。

ミチイトの太さと強度（ナイロンの場合）

号数	直径	強度
0.8号	0.148㎜	3lb（ポンド）
1号	0.165㎜	4lb
1.5号	0.205㎜	6lb
2号	0.235㎜	8lb
3号	0.285㎜	12lb
4号	0.33㎜	16lb
5号	0.37㎜	20lb
6号	0.405㎜	24lb
8号	0.47㎜	30lb

ラ

ライトタックル　一般的なものよりも細いミチイトを扱える竿やリールのこと。軽量な仕掛けやルアーが投げやすい、小さなアタリも察知しやすいといった利点がある。

リ

リールシート　リールを釣り竿に取り付けるためのパーツ。ネジ式、ロック式など、いくつかのタイプがある。

両軸《りょうじく》リール　釣り竿の上側にセットするタイプのリール。ルアー釣りでは「ベイトキャスティングリール」とも呼ばれる。スピニングリールと比較すると、重い仕掛けや太いミチイトを使う際に遠くまで飛ばしやすい、ミチイトを巻き取る力が強い、ミチイトがよれにくいなど、いくつかの利点がある。

監修

西野弘章（にしの ひろあき）

1963年、千葉県生まれ。国内外のあらゆるフィールドで、釣りの楽しさを追究するフィッシングライター。釣り歴47年。アウトドア系の出版社勤務を経て、オールラウンドに釣りを紹介する編集のプロとして独立。それを機に、房総の漁師町へ家族で移住する。自書執筆のほか、数多くの雑誌・書籍の編集に携わり、TVCFのフィッシングアドバイザーも務める。その集大成として、2010～2015年に刊行された日本初の釣りの分冊百科事典『週刊 日本の魚釣り』（アシェット・コレクションズ・ジャパン）の総監修を務める。

主な著書・監修書は、『はじめての釣り超入門』『防波堤釣りの極意』『釣魚料理の極意』（つり人社）、『ゼロからのつり入門』（小学館）、『海のルアーフィッシング完全攻略』（地球丸）、『海釣り完全マニュアル』（大泉書店）など多数。

STAFF

編集協力	有限会社フリーホイール、 株式会社フィグインク
撮影	奥村暢欣（スタジオダンク）
イラスト	みやもとかずみ
デザイン・DTP	洪麒閔（スタジオダンク）、 佐藤実紀代（編集室・ふたこぶ）、 徳本育民
撮影協力	黒川一彦、加藤元大
衣装協力	株式会社コロンビアスポーツウェアジャパン 株式会社シマノ グローブライド株式会社

いますぐ使える

堤防釣り 図解手引

2015年8月24日　初版発行
2021年8月30日　8版発行

監修者　西野弘章
発行者　鈴木伸也
発行　株式会社**大泉書店**
〒105-0004 東京都港区新橋5-27-1
新橋パークプレイス2F
TEL：03-5577-4290（代）
FAX：03-5577-4296
振替　00140-7-1742
印刷　半七写真印刷工業株式会社
製本　株式会社明光社

URL http://www.oizumishoten.co.jp/
ISBN 978-4-278-04783-7　C0075